U0839357

珍藏本
纪念版

汉译世界学术名著丛书

经济周期理论研究

〔美〕小罗伯特·E.卢卡斯 著

朱善利 雷 明
王异虹 温信祥 等译

朱善利 校

2017年·北京

Robert E. Lucas, Jr.
STUDIES IN BUSINESS-CYCLE THEORY
Massachusetts Institute of Technology Press, 1981
本书根据麻省理工学院出版社 1981 版译出

汉译世界学术名著丛书
（120年纪念版·珍藏本）
出 版 说 明

2017年2月11日，商务印书馆迎来120岁的生日。120年前，商务印书馆前贤怀揣文化救国的理想，抱持“昌明教育，开启民智”的使命，立足本土，放眼寰宇，以出版为津梁，沟通中西，为中国、为世界提供最富智慧的思想文化成果。无论世事白云苍狗，潮流左右激荡，甚至战火硝烟弥漫，始终践行学术报国之志，无改初心。

迻译世界各国学术名著，即其一端。早在20世纪初年便出版《原富》《天演论》等影响至今的代表性著作，1950年代后更致力于外国哲学和社会科学经典的译介，及至1980年代，辑为“汉译世界学术名著丛书”，汇涓为流，蔚为大观。丛书自1981年开始出版，历时三十余年，迄今已推出七百种，是我国现代出版史上规模最大、最为重要的学术翻译工程。

丛书所选之书，立场观点不囿于一派，学科领域不限于一门，皆为文明开启以来，各时代、各国家、各民族的思想与文化精粹，代表着人类已经到达过的精神境界。丛书系统译介世界学术经典，引领时代思想，为本土原创学术的发展提供丰富的文化滋养，为推动中国现代学术和现代化进程做出了突出的贡献。

为纪念商务印书馆成立120周年，我们整体推出“汉译世界学术名著丛书”120年纪念版的珍藏本，寄望既利于文化积累，又便于研读查考，同时向长期支持丛书出版的译者、编者和读者致以敬意。

两甲子后的今天，商务印书馆又站在了一个新的历史时间节点上。我们不仅要铭记先辈的身影和足迹，更须让我们的步伐充满新的时代精神。这是商务人代代相传的事业，更是与国家和民族的命运始终紧密相连的事业。我们责无旁贷，必须做好我们这代人的传承与创造，让我们的努力和成果不仅凝聚成民族文化的记忆，还能成为后来人可以接续的事业。唯此，才能不负前贤，无愧来者。

商务印书馆编辑部

2017年10月

译 者 序

着手翻译这本书是十几年前的事。1984 年,我硕士毕业刚留校任教。胡代光教授向商务印书馆推荐拟议中的中译本经济学名著书目。其中一本是小罗伯特·卢卡斯的《经济周期理论研究》。胡代光教授希望由当时也在北大经济系任教的梁小民先生,何小锋先生与我一道翻译该书。我们三人欣然同意担任该书的翻译工作。三人各译三分之一。当时,胡代光教授是西方经济学专业的导师,梁小民先生,何小锋先生和我都是西方经济学专业毕业的硕士研究生,留校后都担任与西方经济学有关的教学与研究工作。我们当时在教学与研究中已深深地感到,理性预期学派理论在西方经济学中的影响越来越大,作为理性预期学派的首领,卢卡斯很有可能在某一年获诺贝尔经济学奖。《经济周期理论研究》是卢卡斯教授代表性著作之一。翻译出版这本著作,把卢卡斯的经济思想及时介绍给中国读者,对于促进中国的经济学研究具有重要意义。

遗憾的是这本书的翻译未能如期完成。梁小民先生与何小锋先生因承担的其他教学与科研任务比较重,一直难以抽空翻译该书。我在挤时间译完我所承担的其中几篇论文后,因杂事太多,亦无暇独自一人完成该书的翻译。后来,梁小民先生与何小锋先生相继离开北大。我们三人间的联系少了，偶尔有联系也很少提及翻译的事。幸亏我们当时未与商务印书馆签订任何协议，当时也不时兴签订出版合同之类。否则，可能要闹法律方面的纠纷了。

1994年，卢卡斯获得诺贝尔经济学奖使得卢在中国经济学界名噪一时，很多并不了解卢卡斯学说的人也大谈起卢卡斯来。尤其是在中国经历了1994年的严重通货膨胀后，我国的一些经济学家与经济政策制定者更是试图利用卢卡斯以及理性预期学派的学说指导中国宏观经济政策的制定。卢卡斯获奖以及理性预期派学说日益扩大的影响再次引起我们翻译出版这本书的兴趣。由于梁小民先生与何小锋先生已经离开北大，联系不太方便，胡代光先生委托我组织翻译人员译完该书的其余部分，并由我负责全书的校对。除了有几篇论文是我本人10多年以前翻译的外，雷明先生，王异虹女士，方肃平女士，温信祥先生应邀承担了本书的大部分论文的翻译。

本书是一本论文集。书中收集了作者1967年到1980年间的14篇有关经济周期理论的文章，其中有些系与他人合作而成。有关这14篇论文的内容以及各篇论文之间的联系，作者在导言中已有详细说明，无须赘述。我只想谈一下体现在这一本书中卢卡斯有关经济周期的思想及其对我们的启示。

像卢卡斯的其他主要学术著作一样，本书贯穿了理性预期的假说和新古典主义的经济思想。卢卡斯的经济周期理论可以称之为新古典学派理性预期经济周期理论。这一理论形成的历史虽然不长，但却是一个曲折的过程。

卢卡斯最初并不是革凯恩斯主义之命的代表人物，而是一个融合了凯恩斯主义与古典经济学理论的新古典综合派经济学家。从本书收集的第一篇论文“实际工资，就业和通货膨胀”即可以看出作者早期思想的新古典综合特征。该文是卢卡斯与伦纳德·拉平合作研究的成果。经济周期表现为就业量与产量的周期性波动。新古典经济学家与凯恩斯主义经济学家对于产量与就业量的波动的解释存在着明显的矛盾。新古典经济学家认为，劳动供给对于工资的变动是无弹性的。其假设前提是，劳动市场是完全竞争的，不存在非自愿失业，存在的是自然失业率与产量的自然增长率，或简称为自然率。凯恩斯主义经济学家认为，劳动供给对于工资的变动是富有弹性的。其假设前提是，劳动市场不是完全竞争的，存在着非自愿失业。卢卡斯与拉平的这篇论文是为了拟合这两种完全不同的观点。

卢卡斯与拉平在分别建立劳动力供给函数与劳动力需求函数的基础上构造了劳动市场的总体运行模型。劳动力需求是劳动边际生产力的函数，劳动力供给是长期实际工资、现行货币工资以及现行价格水平的函数。卢卡斯与拉平运用适应性预期的假设，利用局部均衡分析方法分析了劳动市场的运行，他们利用美国的统计数据对模型进行了检验。检验的结果是，长期劳动供给对于工资变动的反应没有弹性，短期劳动供给对于工资变动富有弹性。新古典学派关于劳动供给对工资变动缺乏弹性的观点产生于长期劳动供给函数。凯恩斯学派关于劳动供给对工资变动富有弹性的观点产生于短期劳动供给函数。卢卡斯认为，他与拉平的这篇论文拟合了新古典学派与凯恩斯主义在劳动供给观点上的矛盾。按照卢卡斯本人的说法，他与拉平写作本文的目的是试图对凯恩斯主义的宏观经济学理论作出某种贡献(见本书导言)。

随后的研究使卢卡斯的经济思想发生了惊人的变化。他从一个试图发展凯恩斯主义宏观经济学理论的新古典综合派经济学家转变为对凯恩斯主义进行尖锐批判的新古典主义经济学家。卢卡斯对凯恩斯主义通过变动财政政策与货币政策来影响产量与就业量的主张深恶痛绝。他认为,美国经济是接近于完全竞争的。价格调节商品的供求,工资调节劳动的供求。由于社会存在经济上的自然增长率与自然失业率,凯恩斯主义通过变动财政政策与货币政策来影响产量与就业量的政策便不会奏效。长期不存在通货膨胀率与失业率之间的替代,政府干预经济的政策措施只会使经济运行恶化。卢卡斯在70年代及其以后发表的大部分论文都在于论证他的这一思想。本书的大部分论文也集中体现了这一思想。其中代表性论文是“预期与货币中性”。

在“预期与货币中性”一文中,卢卡斯构造了一个纯经济周期理论模型。该模型建立在萨缪尔森代际决策模型基础之上,并运用了理性预期假设与一般均衡分析方法。在市场是出清(暗含的假定是完全竞争的市场),以及经济活动当事人的行为是最大化的假定下,卢卡斯证明了其模型解的存在性与唯一性。卢卡斯的经济周期模型表明,只有当经济活动当事人(卢卡斯称其为经济机构)无法区分实际量(例如实际工资、闲暇)与名义量(例如名义工资)的变动的情况下,名义量的变动才会对经济活动当事人的行为产生影响。例如政府一项旨在刺激就业量与产量的扩张性货币政策会提高某部门工人的名义工资,只有在该部门工人误以为相对整体物价与其他部门工人工资而言自己的实际工资提高了,他才会增加劳动供给,从而使社会总产量提高。如果该部门工人认识到货币供应量增加的结果使社会物价水平以及其他部门工人工资与自己的工资以同一比例增加,工人不会增加劳动供给。货币供应量的增加只会使物价水平以同一比例提高。由于经济活动当事人的预期是理性的,政府旨在影响产量与就业量的货币政策迟早会被他们预料到,因此政府的政策措施在长期是无效的。也就是说,货币是中性的,就业量不受政府货币政策的影响,政府的反周期货币政策不会奏效。

在经济周期理论研究方面,卢卡斯的"预期与货币中性"一文在学术观点、理论假设、分析方法上相对于他以前的研究都有重大的突破。在学术观点上,卢卡斯从一个新古典综合主义者变成一个新古典主义者;在理论假设上,卢卡斯实现了从适应性预期到理性预期的转变;在分析方法上,卢卡斯从局部均衡分析发展到一般均衡分析。卢卡斯在"预期与货币中性"一文中为自己进行经济周期理论研究建立了最基本的理论框架。

在"预期与货币中性"一文中所建立的模型是高度抽象的。如何在这一模型基础上构造经济计量模型,以便对政府的货币与财政政策规则进行可靠的定量评价,是一项十分艰巨的工作。"预期与货币中性"一文完成后的十多年时间内,卢卡斯一直在这些方面进行尝试。"经济计量政策评价:一种批评","均衡的求职与失业","经济周期均衡模型","理解经济周期","经济周期理论中的方法与问题"等论文集中体现了这方面的尝试。这些文章有的侧重于批评利用经济计量模型预测政府政策实施效果的做法(例如"经济计量政策评价:一种批评");有的侧重于在批判凯恩斯主义与新古典综合派经济周期理论的基础上表述自己的主张(例如“经济周期理论中的方法与问题”);有的是从消费者嗜好的变化,生产技术的变化,以及经济主体最大化行为的角度探讨经济周期波动的内在原因(例如“理解经济周期”与“均衡的求职与失业”);有的是侧重从政府政策变化方面探讨经济的周期波动(例如“经济周期均衡模型”)。透过这些论文的分析,我们可以看到卢卡斯经济理论中所体现的新古典主义的特征。其新古典主义特征体现在其理论假设和结论与新古典学派基本相同,即认为市场是完全竞争的,劳动的边际生产力决定对于劳动的需求,劳动的供给取决于实际工资以及劳动者对于工作与闲暇的选择;其结论是通过工资的自发调节会达到劳动的充分就业。存在的失业率是自然失业率,政府干预经济的财政政策与货币政策只会使经济变得更糟。其“新”就“新”在信息不完全与理性预期的假设。古典学派是没有这些假设的。由于经济行为主体的信息是不完全的,在经济行为主体对于政府的政策措施预期不到的情况下,经济对于政府政策的调整具有滞后性。此种情况下,政府的政策措施在短期内会奏效。但是由于经济行为主体的预期是理性的,他们不会犯系统的错误。政府掌握的信息并不比他们多。政府的反周期政策终会被他们预期到。他们采取的对策行为会使政府的反周期政策失败。政府最明智的做法是公开其政策规则,而不是试图通过频繁变动的财政或货币政策愚弄公众。

卢卡斯及其所代表的理性预期学派的理论影响了一代经济学家。本世纪 80 年代以后直至今天,西方的经济学教科书中,理性预期派的新古典理论已经成为经典理论。卢卡斯的理论也同样对我国的经济学界产生了重要影响。在卢卡斯获得诺贝尔经济学奖以后,这种影响日盛。这种影响已经超出宏观经济理论研究的范围而扩大到宏观经济政策建议与政策制定的领域。如同我们上文指出的,我国一些经济学家与政策制定者在经历了1993年、1994年严重的通货膨胀后就试图求助于卢卡斯及理性预期派的理论来解释中国的通货膨胀,并设法治理通货膨胀,所采取的措施是金融紧缩。我无意要在这篇短序里评价金融紧缩的后果,这需要一篇专门的论文。我只想说,我们应该如何理解新古典学派的理论。卢卡斯的理论是在批判凯恩斯理论的基础上产生的。凯恩斯主义理论的政策含义是通过扩张性财政政策与货币政策实现充分就业,尽管其追随者也灵活运用其理论,在通货膨胀时主张实施紧缩性的财政与货币政策。卢卡斯在批判凯恩斯主义理论时,大都指责凯恩斯主义干预经济的扩张性财政与货币政策导致了严重的通货膨胀,给人的印象好像是卢卡斯只反对政府的通货膨胀政策。为了消除通货膨胀,政府可以利用任意的宏观干预政策,包括各种宏观紧缩政策,这不是对卢卡斯及理性预期派经济理论的无知,就是对这一理论的曲解。

从上述对卢卡斯经济周期理论观点的简要介绍中,我们知道,卢卡斯反对任何形式的宏观经济干预措施,理由是,在完全竞争的经济中,市场能够自发调节经济的均衡。政府的作用是制定规则,并向公众公布政策规则以及政府所掌握的各种信息。政府干预经济的政策措施,无论是扩张性的财政政策,还是紧缩性的财政政策,都只会把经济弄得更糟。如果我们想借鉴卢卡斯的理论,并且用卢卡斯开出的药方治理中国经济,那么我们要问,中国经济是完全竞争的吗？中国存在的失业率是自然失业率吗？在我国，货币是中性的吗？信息系统是比较完善的吗？也就是说，我们要弄清楚卢卡斯理论使用的条件是什么。如果连一种理论适用的条件都不了解就盲目地套搬该种理论，其后果是不堪设想的。如果真的想借鉴卢卡斯的理论并采用其政策建议治理经济，首先要做的事就是创造这一理论运用的条件。

本书翻译分工如下。朱善利译导言，“实际工资、就业和通货膨胀”，“预期与货币中性”，“自然率假设的经济计量检验”；方肃平译“大萧条时期的失业：存在充分的解释吗？”；温信祥译“经济计量政策评价：一种批评”，“产出—通货膨胀交替的一些国际证据”，“生产能力、加班以及经验的生产函数”，“均衡的求职与失业”；雷明译“经济周期均衡模型”，“理解经济周期”；王异虹译“失业政策”，“规则、自由处置权和经济顾问的作用”，“评保罗·麦克拉肯等人的《迈向充分就业与价格稳定》，一个独立的专家组向OECD提交的报告，OECD，1977年6月”，“经济周期理论中的方法与问题”。朱善利校对了全部译稿，对于译稿中可能出现的错误应该完全由校者承担。

朱善利

1997年8月于北京大学光华管理学院

目　　录

致　谢

从某种意义上讲，我是在一个政治性的家庭里成长起来的：因为我们用许多时间在一起争论我们的社会如何运行以及它应该如何运行。当我长大以后，认识到不是每个人都是这样成长时，我已经积累了相当多的这方面的专门知识，以至于这种专门知识似乎最容易理解。为此我感激我的父母。

我的大部分专业生涯是在两个机构里度过的：芝加哥大学和卡内基—梅隆大学。要列举所有那些为我创造了令人兴奋和活跃环境的老师、同事和学生是不可能的。他们各人的影响明白地列在本选集的导言和各篇论文的谢词与引文中。当我受雇于工业管理研究院（我的大部分时间是在该院度过的）时，该院院长里查德·M.西尔特老早就对我寄予希望，而他的帮助和鼓励使我对我的研究采取一种比大多数年轻学者所能够承受的更为长期的观点。殊不知，由于我们已经作为知己平等相处，所以阿伦·梅尔策不但是我人格和专业方面的楷模而且是我的好友和同事。这些致谢与各篇文章中的致谢有不同的特点，然而它们并非不重要，因此，我很高兴能有这样的机会来表达我的谢意。

国家科学基金不断地资助了我的工作。没有什么能够代替这种帮助，对此，我非常感谢。

只要看一下我的技术性较强的论文，就会对我的秘书的出色工作产生同情与感谢，这么多年来，我从秘书的帮助中得益匪浅。我感谢玛丽·乔·麦克卢尔和艾莉丝·蒙罗，她们做了大部分秘书工作，此外我还要感谢埃丽诺·巴罗西克，阿瑟娅·查巴拉，威海米娜·希利和蒙妮卡·马尔库斯。

导　论

这本著作收集了1967年到现在为止我所写的关于经济周期的论文，包括与伦纳德·拉平和爱德华·普雷斯科特合作写的文章。每篇论文写作都有其本身的原因，结果，这些文章的风格、方法与内容都不一致。然而，这本论文集确实具有某种连贯性，这并非由于最初的计划，而是由于一系列实质性问题的稳定性，针对这些问题，与那种在我看来也许是有效地处理这些问题的方法的发展，导致了这种连贯性。这篇导论的目的旨在通过描述这些文章是如何完成以及通过简述每篇文章要尝试加以解决的这些科学性的和反诘性的问题而解释这种连贯性。

我和许多其他人关于经济周期的研究，由于人们在偶然接触了关于政策问题的理性预期学派时，认为这些研究对于国家经济政策具有新义而引起许多专业人员与公众的注意。我们这种学究式的术语非常适合有关社会政策的争论，如果它真的表明技术官僚的语言揭示了经济学能够仅仅通过对科学舆论的管理而影响政策，我将不拒绝这种说法。不过，在对有关于经济周期的研究进行讨论时，这不是一个好的术语。约翰·穆斯有关理性预期假设只是一个建立模型的技术原则，而不是一个与众不同的、综合性的宏观经济理论。运用了这一原则的最新探索已加强了米尔顿·弗里德曼和其他战后的货币主义者的政策建议，然而却没有提供多少有独创性的政策建议。我自己的研究几乎严格地限于试图发现关于经济周期的一种有效的理论说明。

60年代的宏观经济学家并没有认为他们要努力去作“经济周期的说明”。用这种方式来看待他们研究的早期的经济学家就像凯恩斯革命的罗曼诺夫那样被认为是过时的。一般来说，我们认为这一问题正在解决。我们的研究主要是完善这种其主要的框架取得广泛同意的总体理论的各个部分或部门。70年代的探索迫使我和许多其他人逐渐进一步抛弃这一观点，而转向一种一般均衡观点，这种一般均衡观点我认为实际上与前凯恩斯理论家所持的观点基本相同，只不过在方法上不同而已。我在由经济周期而提出的科学问题性质上观点之变化，以及我自己随后从试图献身于凯恩斯宏观经济学到对他的经济学进行严厉批评，这种态度上的变化，在这些文章中也表现得十分明显。

这篇导论的其余部分只是一个按时间顺序编排的关于这些文章写作过程的交代。它不是知识分子自传，因为这一时期我还进行了一些其他方面的研究。它也不能代替或概括这些文章。我想，在为以前发表过的文章所写的新导论中，我自己不可避免地是为那些熟悉我的大部分研究的人而写作的。

我最初直接对经济周期进行探索，是一个与伦纳德·拉平的合作项目，合写的文章是“实际工资、就业和通货膨胀”，它是关于美国经济中总就业与工资的决定问题。当时我们的目的不是对流行的凯恩斯主义正统观念提出挑战，而是通过对宏观经济计量模型的工资—价格部分建立“宏观经济基础”对凯恩斯主义正统观念作贡献,这一点从那篇文章的引言与注释 3 那种保护性的努力中就可以看清楚。进行这种尝试时,我们的策略是在弗里德曼和莫迪利阿尼关于居民户消费决策研究、艾思纳与乔根森关于厂商投资决策的研究、或弗里德曼与梅尔策关于货币需求的研究以后以一种模型化的方式使单个居民户的就业决策理性化。当然,我们意识到,关于就业周期行为的竞争均衡描述的研究在某些周期被认为是堂吉诃德式的或者甚至是起破坏作用的,但我们认识只是停留在这样一种深度,对这一被普遍接受观点的基础的描述不可能被设计出来。由于我们每个人用理论价格讨论经济周期就业行为时取得了课堂上的成功,因此,任务看起来并不都可怕,我们着手解决它。

正如我们所看到的,我们面临的经验工作是通过 1929 年到 1933 年就业的剧烈下降和二次大战间就业的迅速上升而使居民户与厂商的行为理性化的,并且用与精心确定的"长期"劳动供给的实际工资弹性相一致的方法去做这一工作。"理性化"对于我们来说符合关于经济机构理智的行为的见解。显然,这一点不能在我们用以说明的那种静态的、一期无差别图——例如:每周每个工人工时的长期下降——这样的水平上进行。(这是凯恩斯《通论》的第 2 章)反之,我们采用了一个两期的模型,在这个模型中,除现行价格外,预期未来价格也发挥作用。

从居民户的观点看,在这样一种理论结构中,在竞争条件下,作为就业变动的诱导因素是(除了我们没有认真考虑的自发的嗜好变化外)价格、工资和财富变化。除非闲暇被当作劣等品,否则,与许多长期截面资料相抵触,财富引起就业下降必然与幸福相联系而不是与沮丧相联系！对周期目的而言，这里留下了价格与工资的变化，或者更特别地，是这些变化时际的替代效应。本文的第2节不过是在十分精确地运用经济计量学的技术水平解释这一观察的含义。

对居民户根据其现行和未来工资与价格变化而改变工作时数的方式作这种程式化的描写，是本书所述问题的中心（确实，在某些方面，它后来变得在我看来比必然出现的结果更加复杂，因此进一步被程式化了）。这种描述留下许多重要的实质性问题没有解决，某些问题在随后的一些论文中进行论述，另一些问题看来仍然没有得到满意的解决（我将回到这两类问题）。然而，有一些实际理由表明，这种描述在我看来不是就业波动的最好的描述，而是唯一的描述；其对于我的主要吸引力首先是没有其他重要的描述来代替它。

单个人的市场供给的工作时数的时间形态在一种十分明确的意义上是他的某种选择。理解就业波动在某些方面必须包括理解这一选择是如何作出的，以及理解偏好特征与改变机会的什么样的组合产生了我们所观察的形态。在一些详细标准下，毫无疑问，社会习俗与制度结构影响这些形态，不过，社会习俗与制度并不是简单地和突然地、任意地强加于单个经济机构。相反，制度与习俗被精心加以设计以便有助于使偏好与机会发生令人满意的匹配。从理论上考虑，如果可以做到这一点，我们在实际劳动与产品市场上所观察到的复杂布局就不会构造出一个对我和拉平所使用的模型来说是替换模型的步骤，而是向扩展或精确化方向迈进的一个步骤。对于这样一种扩展来说，为了说明就业波动，除了它成功地说明了的其他制度特征外，它还要说明在给定人们机会的条件下，为什么人们喜欢包括无规律的就业形态在内的布局。忽视这一简单的特征在我看来是糟糕的社会科学：一种企图说明人类行为的重要方面（而又既不涉及人们喜欢什么）又不涉及他们能够做些什么的社会科学。

而且，通常我看没有什么办法说明所观察到的不依赖于对劳动的时际替代性认识的就业形态。这一文献包括无数可能是额外的、补充条件的例子，但就我所知没有其他可供选择的方案。

当然，除了我和拉平选择的模型外，在一种显模型里还存在其他的包括时际替代性的方法。某些方法能够并且已经在竞争性的结构中被考察过了。我们的兴趣在于用公式表示这些模型时包括所考虑的各种行为的广度：相对于"闲暇"而言的工作；工作、闲暇与寻找工作；入学、睡觉、吃饭等等。显然，对于这样一种行为分类不存在自然的限制，不同的分类对于不同的目的是有用的。在选择一种两行为分类时，我们考虑我们主要的决定是是否力图把测度的失业在理论上解释为一种行为。由于这篇论文所给出的原因，我们决定不这样做，但为了其他目的与数据建立，试用其他两行为分类（例如：工作/求职）或多行为公式是有益的。就这一点而言，存在着大量文献，这些文献源自麦考尔和莫滕森，它利用了许多可能性。然而我要指出的是，拉平关于劳动供给对于现行和预期工资与价格变动反应的特定形式和我的劳动供给对现行工资与价格变动反应的公式不是最重要的、最好的，或者说唯一的公式，而是这些不同公式的主要结构是相同的，而且全部都依赖于劳动的时际替代。

在任何公式中，时际替代包括由于对实际利率或实际报酬率的大小的因素而作出反应时所提供的现行工作时数。一种预期的价格通货膨胀影响我们模型中的行为，因为它降低了为了明天消费而在今天提供的劳动的报酬。如果今天的劳动通过持有生息债券而转变为明天的消费，如果预期的通货膨胀导致有关这些债券的名义利率一对一的提高，那么对于现行工作时数决策有关的实际报酬率无论如何都将不会受到通货膨胀预期的影响。拉平和我通过作为一种可能性承认这一困难而回避了它，而特别提到利率看来不是按这一方式调整的，其原因我们未作解释。我想这一点是正确的决定，因为在我们所探讨的局部均衡的范围内没有希望解决这一问题。然而这一问题在其他地方继续被提出并且大体上依然未被解决。的确，当任何宏观经济学家运用卢卡斯（实际上，当然是卢卡斯—拉平）供给函数时，他也是在回避这一问题（以及为此举而负的责任！）。

我们论文中其他没有解决的主要问题是预期形成的处理，不过这一问题从那以后已经取得了很大的进展。米尔顿·弗里德曼（1968 年）在美国经济学会发表主席演说的时候，我们正在写论文，由于他的推理似乎是结论性的，并与我们模型的预期相矛盾（就像它与所有菲利普斯曲线模型的预期相矛盾一样），我们的研究中断了。我们最后三句话用一种没有解决问题的方式对付了这一难题，这种方式设计得非常巧妙，以致后来并不需撤回或为此而道歉。

“大萧条时期的失业”包括在这本文集中是因为它包括了对最初论文的一个重要订正，而且它对 30 年代劳动市场行为的哪些方面可以用现有理论说明,哪些不能用现有理论说明都作了总结。这篇文章是回答艾伯特·里斯的评论,但对于裁决这一争论感兴趣的读者显然也要注意里斯的观点。

拉平和我的文章中最好的东西是埃德蒙·费尔普斯发现的,当费尔普斯研究同样的问题时,其他人一系列有关的文章也研究了这一问题。这些研究书籍中以费尔普斯的著作(1970年)最为众人所知,为了庆祝与出版商签订合同,他在费城举行了讨论会。幸运的是,由于随后的发展(如果不是由于我们讨论的连贯性),费尔普斯为此次讨论会确定了一条基本规则:任何作者都不得讨论自己的文章,只能讨论由费尔普斯以会议议程形式提出的某些基本问题,这些文章中没有一篇对这类问题提供了令人满意的答案。

拉平和我至少是以更侧重经济计量的宏观经济传统中典型的部门方法进行思考。我们认为我们自己构造了一个"工资—价格部门"模型,这种模型和提供整个经济模型的其他"部门"提供的模型相结合可能是合适的。参加讨论会的大多数人用同样的术语来看待自己的研究(阿曼·阿尔契安没有参加会议)。从他的那本著作的导言中可以很清楚地看出,费尔普斯是用一般均衡的方法考虑问题,并利用他安排讨论的机会把我们的讨论限制在这一方面。如果某个经济机构受到欺骗而设想相对价格将按照对他有利的方式变动,他的行为不会由于其他人相反的误解而被抵消吗?(这不是从费尔普斯的问题表上直接引用的,原话我早就忘了。)为什么把价格预期表示为在价格水平上的适应预期(像拉平和我所做的那样)?与劳动市场决策有关的价格预期为什么不同于与债券市场决策有关的价格预期？总之，对仅仅以通过信息的不完全性而导致大规模就业波动的，相互一致的方式运行的完整经济的描述是可能的吗？很清楚，那本著作中没有一篇文章在探讨这一问题时曾获得成功，尽管大多数人预先假定这样做是可能的。

费尔普斯导言性的论文以一种不太正式然而却是具体的方法处理了这一一般均衡问题。那次讨论会上我们的许多讨论包括在按现代数学形式提出这一论点方面看来是成立的问题内。

“预期与货币中性”试图去做这一工作。这篇论文与费尔普斯文章的联系变得比我开始写作该文章时所预见的还要强。最初的思想仅仅是要把某些卢卡斯—拉平意义上的居民户置于一种货币经济中，让体系受货币供给随机波动的限制，并看看将会发生些什么。萨缪尔森的代际货币经济提供了一种方便的分析结构，因为它既适应拉平和我研究过的两时期消费者最大化问题，又适合于对其进行明确定义的“货币”函数。把均衡定义为一些“状态变量”函数空间上的一个点的思想是普雷斯科特与我在“不确定性下的投资”一文中所运用的思想。这一分析方法曾迫使我与普雷斯科特准确理解像信息与预期这样一些词的意义，并且导致我们用恰好是我后来在“预期与货币中性”一文中所使用过的方法去阐述与运用穆斯的“理性预期假设”。总之，一般均衡公式所需要的成份看来唾手可得。

我所尝试的最初的公式包括一部门体系，并且把货币波动作为不确定性的唯一原因。通过由比例性的转换而注入新货币，我认识到(很麻烦，使我感到惊奇)货币波动，不管是预期的还是非预期的，恰恰像中性货币变动那样起作用，对于这样一种中性货币变

动来说，经济机构能够彻底纠正。要改变该模型以便通过例如一种通货膨胀税或通过转让给工作的年轻一代而引进非货币中性是相当容易的。不过，这样一种波动的实际效应也许不是产生于在拉平与我的理论结构中起作用的替代效应，而是产生于在前一节经验基础上被排除的收入与财富效应。

到此为止，对我来说已经很清楚，为什么费尔普斯想象了一个岛屿式的经济，该经济中的交易者对于有用的、体系范围内的信息是分散的和缺乏的。正是这一特征才允许所有生产者同时相信相对于其他人来说他们从货币波动的后果中得到了好处。把这一"岛屿式"的特征结合到一般均衡体系中去变得比我所预想的更难以分析。另一方面，在这一完成的模型的运行与弗里德曼、费尔普斯、拉平与我以及其他人的推测之间的"拟合"变得相当完美。

这一"拟合"作为一种对比而产生。说实在的，我已经被弗里德曼与费尔普斯关于自然率假设是有效的并与所观察的经济周期相一致的论点所说服，不过这一说服的形式是确信可以构造一种人为的模型社会，在这个模型社会中，这些假设被推测是有效的。如果这种构造是不可能的，那么我只是试图用一种错误的方式得到这一构造的可能性就会留下最引人注意的结论，但说服的程度将被减弱。通常，我相信一个自称懂得飞行原理的人可以合乎情理地指望他能够制造出一种飞行器，懂得经济周期的人在大约同样的意义上意味着他有构造经济周期模型的能力。现在我认为费尔普斯的著作脱离了这一基础。

尽管（或者也许是因为）有着高度抽象的特征，"预期与货币中性"一文从三个不同的方面影响着我的探索。首先，很清楚，拉平和我的供给理论可以很容易地与IS-LM形式的总需求理论相结合的最初观点并不像计划的那样行得通。尽管有关居民户行为的理论在这两篇论文中保持不变,但从适应预期到理性预期的变化意味着,单一部门的行为如果不涉及与本体系其余部分的部门间的相互作用就不再能够加以设计。

其次,一种在某种意义上讲体现了所谓经济周期的、明确的模型经济的构造,使得弄清楚我们用以去认识我们知之甚少的现实经济实际情况的经济计量方法是否会给我们关于我们什么都了解的模型经济以正确的答案这一问题成为可能。这里,答案是否定的(这是“预期与货币中性”一文的第4节)。这一见解本身没有提出多少有关实际经济周期的问题,但它提出了关于经济计量方法的某些尖锐问题,这些问题会以一种大部分是独立于它们最初所赖以产生的抽象内容的方式而被提出和加以研究。

第三,“预期与货币中性”模型明显的新颖性连同我自己的经济思想中许多原始的观点被确凿证明是错误的这一不愉快经历一起引起了我对大量有关经济周期的前凯恩斯主义文献的兴趣。在那里,我发现的不是对凯恩斯所描述的,被作为“历史”而被两代或三代凯恩斯主义者所重复的明显事实的顽固抵抗,而是一些非常复杂的文献,这些文献从当代理论技术来讲是无助的,它们强调经济周期复发性特征,强调把这些复发性视为是错误的必要性,并试图将这些错误合理地解释为其对于“名义”信号波动的明智的反应,而构成名义信号基础的是我们所关心的、并想作出反应的“实际”事件。如果韦斯利·米切尔1931年可以把经济机构看作是“信号的处理者”,那么我看没有理由把我自己1972年采纳这种观点看成是不适当的推测。

这三个方向中的每一个方向在本书的其余文章中是显而易见的。每篇文章都显得比“预期与货币中性”一文中高难技术假定的形式更有说服力。当然，人们全然不会对下列事实感到惊奇与不满：要使人们相信某件事，你就得以谈论他们所关心的问题的方式以及用他们认为是情投意合的语言来提出问题。然而，断言这些抽象的“玩具模型”是可以免除的步骤，或者断言人们不借助于这些模型的帮助就可以直接得到有用的、简单的线性模型的公式，或以新的认识去理解米切尔的观点都是错误的。至少对我来说，正是产生于这些高度抽象然而是十分明显的模型的工作，才是构造新经济计量模型、批判旧模型或者从一种新的观点理解古典著作的源泉。

如果“预期与货币中性”是阐述弗里德曼—费尔普斯自然率假设的正确方法，那么显然，用于检验这一假设的经济计量方法就完全不得要领。此外，尽管通货膨胀率与失业率之间负的样本相关可以被定义为一种“交替”，但很清楚，也许没有办法把改进福利的社会政策建立在这一相关的基础上。那篇文章被最初所提交的杂志退稿，这件事使我深切地认识到，我期待的该文读者的数量是有限的。因此，我很高兴应邀在两次讨论会上宣读论文，每次讨论会都提供了足够宽松的条件允许我阐述我的观点。

“自然率假设的经济计量检验”是为了评价大规模经济计量模型的工资—价格部门的讨论会而准备的，应这次会议之邀，我对偏离弗里德曼—费尔普斯的观点进行发言。该文的目的是用尽可能小的技术复杂性说明为什么弗里德曼—费尔普斯假设的标准滞后分布检验不能解决问题，并用普通的方法表示一种人们可以从中学会某种东西的检验。（第一个目的已由托马斯·萨金特（1971年）实现，尽管当时我不了解这一点。萨金特随后通过运用将名义利率与预期通货膨胀率相联系的费雪方程式的理性预期假设实现了第二个目的，这篇文章大约完成于同一时间。）

“经济计量政策评价：一种批评”一文是为卡尔·布伦纳和阿伦·梅尔策的卡内基—罗切斯特系列讨论会的首次会议而准备的。这项任务鼓励我写作更广泛、更一般的论题，而若由我自己设计而写作议题，就不会有这么广泛而又一般；这一值得花费精力的系列讨论从那以后也多次对年轻学者提供了同样的刺激。这篇文章也反映了爱德华·普雷斯科特的影响，普雷斯科特最近已从宾夕法尼亚大学转往卡内基—梅隆大学，他在许多大规模经济计量模型设定的技艺方面启发了我。

在沿着劳伦斯·克莱因的研究工作前进时，我被下列情况所触动：当克莱因模型短期的预测能力稳定地得到改进时，克莱因自己却显然越来越对经济理论与经济计量理论不感兴趣。我想起了（但想不起是在什么地方）克莱因的描述：在他的描述中，同样的价格方程是从一个完全竞争模型、一个纯粹垄断模型和一个行为的加价定价模型导出的！要点是清楚的：选择适合你口味的“故事”，但不要上当，以为这一选择会起作用。我与其他人所从事的关于滞后分布投资函数的最优基础的理论研究一直把我引到同样的境地；尽管我们的“故事”变得越来越好，但是这一“进步”看来在经济计量投资函数的完成方面没有任何改进。

在这一行中，理论工作的信誉是那样可靠，以致这一理论工作的辩护者就像特定作为经验工作的毁灭性批判一样，很少发现自己处于守势，很少发现自己制造了无意义的称号。这种倾向的代价不是经济计量工作不能被解决——某些人得做这项工作——而是理论工作者和实际经济计量工作者之间的交往变得令人不愉快，结果是他们固执己见，理论和实际之间的必要结合没有发生。不过我想，对克莱因的价格方程和由相对非理论模型预测成功所提出的一般挑战要慎重对待；因为，如果人们期待经济学家回答的实际问题可以不借助于经济理论就能回答，为什么我们还需要理论？

“预期与货币中性”一文所采取的一般均衡方法对这个问题提出了明确回答。在模型经济中，显然，控制货币政策的规则的变化改变从经济计量意义上来说人们通常认为是价格方程的系数，而不管过去样本期这些系数的稳定性。一旦了解了这一点的原因，就不难明白同样的参数不稳定性必然在实际经济中产生。“经济计量政策评价”一文仅仅是以我能够设想的许多不同联系清楚地说明这些原因。使我欣慰的是，评价政策时理论的重要作用这一实例同用相对而言是非理论的经济计量模型进行的成功的事前短期预测的可能性完全一致，因为这一成功的简单否认（而且在某些循环证明中仍然这样做）当时越来越站不住脚。

我把“经济计量政策评价”看作是对理论与经济计量工作之间关系这一重要问题的一项贡献，但人们有时认为它好像比可能的情况更明确地解决了这一问题。那篇文章强调了识别结构性参数的重要性，这些结构性参数在人们有兴趣评价的那种政策变化的情况下是不变的；在那篇文章中的所有例子中，只有描述“嗜好”与“技术”的参数具有这一性质。这一推断对我来说是合理的，但在经验的基础上而不是在逻辑的基础上为它辩护，而且这种辩护的性质可能会随着人们心目中的特定运用而变化。效用理论并没有告诉我们，在价格行为变化的情况下效用函数不变；其运用假定了这点。比如说，经验的恩格尔曲线在大量情况下的稳定性反映恩格尔的判断是恰当的，并且该曲线对我们来说是令人惊异的好运气，但作为经验的科学家恩格尔本身没有办法在逻辑上保证情况会如此。

尽管对标准的、滞后分布的自然率假设的检验好像完全受到怀疑，但看来，认为没有办法将两种假设从经验上区分为像稳定的菲利普斯权衡与自然失业率一样在含义上是不同的两种假设是不可思议的。如果在滞后分布的菲利普斯曲线中的系数与该问题无关，某些其他检验必定有关。1970 年，我沿用在利用了美国时间序列的“自然率假设的经济计量检验”一文中作为描述性运用的方法对模型进行了试验，但在寻找其中包含着自然率假设的持久的“可维持”假设方面没有获得成功。伦纳德·拉平有时认为跨国间的比较可能是有用的，特别是把高通货膨胀率的拉丁美洲国家包括在内时更是如此，我们已经考虑了一些相对于平均通货膨胀率而言的平均每个 10 年的失业情况。不过在对失业的测量中，多数跨国间概念的差别使得这些平均每个 10 年的失业率情况不可能加以解释，或者，我们也这样想，这一方案要被放弃。

“预期与货币中性”一文中这一模型的一种线性化变形提出一种不使用测度的失业率的跨国间检验。在“产出—通货膨胀交替的一些国际证据”一文中进行了这一工作，但是使用名义收入而不是货币作为“强迫变量”以避免采取关于需求波动的国际传递的见

解。到那时为止，拉平已开始对其他问题感兴趣，所以我自己一人继续工作。这是不幸的，因为拉平可能会发现毁坏这篇文章的更大的经济计量错误。不过，尽管有这些错误，这篇文章的主要结论还是完全站得住脚。在一篇没有发表的论文中，乔斯·阿尔伯罗用正确的经济计量方法与更大样本的国家同样得到了这些结果。当然，从那以后，萨金特、罗伯特·巴罗以及其他人发明了适用于单个国家资料的自然率假设的时间序列检验，因此关于我的跨国间检验的经验的担子显著地减轻了。

“生产能力、加班以及经验的生产函数”一文是一篇完全独立的新古典的文章，与本书的其余部分没有关系。该文写作较早，是应美国经济学会之邀而写的，大概是因为我具有投资理论家的资格而受到该会邀请。然而，像本书中的许多文章一样，它是费尔普斯著作的产物。在费城讨论会上，费尔普斯坚持由于缺乏系统的反周期工资变动所产生的难题的重要性，并且在他与悉尼·温特合作的文章中试图解决这一难题。在卡内基—梅隆大学我指定给硕士生班的练习的结果提醒了我那种配合的、总生产函数的令人不满意的特性，不过，是一种对测度误差以及类似的问题随意“矫正”的特性。我想这个两难题是包含在时间序列中，报酬递减规律自我显示的失灵之中，因此这两个难题最好作为一个单个问题来对待，这便是这篇文章所要做的工作。

显然，在“预期与货币中性”一文中，高度抽象的模型与能够对可供选择的货币与财政政策规则的结果给出可靠的、定量评价的经济计量模型间存在着巨大的差距。过去 10 年中我的大多数研究力图缩小这一差距。现在打算讨论的这篇文章的差异说明，即使是一点点进步也要付出多么艰巨的努力，即使是对于这一提法不当的问题可能采取的解的一般形式我也是没有什么把握。

由于技术方面的原因，“预期与货币中性”是从各种形式的系列相关（资本或“持久性”）中抽象出来的，并仅仅集中于初始的波动。尽管我所考虑的是对我这样做的理由作精确的注脚，但是“持久性”问题后来作为运用理性预期的经济周期理论的主要困难而出现。这一点多半仅仅是关于系统独立是否是这样一种模型的内在特征（显然它不是）或者它是否是要加以放松的技术上严格的特征（除了线性的情况外，看来它是这样）这样一些问题上的混淆。

普雷斯科特和我的“均衡的求职与失业”一文始于从“预期与货币中性”的模型转向更加麦考尔—莫滕森—费尔普斯化的、描述一种通过最初的需求波动而导致一种滞后反应的机制的“岛屿式”模型的一种努力（见麦考尔，1965 年）。在这一模型中，由于一种假定的从一种市场转入另一市场的固定成本，一个工人和他的“市场”之间匹配是一种资本。在试图寻求一种易处理的公式时，这个模型全面考察了许多公式。我们最终所找到的简化的方法揭示了求职预期的现在值（在该文中是 λ）的持续不变性，一种显然不能与社会范围的需求波动相一致的假定！我想我们以有趣的理论，但不是一种经济周期理论而结束。即使如此，这一模型也是对那种在理性预期均衡中，对于波动的持久反应是不可能的观点的确定性的反例。

“预期与货币中性”和“均衡的求职与失业”两篇文章之所以在技术上是困难的，是因为在两个模型中经济机构所面临的决策问题是明确作出的，而且（在第一篇文章中）单个经济机构所拥有的信息的不完全性意味着该体系作为整体而言没有解决最重要的最大化问题。对于单个人决策问题加以模型化的实际必要性，相对于他的决策规则而言，是“经济计量政策评价”一文的主题，我不想回避那篇论文的争论。同样，寻求那种其中经济周期是一种解释的动态方案在我看来令人不快地觉得它近于揭示经济周期所服务的社会目的。然而，我相信经济周期没有社会目的。

这些考虑很不严格，因而总的来讲不能与不可能性定理相提并论。这里我提出这些问题仅仅是表明技术上的困难，这些困难使人对在“预期与货币中性”的水平下引进更为有趣的动态学失去信心。处理“产出－通货膨胀交替的一些国际证据”一文（它恰恰是“预期与货币中性”模型的线性化）的线性体系的相对容易性表明，把经济机构的需求表示为预期未来价格的函数（后者是合理形成的）的公式也许提供一种折衷的理论结构。在这一理论结构内，也许可以取得一些进展。这是“经济周期均衡模型”一文所采取的路线。

这一模型由于资本积累、加速效应和信息的逐渐扩散而引入了滞后，这产生了一种与在许多经济时间序列中是典型的二阶自回归特征（纳洛夫定律）潜在一致的二阶体系。这篇论文并不完全行得通：由于每获得一份便利就会由此产生许多便利的折衷物，这无疑是所使用的数学结构和所提出的实质问题之间很不相称的征候。

尽管如此，我毫无歉意地再版这篇文章，因为它是分析货币波动与加速效应之间相互作用的唯一一篇论文，从经验的角度来看，这二者之间的相互作用在所观察的周期的行为中是十分重要的。

在周期内企业投资的反复无常至少像周期的就业行为一样是一桩严重的怪事，因为最优投资行为的重要特征（当我们在理论上理解它时）是它消除无常的波动的方式。反复无常的周期投资必须是可以解释的，这是因为只有作为一种重复的错误，它才使得周期的就业变得反复无常。这表明行为的这两个方面具有共同的解释。“经济周期均衡模型”一文是提供这种解释的一种尝试。

“理解经济周期”一文中所描述的模型当然属于刚刚谈及的文章中的那类模型。按照普通的英语，该模型变得如何简单不是很明显的吗？然而这种简单化是那样靠不住。在“理解经济周期”一文中对存货行为的描述像加速效应的描述一样首尾一致，然而后者是对充分设计的模型的文字表述，而前者仅仅是一种推测。这决没有什么不诚实之处——我认为这些推测是较好的理论——不过这个例子表明了这样一种意思：在这种文字表述水平上的理论化受到把理论的状况表达为因果关系这种条件限制，或许受到刺激其本身或其他方面在理论上的真正发展的限制。

“理解经济周期”是受布伦纳与梅尔策之邀而写的另一篇论文。我把写作这篇文章看作是第一次试图确切地表述在我看来由经济周期所产生的问题是什么以及解决这一问题意味着什么的一次机会。自然，我早期的一些文章在某种程度上认识到哪些定性的事实由于其极端重要性而需要说明；但这些事实对我来说多半是间接的，是来自费尔普斯或阿伦·梅尔策或来自芝加哥大学和卡内基—梅隆大学中的“常识”。当时我开始关心我所遵循的特定理论路线也许仅仅集中于解释“咖啡—面包”一类的事实。毫不奇怪，“我的”事实的基本源泉原来是弗里德曼与舒尔茨的《货币史》

(1903年)。作为一个学生，我曾认为由于这本专著不能用任何明确的普通理论结构给出美国时间序列复杂历史的结构，因此，只是偶尔地注意这本专著。现在，由于对标准宏观经济理论的幻想彻底破灭，我欣赏这本书的相对纯理论方法。从弗里德曼再回到韦斯利·米切尔(1913年)的工作是短暂而又直接的一步。对于这些联系的寻求不是产生于系统的考虑，而是由于这些联系在组织人们关于这些资料含义的思想时是有用的。如米切尔所证明的那样，正是序列间从一个周期到另一个周期的相互运动的相似性才导致人们经济周期的单一波动观点。由于这一缘故，弗里德曼与舒尔茨没有任何选择，只有把这一单一波动与货币不稳定性等同起来。那么，波动的其他原因是什么呢?

本书的最后四篇文章是一杂烩。每篇文章都是接受邀请就特定理由下的特定问题而写的，否则一篇文章也不会写。然而每篇文章都包括了其他地方没有谈到的一些有趣的问题，因而值得收集。

"失业政策"主要是我们这一行对恶化的一种表述。如果我们真有精力的话，这本是拉平和我在我们最初的文章中所要谈的问题。我想，在针对某一特定目标时，恶化的表达较好，所以我更喜欢对OECD"迈向充分就业与价格稳定"报告的评论。报告写得很有趣，我希望读起来也有趣。当然，它也是极端不公正的：本应该有许多用于这同一目的这种类型的"委员会工作"。

"规则、自由处置权和经济顾问的作用"一文是这本书中唯一一篇主要论及宏观经济政策的文章，实际上也是我所写过的唯一一篇政策论文。我想，涉及相对于权威而言的规则的好处之一是一个人一生中只能得到一篇这样的论文。对于我来说，我仅仅得到零星一点，因为我不过采用了我所拥护的来自米尔顿·弗里德曼的一套特定的规则。这对于在场的那些相信理性预期意味着关于全新的政策观点的人来说或许是令人扫兴的事；这就是为什么我认为值得写这篇文章的缘故。

最后一篇文章"经济周期理论中的方法与问题"，完成于今年初。这篇文章与编排在后面的其他文章所共有的颇为"文学性的"风格给我留下了印象。该文所关心的多数事情是人们在支持他们所提倡的科学或政策建议时所使用的言语和方式。给定现时期流行的，甚至不那么流行的经济争端，这种关心在我看来是不可避免的。

在诸如60年代这样时期的美国，当达到广泛的科学的一致时，以及当这种科学的一致被广泛传播并被非专业工作者公认时（这两个条件当然是相互联系的），运用一种共同使用的言语速记来传播相当复杂的思想是可能的。语言的不严格并无害处，因为当迫使不严格的表述精确化时，一个经济学家将会像其他人一样用大约同样的方式这样做。在像现在这样的时期，当一致性被破坏时，这样一种不严格性成为专业争端中的一种障碍，而且对于公众而言，要区分那种概括严格的基础性分析的语言与那种仅仅是闲聊的语言已变得不可能。在这种情况下，猛烈攻击现代的言语争端，让一个人说那种其他人认为具有陌生意义的话在我看来是没有成效的。反之，人们需要从类似理论或均衡或失业这些词的背后去了解概括特定结构或事实的这些词。

我想最好不要以总结的方式概括这篇导论。经济周期研究是一种复杂的社会过程；没有理由相信，评价任何单个贡献者对于这种经济周期研究的贡献将会显示较大程度的完整性。

如果说这一导论有什么单一的、重要的主题的话，那么这一主题就是一种感觉到具有严格有限理论选择的意识，我对这种意识感受非常强烈，但是我觉得拥有这种意识者并不多。我们欲求其答案的问题的性质，看上去有望从中获得可靠答案的理论化水平，以及现有的在这一水平上进行理论化的手段的结合使得真正的进展异常缓慢。由于经济周期已经以一种实质上不变的形式困扰资本主义社会至少达两个世纪，看来把这一缓慢进展的某些方面归于问题的困难性本身而不是归于我们见解中某些易于纠正的缺陷是不无道理的。从政治上讲，这并非是一种特别令人鼓舞的结论，但从科学上讲，它是令人振作的结论。

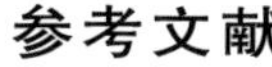

参考文献

Friedman, Milton. "The Role of Monetary Policy." *American Economic Review* 58 (March 1968): 1-17.

Friedman, Milton, and Anna J. Schwartz. *A Monetary History of the United States, 1867-1960.* Princeton: Princeton University Press and N. B. E. R., 1963.

McCall, John. "The Economics of Information and Optimal Stopping Rules." *Journal of Business* 38 (1965): 300-317.

Mitchell, Wesley C. *Business Cycles*. Berkeley: University of California Press, 1913.

Phelps, Edmunds S., et al., *Microeconomic Foundations of Employment and Inflation Theory*. New York: Norton, 1970.

Sargent, Thomas J. "A Note on the 'Accelerationist' Controversy." *Journal of Money, Credit and Banking* 3(1971):721－725.

Sargent, Thomas J. "Interest Rates and Prices in the Long Run." *Journal of Money, Credit and Banking* 5(1973):385－449.

实际工资、就业和通货膨胀*

引　　言

总劳动供给函数是新古典增长理论和短期凯恩斯形态就业理论的基础。然而，与所估计的总消费、投资或货币需求函数相比，还没有任何合适的有关总劳动供给函数参数的经验估计。[①] 尽管

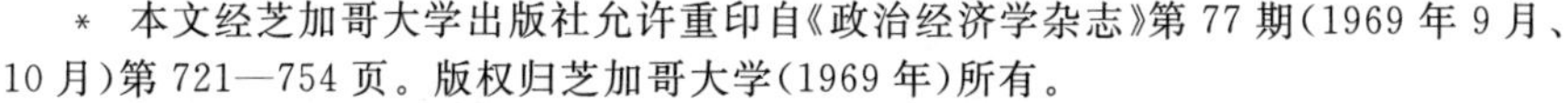

* 本文经芝加哥大学出版社允许重印自《政治经济学杂志》第 77 期(1969 年 9 月、10 月)第 721—754 页。版权归芝加哥大学(1969 年)所有。

我要感谢麦圭尔、梅尔策、奥伊、费尔普斯和里斯教授，他们对该文的最初草稿进行了评论。他们评论我们研究工作的愿望不应被理解为对我们观点的赞同。确实，在他们中间至少有一个人与我们的观点很不一致，但是，由于他们不同观点帮助我们澄清了我们的思想，我们非常感谢他的帮助。

① 撇开对单个部门或厂商的有关劳动供给不谈，有关劳动供给的大多数经验研究可以分为三类。劳动力中每个成员每单位时间工作的时数的研究已经发现在工资率和提供劳动时数之间是一种负的关系，特别是对男性劳动力更是如此。刘易斯(1956 年)，法恩根(1962 年)，琼斯(1963 年)，科斯特斯(1966 年)和罗森(1969 年)报告了这一结果，第二组研究考察了参加率与工资率之间的关系。这些大部分是交叉的横断面研究，这些研究显示了对妇女的正的工资率效应和对男人的较小的负的效应。读者将会在道格拉斯(1934 年)，朗(1958 年)，明瑟(1962 年，第 35—105 页)，鲍恩、法恩根(1965 年)和凯恩(1966 年)的研究中发现这些结果。就我们所知，没有什么人试图把目前所有的人时数与参与率的研究结合起来，以便推断出按照人口统计特征而言为固定人口状况下的劳动供给。

上述研究代表了对实际工资的持久变化对劳动供给所产生的长期影响进行分离的尝试。另一方面，第三类劳动供给研究考察了当按照劳动力参与率与其对于失业率的关系来衡量时劳动供给的周期性行为。这一研究提出了一种劳动供给方面的先周期行为。参看明瑟对这些研究的概括(1966 年)以及最近由布莱克和拉塞尔(1966 年)，特拉(1966 年)以及凯恩和明瑟(1969 年)所写的文章。

缺少这一参数估计，经济学家发现在某些放宽的、公认的假定基础上进行研究是必要的。在增长文献中，通常假定人口增长是外生的，来自任何固定的人口的劳动供给是实际工资的无弹性函数。另一方面，在短期文献中，通常假定在某些刚性的实际或货币工资率下，劳动供给具有无限弹性。在本文中，我们的目的是构造一个协调这些明显相互对立的劳动供给观点的劳动市场模型，并且利用1929—1965年间美国年度的总体时间序列资料检验这一模型。

凡是可能的地方，我们将涉及微观经济的劳动市场文献以加强我们的假设。然而，像单一经济部门的任何总体性研究一样，略去由劳动市场行为特征的许多研究所提供的大量殷实资料是必要的。我们将不通过提供该社会完整的经济计量模型来补偿这一损失，但在下一节，我们将概述我们劳动市场模型的结构以及它与其它经济部门的联系。不过，在我们选择作为联立方程体系而检验的劳动供给函数和劳动的边际生产力函数这两种函数时，带有不可避免的任意性。

除了理解美国劳动市场的运行这一主要目的外，作为次要目的，从供求条件看，本文的研究使得所观察到的失业率和通货膨胀率之间的相关性合理化，或者说使得菲利普斯曲线合理化。近来试图为菲利普斯曲线提供理论基础的尝试大部分是建立在把劳动市场视为集体议价占统治地位这一观点的基础上。在这样的市场上，议价的结果对于供给和需求的力量没有提供任何明确的关系。① 我们虽然对这两种观点不提供任何严格的检验，但我们将证明，其中一种竞争市场的理论含义丰富而且与美国的实际经历相一致。

本文的其余部分安排如下。第1节，对一种生产—就业部门的模型进行了一般性讨论并涉及经济的其他方面。第2节，建立了总劳动供给函数。劳动市场的需求方面在第3节论述。所测度的失业的作用在第4节讨论。第5节完整地表述这一模型。第6节转述检验情况。第7节概括我们的结论。

1 模型的结构

下面第6节所述的结果是对美国劳动市场两方程模型的估计，其中两个方程是劳动供给函数和劳动边际生产力条件。我们的检验所赖以进行的时间序列像所有其他时间序列一样受到短期和长期两种因素的限制。因此，利用这些时间序列对"短期模型"或"长期模型"进行检验，即使是令人满意的，也是不可能的：一种合适的模型必须既包括短期又包括长期。因此，我们认为劳动市场模型（或者广言之，生产—就业部门）必须具有三个特征。首先，模型必须体现新古典特征，即对固定的资本而言，总供给表（表明商品价格

① 菲利普斯曲线关系的一种议价的解释由埃克斯坦和威尔逊（1962年）以及佩里（1964年）给出。其他人曾试图通过求助于"均衡外的"调整功能来研究菲利普斯曲线。这是菲利普斯（1958年）和已故的利普西（1960年）的最初动因，这一观点最近在费尔普斯（1968年）所写的文章中加以扩展。对于菲利普斯曲线关系的讨论和集体议价与货币—金融政策的共同影响，参看布朗芬布伦纳和霍尔兹曼（1963年）的文章。还参看布朗芬布伦纳关于政府工资—物价方针的讨论（1967年）。

与实际产量的表)在一个稳定总需求的长时期内将完全无弹性。其次,该模型应该具有在变动总需求曲线的情况下与观察到的实际产量与就业的波动相一致的弹性的短期总供给函数的含义。最后,从短期到长期劳动市场均衡的过渡必须加以充分描述。

本文所检验的模型兼有这三方面的特征。不过,在从经验上对这一模型进行补充之前,介绍一些使得这些主要特征难以理解的复杂情况是必要的。为了有助于说明结果,在本节的其余部分我们对实际加以检验的复杂模型以简单的形式提出。这样做时,我们考虑了实际估计的两种函数,与未加以估计的总生产函数一起,作为决定总供给函数的一组方程。

令 m_t 为 t 期每个居民户被雇用的人数,k_t 为每个居民户的资本,y_t 为每个居民户的实际产量。令 w_t 为实际工资率,令 Δp_t 为从 t 到 1 到 t 期价格增长的百分率。我们假定总生产函数为常数规模报酬,生产函数可以写为:

$$y_t/m_t=f(k_t/m_t),f'>0,f''<0。\tag{1}$$

从厂商的角度来讲,由于竞争的劳动市场和连续的利润最大化曲线,方程(1)暗含着劳动的边际生产力条件:

$$w_t= f(k_t/m_t)-(k_t/m_t)f'(k_t/m_t)。\tag{2}$$

如果人们乐意,可以就方程(1)和(2)对短期的(即固定资本的)产量供给和劳动需求函数求出解来;解的内容在两种形式下相同。对(1)和(2)我们加上劳动供给函数:

$$m_t= S(w_t,w_{t-1},\Delta p_t,m_{t-1}),\tag{3}$$

其中 S 是 w_t、Δp_t 和 m_{t-1} 的增函数,是 w_{t-1} 的减函数。在第 2 节,我们详细讨论一种促成这一劳动供给函数的费雪模型。现在,我们的兴趣是体现在方程(1)—(3)中的生产—就业部门的特征。

按照现行价格和货币工资 p_t 与 $w_t p_t$，供给函数(3)不是零次齐次。因此，在短期内，这个模型显示了一种在许多现代凯恩斯模型中所假定的“货币幻觉”。不过，如果工资和物价在一个长期内保持稳定，可以就方程(3)解出仅仅依赖于实际工资率的长期劳动供给(与人口有关)。

从(1)—(3)消去 w_t，m_t 和其滞后值得到总供给函数：

$$y_t = F(y_{t-1}, k_t, k_{t-1}, \Delta p_t)。\tag{4}$$

F 对于 p_t 的导数是正值，因此，短期的总供给函数具有向上倾斜的斜率——尽管这一函数对于价格水平将不具有完全的弹性。如果价格在长期内是稳定的，如果差分方程(4)是稳定的，则供给函数就具有完全的弹性。总之，模型(1)—(3)确实拥有本节开始时讨论的特征。

在讨论(1)—(3)时，我们把劳动市场视为短期内在每一时间 t 是均衡的。这一假定并非与所观察到的就业方面的波动不一致，也并非脱离了失业的定义。[①] 假定一个短期均衡主要结果是

① 历史上，对于“自愿的”和“非自愿的”失业之间的区分已经作了大量的工作。不过在小心加以阐述时，这一区分变成纯粹是形式上的，并且只是混淆了在其中劳动市场的均衡意指一种特定(充分就业)独立于总需求水平的产量水平的模型与其中这一含义并不成立的模型之间的区别。我们的模型属于后一类。用不着企图考察凯恩斯主义的确定的观点，我们想指出，许多作者看来把劳动市场看作在整个周期内都是均衡的状态来处理。帕廷金(1965 年，第 341 页)按照这一方法解释莫迪里亚尼(1951 年，第 186—239 页)并把这一凯恩斯的解释归功于兰格(1945 年)，在寻求将他自己与那些坚持劳动供给在每一时点上都是“处于它们的供给曲线之上”的观点的人区别开来之后，恰恰是帕廷金本人把“刚性”归于“个人决策……仅是‘显著地’对市场变化作出反应”(第 343 页)。同样，里斯(1951 年)把工资刚性归于就业者不愿意削减工资。当然，在断言构造一种其中劳动市场是连续出清的模型是不必要的这一问题上，帕廷金是正确的，但他对凯恩斯主义文献的讨论使问题变得很清楚，连续—均衡的观点决不是对早期理论家观点的根本偏离，其理论本身也没有任何明显的规范的结果。

测度的失业，或测度的劳动力将不会在重要的方面引入模型。不过，通过提出这样的问题："在就业问题上，如果问人们当他们探索就业问题时，对于其将要回答的这一就业问题他们要考虑些什么问题?"我们确实要试图说明测度就业方面的波动。这一问题在第4节中详细讨论。

由于总供给函数(4)中的通货膨胀率Δp_t的出现，第二个一般性说明是必要的。这看来将提供这样一种可能性，通过寻求一种系统的通货膨胀政策，政府可以没有限制地任意提高实际产量。我们不接受这一含义。正如我们在下一章将要看到的那样，如果这种政策出现，模型(1)—(3)将不能成立。

在从劳动市场的一般结构转入劳动的单个供给者与需求者的行为(第2、3、4节)之前，我们也许应该提出一种我们上面所述的那种或其他任一种竞争的供求机制是否能够说明劳动市场行为这种更广泛的问题。由于从这种最一般的角度提出问题，这一问题的先验的讨论是无意义的，但工资和就业方面两种特别的非竞争力量对于保证特定的表述的正确性是十分重要的。这两种力量是集体议价和征兵。

显然，在一个单一的成立工会的产业的工资和就业决定的问题上，上述模型是一种不正确的观点。在这样一种产业中，工会提出一种高于竞争的工资率，这种工资率受到工会所面临的劳动需求弹性和工会有效性的限制。对于这种产业的劳动供给是无关的，因为必然存在的超额供给不会压低工资。因此，对于这样一种产业的劳动市场模型，将由一个对于劳动的需求方程和一个"确定工资的方程"组成。人们试图将这种关于有工会的产业工资和就业的观点一般化为整个经济的情况。确实,许多经济学家已沉溺于这种尝试中。不过,在我们研究所包括的期间内,至多只有 25%的劳动力受雇于集体议价产业,因此,这种一般化是无意义的。那些不能在组织工会的产业找到工作的人将受雇于无工会部门,这些部门将压低工资。结果,在相对工资结构方面将存在重要的变形,但我们已经发现,无论是理论的假定,还是经验根据都没有表示在总工资率上工会主义的作用是相当大的(或者甚至在可预言的方面)。①

由于军人包括在我们工资和就业的数据中,恰恰像政府被作为私人雇主一样,考虑到征兵的作用也是重要的。在概念上,人们应该将军人(这一数字不同于总应征入伍者)从就业与“人口”中减去,把他们的所得从雇员的报酬中减去,把他们的产品从国民生产总值中减去——总之,重新制作国民账户。我们没有作这方面的尝试,而是引入一个战时虚构的变数以检验二次大战期间——在

① 虽然关于相关的工会/非工会工资率集体议价的作用已经由刘易斯(1963 年)建立(在多种时间点上),但关于总工资率(工会和非工会工资率的加权平均)的议价作用仍然是不确定的,并且确实,大部分还没有被揭示。由于成功的工会行动将减少组织工会的部门就业量,释放出工人到其他经济部门,因此,甚至不存在工会对总工资率的影响是积极的这种推论的根据。例如,如果对劳动的需求弹性在两个部门(工会和非工会)都是 1,如果劳动是无弹性供给,则工会将既不会对总就业发生影响,也不会对平均工资率发生影响。即使假定在组成工会的部门是无弹性的劳动需求,在工会权力达到高峰时期(50 年代,当时 25%的劳动力被组织进工会,按照刘易斯的观点,工会/非工会的相对工资为 1.15)工会对工资的影响估计也不到 4%。由于由集体议价协议所包括的劳动力的百分比在从 1929 年的 9%到 1953 年高达 25%的范围内变动,因此,对议价对实际工资影响的时间序列进行分析是可能的。我们已经考察过的不太多的经验研究表明,集体议价可能对总实际工资有一个适度向上的影响,但这一序列中大多数观察的长期和周期的变化由竞争的市场力量加以解释。这一结论由里斯(1959 年)在他的关于 1889—1957 年间制造业实际工资的研究中提出,凯根(1968 年)在考察了 1890—1961 年间制造业工资的资料后也提出了这一结论。

我们的样本中，其中应征入伍者构成总就业量一个重要部分的唯一时期——征兵的作用。这一点将在第2节中进一步讨论。

2　劳动的总供给

谈到劳动供给，我们是指每年供给市场经济的人时数。① 存在着多种这一数量随着实际工资率变化而变化的途径。工资率可以通过它对生育婴儿的决策的影响而影响人口的规模，工资率可以影响对于提供劳动力的一个给定人口的部分(即参与率)，或者，工资率可以改变每个劳动力每年提供的小时数。我们将仅仅考察后两种反应——小时数与参与率——并试图解释与固定的年龄和固定的性别构成相应的固定人口规模下的劳动总供给的变化。②

前几段所涉及的劳动供给与实际工资的关系被暗含在完全竞争市场下一个单一的居民户所面临的人们所熟悉的物品——闲暇选择的效用分析中。对于面临着波动的货币工资与物价的居民户来说，现行价格下的这一物品——闲暇之间的权衡仅仅解释劳动

---

① 我们的分析将限制在包括市场工作和闲暇间选择的居民户决策问题上。这被公认为是对包括在市场工作、闲暇、家里做的工作，学校的工作间选择的更为复杂的决策问题的一种极端简化。我们的方法排除了讨论隐含的家里做的工作工资率的需要，这一方法允许我们防止一种直接付款的学校工作工资率的正式引入。对于这些问题的比较充分的表述，参看明瑟(1962年)，凯恩(1966年)和科斯特斯(1966年)的著作。还应该强调，由于我们把闲暇定义为包括除了有报酬劳动以外的全部时间的运用，因此，这一项目包括一系列行为，例如，上学、寻工作、退休和家务劳动。

② 我们意识到在把人口作为外生变量处理时，我们不能解释极其重要的说明美国劳动力长期增长的因素(关于这一点，参看伊斯特林)(1965年)。然而，这一假定在对劳动供给的动态学理解方面以及在作为对一次性实际工资率的变化的反应而产生的短期劳动供给与长期劳动供给相区别方面无论如何都不会降低我们模型的有用性。

供给决定的某一方面。包含未来物品与闲暇和现在物品与闲暇之间替代关系的选择是同样重要的。例如，考虑一个已经被解雇（或者按我们的话来说，面临着那种使得他能够找到工作的工资的降低）的工人所面临的选择。由于在较低工资下接受工作可能包括诸如在寻找工作或转入另一社团的时间、精力等方面的投入，对目前劳动供给的决定将是不同的，这依赖于这一工人对于较近的将来工资的预期。如果目前工资的降低被视为暂时性的，他现在可能接受闲暇（失业）。如果工资现在的降低被视为持久性的，他可能在别的地方接受工作。

为了更系统地考察劳动—供给选择的这些特征，我们将使用经推广了的一个有代表性的居民户的效用分析，它包括四种商品：现在物品消费（$\overline{C}$），劳动供给（$\overline{N}$），"未来"商品和劳动供给（$\overline{C}^*$ 和 $\overline{N}^*$）。假定居民户求得下列效用最大化：①

$$U(\overline{C},\overline{C}^*,\overline{N},\overline{N}^*),U_1,U_2>0,U_3,U_4<0, \quad (5)$$

限制条件是消费的现值不能超过收入的现值。现值用名义利息率 r 计算，在这一名义利息率下，居民户可以贷出任何数目直至达到现有财产的数目。或者他可借进任何数目直至达到可以用其未来收入做担保的限度。最初的非人力财产，用货币加以因定，为 $\overline{A}$，现在和将来物品的价格、货币工资率为 P,P^*,W,W^*。因此求得 U 的最大化，约束条件是：

① 利维尔顿已经证明（1966 年）把 n 时期决策问题降为二维问题的普通程序产生通常的指数问题。这种问题的严重性与比方说经济学中一种十分普通的程序，即当价格水平按照一种指数衡量时所产生的问题的严重性一样。

$$P\overline{C}+\frac{P^*}{1+r}\overline{C}^*\leqslant\overline{A}+W\overline{N}+\frac{W^*}{1+r}\overline{N}^*。\tag{6}$$

我们假定，对所有正的价格而言，在 $\overline{C}$ ，$\overline{C}^*$ ，$\overline{N}$，$\overline{N}^*>0$ 时达到唯一的最大值。于是，对于最大化问题的解给出了作为(6)式中四个“价格”和 A 的函数的这些决策变数，我们有现在劳动—供给函数：

$$\overline{N}=F\left(W,\frac{W^*}{1+r},P,\frac{P^*}{1+r},\overline{A}\right)。\tag{7}$$

函数 F 就五个自变量来说是零次齐次函数，所以，如果选择现行价格水平 P 作为公分母，(7)式等价于：

$$\overline{N}=F\left[\frac{W}{P},\frac{W^*}{P(1+r)},1,\frac{P^*}{P(1+r)},\frac{\overline{A}}{P}\right],\tag{8}$$

函数 F 导数符号的理论意义通常如人们所要求的那样是任意的，但鉴于未来物品和闲暇是现在闲暇的替代品、闲暇不是劣等品的假定，鉴于资产效应较小的假定，存在下列推论：[①]

① 为了从居民户在(6)式的限制下求(5)的极大值的假定得到由(7)式给出的关于劳动供给函数 F 的偏导数符号的信息，我们遵循那种把每个导数表示为两项加总的标准程序：这两项是斯拉茨基或替代项与代表价格变化的资产(收入)效应项。令 $K(N,W)$ 表示工资变化对现行劳动供给的替代效应，等等。

于是：

$$\partial F/\partial W=K(N,W)+N\frac{\partial F}{\partial A},$$

$$\partial F/\partial\left(\frac{W^*}{1+r}\right)=K\left(N,\frac{W^*}{1+r}\right)+N^*\frac{\partial F}{\partial A},$$

$$\partial F/\partial P=K(N,P)-\left(\frac{\partial F}{\partial A}\right),$$

$$\partial F/\partial\left(\frac{P^*}{1+r}\right)=K\left(N,\frac{P^*}{1+r}\right)-C^*\frac{\partial F}{\partial A},$$

对于个别项的符号来说，效用最大化假设的唯一含义是：$K(N,W)>0$。两个时期的消费以及每一期未来的闲暇作为现期闲暇的替代品的假设表明其他三个替代项是负的。最后，我们假定 $\partial F/\partial A$ 是负的但微不足道。综合这些假设得到(9)式。

$$\partial F/\partial \mp (W/P) > 0, \quad \partial F/\partial\left(\frac{W^*}{P(1+r)}\right) < 0,$$

$$\partial F/\partial\left(\frac{P^*}{P(1+r)}\right) < 0, \quad \partial F/\partial(\bar{A}/P) < 0, \tag{9}$$

这一单一居民户的简单理论提出了一种把每年供给总人时 N_t 与函数 F 的自变量对应的经验的变数相联系的总劳动供给函数，这一总人时数 N_t 是按照居民户数目的指数 M_t 缩减了的数目。令 W_t 为货币工资的指数，P 为国民生产总值缩减指数，r_t 为名义利息率，A_t 为居民部门所持有的资产的市场价值。令 W_t^* 和 P_t^* 为(不可观察的)建立在 t 期可以得到的信息基础上的混合物品"未来劳动"和"未来消费"的预期价格指数。那么，在(8)式的基础上，我们假定下列对数—线性关系：

$$\ln(N_t/M_t) = \beta_0 + \beta_1 \ln(W_t/P_t) - \beta_2 \ln\left[\frac{W_t^*}{P_t(1+r_t)}\right]$$
$$- \beta'_3 \ln\left[\frac{P_t^*}{P_t(1+r_t)}\right] - \beta_4 \ln\left(\frac{A_t}{P_t M_t}\right), \tag{10}$$

其中(参看(9))β_1，β_2，β'_3 和 β_4 是正值，β_0 可以是正也可以是负值。[①] 令 $w_t = W_t/P_t$，$w_t^* = W_t^*/P_t^*$，$a_t = A_t/P_t$，$\beta_3 = \beta_2 + \beta'_3 > 0$，观察 $\ln(1+r_t) \sim r_t$，(10)式可以重新整理以便给出更为容易的解释：

$$\ln(N_t/M_t) = \beta_0 + \beta_1 \ln(w_t) - \beta_2 \ln(w_t^*)$$
$$+ \beta_3[r_t - \ln(P_t^*/P_t)] - \beta_4 \ln(a_t/M_t)。 \tag{11}$$

① 我们理论的含义是，工资率方面的变化引起居民户特定的劳动供给的反应。当然，作为一种特别情况，不存在单一的工资率。相反，工资随职业、教育、性别、种族、地理、区域而变化。当劳动供给的反应随这些特征变化时，相对以及绝对的实际工资将影响劳动的总供给。曾假定在我们的样本期，相对工资结构是这样一种变化，这种变化使得方程(10)仍然是所包括的变数实际关系的一个很好的近似。

因此,劳动供给被假定依赖于现在和预期的实际工资,依赖于预期的实际利率 $r_t-\ln(P_t^*/P_t)$,依赖于资产持有量。在这一函数中,现行和预期未来工资率同时出现很具有当代劳动经济学的风格,在当代劳动经济学中,劳动者被看作资本家,某个劳动者的供给从一个市场转移到另一个市场的决策(这种决策是有关我们的经济中人们如何典型地接受工资的降低,或得到高于正常增加额的工资的问题)被认为是一种投资决定,实际利息率(早期这是由帕廷金提出的(1965 年,第 129 页))的出现反映从一个时期的消费转移到另一个时期消费的能力。

看待由(11)式表示的工资灵敏度的另一种方法是根据由“持久的”和“临时的”两部分构成的现行实际工资。① 因此,(11)式右端包含工资的项可以写成 $\beta_1\ln(w_t/w_t^*)+(\beta_1-\beta_2)\ln(w_t^*)$,变数 w_t^* 自然地解释为持久的或正常的实际工资率;劳动供给对这一工资率的弹性的符号可正可负,允许一种向后弯曲的供给曲线的可能性。于是变量 $\ln(w_t/w_t^*)$ 是现行工资与持久工资的比率。如果 $w_t>w_t^*$,或者如果现行工资高得反常,将提供比长期劳动供给函数所暗示的更多的劳动。如果 $w_t<w_t^*$,工人将脱离长期供

① 在相对于临时性实际工资变化而言的劳动供给持久效应之间的区别被弗里德曼(1962 年)用于对二次大战间劳动供给异常大的提高的解释。就我们所知,弗里德曼第一个指出了在研究劳动供给时,持久—临时的工资率区别的经验上的有用性。在研究已婚妇女的劳动供给时,明瑟(1962 年),肯(1966 年),肯和明瑟(1969 年)区别了持久的和临时的变数对已婚妇女劳动供给的影响。但他们的模型和目的与我们的不同。我们没有致力于居民户间闲暇与工作的配置问题。要直接把我们的模型与主要用于解释居民户中女成员的劳动供给行为模型进行比较是困难的。不过,我们应该强调这两种模型区分了持久的和临时的变数对妇女劳动力供给的影响。

给曲线向左移动。①

如上所示，有某些理由相信，资产对劳动供给的效应是微不足道的（β_4 接近于 0），由于这一原因，这一变量最初从我们的检验中排除了。后来，我们引进了某些有点不太令人满意的“代表项目”，同时产生了通常不太好的结果。② 这些结果在附录中报告，但现在，a_t/M_t 将从讨论中剔除。同样，由于带有名义利息率 r_t 的结果在附录中作了报告，我们最令人满意的模型排除了这一变数，这一变数将从下面的讨论中去掉。③ 最后，人们常说在二次大战期间

① 像弗里德曼最初的持久收入假设（1957 年）一样，这一劳动供给观点具有生命周期以及经济周期的含义。例如，这一理论“断言”工人在高峰收入的年度内将集中其劳动的供给，而在儿童和老年时期消费大于平均数的闲暇。这样一种含义的系统分析和检验超出了本文的范围。

② 我们关于较小的非人力资产效应的假定与某些但不是全部可能的文献相一致。使用包括来自拥有资产转移支付和其他项目记录的收入的非就业收入变数，鲍恩和法恩根（1965 年）在利用这一变数对参与率进行回归时得到了重要的负系数。对 1940、1950、1960 年以及对一些不同的年龄—性别分组，他们得到了这一结果。但是另一个由科斯特斯（1966 年）所作出的截面研究在识别男人工作时数的非就业收入效应时却很不成功，科斯特斯使用了 1960 年 0.1%的样本。科斯特斯讨论了由于使用人口调查非就业收入资料作为得自非人力资产收入的代表而引起的测度问题。

③ 在第 6 节所报道的模型以及在附录中所报道的许多模型中，或是资产，或是名义利率或两者同时都被从对劳动供给的回归方程中排除了。在这些情况中，(9)式和省略了 r_t 和 $\ln(a_t/M_t)$的(11)式的变形之间的联系需要阐明。一个居民户的非人力财富由对未来收入的要求权组成，部分按货币项目固定，部分为实际项目（对有代表性的居民户，当然 A 是正的）。未来价格 P^* 的提高，将导致资产现行市场价值的较小比例的提高。在对包含测度市场价值的资产变量进行回归中，价格变化的这一资本所得和损失效应将受到控制。由于资产方面的所得与 P^* 是正相关，而资产与现行劳动供给是负相关，P^* 对现行劳动供给的负效应将在省略了 $\ln(a_t/M_t)$的回归中被强调。因此，不管(11)式中资产变数是否出现，β_3 都是正值。当利息率 r_t 被省略时，产生了同样的问题。名义利息率可能随 P_t^*/P_t 而变化，因此 β_3 在排除了 r_t 的回归中趋于零。有一些理论根据使我们相信这一效应是存在的，但没有多少迹象表明名义利息率用一种维持常数实际利率的速度适应于预期通货膨胀。确实，这一迹象表明一种非常缓慢的调整。费雪（1930 年，第 418 页）从经验上考察了美国和英国的利息率和价格变化之间的关系，他认为，“结果没有表明任何存在于 P'（实际的价格变化率）和 i（利息率）之间的任何实际重要的联系。”（括号中的定义是我们提供的）由萨金特作出的更为近些时候的研究证实了费雪的结果。

爱国主义的感染提高了军事部门和非军事部门劳动的供给。为了说明这一点，附录中我们的一些检验引进了零——虚构变数 D_t，1941—1945 年间 D_t 等于 1，其他时期 D_t 等于零。[①] r_t，$\ln(a_t/M_t)$ 和 D_t 这些变数中的每一个在(11)式中都以相同的方式出现，因此，读者在决定这些变数的任意相加或结合而对这个模型产生的作用时该不会有什么困难。

为了完成一种可以使用的供给假设的构造，必须假定一种机制，通过这一机制，形成实际工资和价格预期 w_t^*，P_t^*。这一问题的完整分析包含两个成份：按照 t 来预测 $t+1$，$t+2$，……，时期的公式和建立在这些预测基础上的指数的构造。由于事先我们知道这一问题没有什么纯的富有启发性的解存在，因此，我们没有什么积极性去确定这一分析。确实，我们仅仅假定下列适应性的方案：

$$\frac{w_t^*}{w_{t-1}}=\left(\frac{w_t}{w_{t-1}^*}\right)^{\lambda}e^{\lambda'}, \tag{12}$$

其中 $0<\lambda<1$，其中加入 $e^{\lambda'}$ 是为了允许实际工资中的一种预期趋势。

用对数表示，(12)式成为：

---

① 就 D_t 表示爱国主义而言，它反映了供给函数的向右移动，导致提高的就业和较低的平均工资(其他条件不变)。我们也将把 D_t 看作是对征兵作用的一种公认的不完全控制。作为对征兵作用的测度，它对就业有一个正的作用，而对工资率具有不确定的影响。如果所有的强征军事人员来自非市场部门，这种征兵仅仅是市场需求的左移，随之产生对工资的降低作用。在另一极端，如果所有强征军事人员都来自非军事的市场部门，对于平均工资的作用将依赖于非军事部门劳动需求的弹性和军事方面的工资支付率和市场工资支付率之间的差别。因此 D_t 的作用是未知的，它依赖于爱国主义与征兵的力量。我们的看法是，它对工资的净作用为负，对于就业的作用为正。

$$\ln(w_t^*)=\lambda\ln(w_t)+(1-\lambda)\ln(w_{t-1}^*)+\lambda'。\tag{13}$$

同样，我们假定价格预期的形成是适应的，并具有同样的反应参数λ：

$$\ln(P_t^*)=\lambda\ln(P_t)+(1-\lambda)\ln(P_{t-1}^*)+\lambda''。\tag{14}$$

由于在解释我们理论模型和评论我们经验的结果时，我们将在数个点上间接提到趋势性的项λ''，因此，我们可以说这一项依赖于大的政治和军事事件以及过去价格的发展。在我们的研究中将不考察它的决定。

在(11)、(13)和(14)式中使用科伊克变换消去w_t^*和P_t^*（从(11)式中删去r_t和a_t/M_t，这一点上面已讨论过)，我们得到：

$$\begin{aligned}\ln(N_t/M_t)=&(\beta_0\lambda-\lambda'\beta_2-\lambda''\beta_3)+(\beta_1-\lambda\beta_2)\ln(w_t)\\&-(1-\lambda)\beta_1\ln(w_{t-1})+(1-\lambda)\beta_3\ln(P_t/P_{t-1})\\&+(1-\lambda)\ln(N_{t-1}/M_{t-1})。\end{aligned}\tag{15}$$

(15)式的参数估计与方差在第 6 节中报告。[①]

由于劳动一供给方程(15)式按现行货币工资和现行价格是非齐次的，我们可以说在劳动供给上存在着“货币幻觉”。不过，我们应当强调，这一行为不是不合理的，它也不是生于对价格问题的无知。在(15)式中，“货币幻觉”不是产生于缺乏远见地专心于货币的价值，而是产生于我们的劳动供给对价格水平是适应性的，并预料会重新回到正常价格水平而不管现行价格如何的假定，以及产

① 人们不需要把(12)与(13)式看成恰好是等式。我们随后将在(15)式中引进误差项，并假定误差为序列无关。在这一假定下，(12)和(13)式中的误差项必然序列相关，这一相关性被科伊克变换破坏。

生于名义利息率不与实际通货膨胀率成比例变化的经验事实。由于这些预期,当价格提高时,提高供给者的劳动供给和他的现行货币储蓄是有利于劳动供给者的。①

由于(15)式像依赖于构成(11)式基础的效用函数理论一样完全依赖于预期假设(13)与(14)式,显然,人们可以料想只有在像(13)与(14)式所假定的那样对工资与物价作出可能的预报的社会

① 价格预期是在相对于价格变化率的(趋势性调整的)价格水平的基础上形成的假定对于我们模型的预测是至关重要的,因为它说明了在从(11)式转入(14)式时关于通货膨胀项的系数符号的"转换"。当然,这一假定的适当性是一个经验问题,但我们想指出,我们所采取的路线有一段很长的历史。要描述这一点,我们首先引用希克斯(1946年,第270—271页)的话:"为了解释工资的刚性,我们就得假定参与工资议价的各方具有某种完全不同于(也许)'公平的'价格的正常价格的观念,工资的刚性恰在那一时间扩展——它可能是一段很长时间——在这段时间所考察的议价各方使得他们自己相信有关价格(不管是劳动产品的价格还是劳动购买的物品价格)是临时性变化。一旦他们确定这些变化是持久性变化,就存在工资变化的趋势,在极端不稳定的情形下,当他们已经抛弃正常价格的观念,谈判者就寻求可变动的比例,货币工资刚性完全中止"。我们在把握供给者与需求者时不对称的处理方法不同于希克斯的方法。我们模型的一个更为接近的预报是由托宾(1952年,第581页)提出的:"劳动可能具有弹性的价格预期;一种确定的'正常的'价格水平或价格水平的范围可能被预期在将来盛行而不管现在的价格水平如何。"由于这种价格预期,具有同样现行实际收入的工资收入者去得到最高可能的货币收入的好处是显然的。因为他的货币收入越高,他们的货币储蓄将越大,因此,他们预期拥有的未来商品就越多。

凯根(1956年)在他的著名的超通货膨胀的研究中假定预期的价格变化率是过去通货膨胀率的指数加权平均。由于他的运用包括能够与我们的样本中每个10年的价格变化率相比较的月通货膨胀率,所以在他的实践与我们的实践之间不存在不一致的地方。前面使用对于价格是适应性预期的研究包括纳洛夫的厂商产量供给的研究(1958年)和刘易斯工会/非工会决定的研究(1963年)。在更为晚些时候的研究中,例如萨金特(1969年)使用了在预期通货膨胀率中同时包含"外推的"(像凯根的那样)和"回归的"(像我们的那样)两种成份的假设。总之,在价格预期形成方面不存在经验的一致性意见,确实也不应该有,因为政府的通货膨胀政策在不同国家、不同时间是变化的,居民户被迫改变他们相应形成预期的方法。

里,(15)式才能成立。特别地,趋势性的通货膨胀率(从一种 λ''值到另一种 λ''值)方面的一种显著的、持续的变化将导致居民户利用(14)式连续地过高或过低预测价格,在这种情况下,一些其他预测方案可能会被采用。我们认为,(13)和(14)式对美国 1929—1965 年这段时期似乎是适用的,尽管平均的通货膨胀率在这一时期的晚些时候比早些时候要高。但我们想强调,构成(15)式基础的理论表明,为了得到通货膨胀对劳动供给的估计的长期作用,在(15)式中插入一个任意的、固定的 $\ln(P_t/P_{t-1})$值是完全不合逻辑的。

3 劳动的总边际生产力条件

我们假定了一种具有常数替代弹性、具有常数规模报酬和劳动扩充型技术变化的生产函数。令 y_t 为实际总国民产量,N_t 为上节里使用过的就业变量,K_t 为社会的实际资本存量,Q_t 为劳动质量指数(实际上,一种完成学业年份的指数)。[①] 于是:

$$y_t=[a(Q_tN_t)^{-b}+c(K_t)^{-b}]^{-1/b}, \tag{16}$$

其中 a 和 c 为正值,$b>-1$。于是 $\sigma=1/(1+b)$为替代弹性,(16)式和完全竞争条件下利润最大化所暗含的劳动的边际生产力条件可以写成下列形式。[②]

---

① 显然,在我们的基本模型中仅仅包括体现劳动的技术变化,但我们不排除其他来源的技术变化。在附录中,我们描述了建立在一种不仅包括体现劳动的技术进步,而且包括通过对(16)式乘以 $e^{\alpha t}$ 而引进的中性技术进步的常数替代弹性生产函数基础上的结果。

② 参看阿罗和其他人的著作(1961 年)。

$$w_t = aQ_t\left(\frac{y_t}{Q_t N_t}\right)^{1+b}。\quad (17)$$

取对数重新整理,(17)式表示:

$$\ln(N_t)+\ln(Q_t)-\ln(y_t)=\sigma\ln(a)+\sigma[\ln(w_t)-\ln(Q_t)]。(18)$$

方程式(17)并不是边际条件(2)的一种特定形式;更确切地说,它通过使用由(1)式给出的等式 $k_t/m_t=f^{-1}(y_t/m_t)$ 从(2)式得到的。当然,(16)和(17)式的内容与(16)式和从(16)式得到的(2)式的内容相同。按照我们的观点,(17)式的主要优点是它允许我们在估计供给函数时对联立方程问题进行某些控制而不需要有关 K_t 的时间序列。

方程式(18)是可以使用的,其参数的估计已经被得到。不过(18)式的使用依赖于劳动是自由变化的投入的假设。相反,大量迹象表明,变动的劳动需要调整成本,这将导致厂商逐渐调整到由(18)式所暗含的水平,而不是试图在全部时间内连续地维持这一水平。① 我们将不追求这里谈论的最大化问题的分析,而只是注意到这里谈论的最大化问题提出了包括在静态的产量与就业量水

① 厂商在特定的工作中培训的投资也许是极其重要的因素,这种投资使厂商连续调整其劳动变得十分昂贵。奥伊(1962 年)和贝克尔(1964 年)都提出了这一论点以解释半固定性的劳动投入。施拉姆(1967 年)对称地把劳动与资本投入看成是局部固定的要素,并发现在制造业部门,劳动和资本投入的滞后值都影响现行投入决策。有重要迹象表明,就业/产量比率在衰退期上升,在繁荣期下降,这是一种暗含着劳动调整成本的观察。不过,在相对于产出的短期劳动投入弹性估计方面的研究中存在着重大差别。使用二次大战后季度资料,威尔森和埃克斯坦(1964)及库(1965,1966)得到了从 0.30 到 0.55 之间的估计,但所估计的这一弹性对于回归中所保持不变的那些因素十分敏感。麦克盖尔仔细地证明了这一事实并且利用季度资料得到了 0.8—0.9 范围内的估计。

平下可以化为(18)式的现行的与滞后的产量和就业以及现行的实际工资的关系。保持对数线性的假定，这可以写为：

$$\ln(Q_tN_t)=c_0-c_1\ln\left(\frac{w_1}{Q_t}\right)+c_2\ln(y_t)+c_3\ln(y_{t-1})+c_4\ln(Q_{t-1}N_{t-1}),\qquad(19)$$

其中 c_0，……，c_4 满足：

$$c_0=(1-c_4)\sigma\ln(a),c_1=(1-c_4)\sigma,c_2+c_3=1-c_4。\qquad(20)$$

在固定工资率下的单调收敛表明：

$$0<c_4<1,\qquad(21)$$

其中表明 c_1 是正的。使用(20)式的最后一个等式消去(19)式的 c_3，(19)式可以表示为下列形式：

$$\ln\left(\frac{Q_tN_t}{y_t}\right)=c_0-c_1\ln\left(\frac{W_t}{Q_t}\right)+c_4\ln\left(\frac{Q_{t-1}N_{t-1}}{y_{t-1}}\right)+(c_2-1)\ln\left(\frac{y_t}{y_{t-1}}\right)。\qquad(22)$$

(22)式的参数估计在第 6 节报告。

把(22)式中实际产量 y_t 的出现解释为总需求对劳动市场影响的测度是很自然的。不过，这一解释是谬误的，这一点从第 1 节的讨论中就应该清楚。(例如)总需求方面的下降将包括涉及实际产量 y_t 与价格水平 P_t 的表列向左移动。这一事实对厂商来说将作为价格的下降或需求的移动而出现，厂商的反应是同时改变产出和劳动力投入。我们的假设指出，当这一调整出现时，(22)式将仍然有效；但这一假设并不是说劳动需求将对产出方面的外生变动作出反应。

不过在我们经验工作中，产出被作为外生变量，由此产生了联立方程式问题。这一困难确实通过获得作为资本存量、工资和价格水平的函数的劳动需求而解决。确实，这样一种方程值得称为劳动的需求函数，因为(22)式不是这种函数，由于价格水平与实际产量水平一样不是外生变量，方程的联立性问题将继续存在。总之，按照我们的观点，没有办法建立这样一种总劳动市场模型，在这样的模型中，就业和工资受到经济中其他变数的影响，但就业和工资却并不反过来影响其他变数。

4 测度的失业

根据对“你在积极地寻找工作吗？”这一问题给予肯定回答的人数，政府建立了失业系列。[①] 有较强的理由假定，对于这一调查作出反应的人把这一问题的意思理解为“你正在现行的工资率下寻找工作吗？”——但认识到这一假设仅仅是一种假设而已是重要的，这一假设的真实性不十分明显。在我们的模型中，已经含蓄地假定这一解释是不正确的，因为流行的方法是假定每一时期需求量与供给量恰好相等。在这一节，我们提出当人们对失业进行分类时，他们所指的是什么这样一种替换的假设。

我们关于劳动供给市场行为的理论在第 2 节作了展开。现

① 最经常使用的失业序列资料是建立在人口统计调查的基础上的。目前，失业定义如下：“失业的人包括所有在调查的那一周没有工作，但在过去四周里他做了特别的努力寻找工作，而且在调查的那一周他有能力工作(除非临时生病)的那些人。下面诸种人也包括在失业者中间，那些有能力工作而又根本没工作的人，那些(a)等待重新回到原来失去工作岗位的人；(b)在 30 天内等待着报告有新工资或薪金的工作的人。”(引自美国劳动部 1968 年第 48 页)。

在，我们回到这一理论，以弄清是否这一理论也能提出对就业调查的反应的假设，但在做这一工作之前，我们对工资率和失业提出一些一般性意见。首先，失业工人通常不知道他的现行工资率是多少。为了弄清这一点，他必须从事于多种就业可能性（总会有可能性）的寻找工作，他总是在他进一步寻找工作的所得与他寻找工作已经结束时从在最理想的工资率下接受一种工作的所得之间进行平衡。作为这一寻找过程的指南，他必须使用他的"正常"工资率的观念，这一正常工资率的观念建立在他以前工作时按其职业领取的工资，可以比较的技术工人，岁数大的工人的工资等基础之上。正常工资作为寻找工作的指南。一旦寻找工作者确信他的正常工资率低于他最初设想的工资率，他会通过改变职业或转入另一新的地区而使得他所要求的货币工资率下降。确实，正是职业或地区的变化才是单个人能够借以减少他们货币工资的主要方法。寻找工作的过程可能扩展到一个相当广泛的地理区域，也可能包括在许多不同的潜在职业中寻找工作。寻找工作不仅仅是对现行工作可能性的信息的寻找，也是对未来工作发展过程的信息的寻找。因为信息是有限的，并且要花成本才能得到，因为在获得信息基础上的行动有时需要转移与重新训练方面大量的资源投入，所以劳动供给者的调整缓慢。①

① 也许关于失业本质上就是在寻找工作的就业这一观点的最清楚的表述能够在奥尔钦和阿伦（1976 年，第 494—524 页）和莫滕森（正在出版）的著作中找到。奥尔钦和艾伦强调作为滞后工资调整原因的信息缺乏和寻找工作的成本，而另外的由霍尔特和戴维（1966 年）所写论文利用一种渴望程度模型强调对于削减工资的某种心理反抗，这种渴望程度模型结合了产生失业的寻找工作的过程。奥尔钦—阿伦模型与早期施蒂格勒（1961 年）有关信息的文章紧密相关，而霍尔特—戴维的观点在风格上与西蒙的研究（1957 年）雷同。

在上述讨论中，我们涉及的个人仿佛每个人对他的“正常的”工资率有一个合情合理的坚定的观念。这当然过于简单化。不过，那些对正常工资率能够较为明确表达的人是那些主要是从事工业的、已经从原来的工作中被停职（相当于解雇而言）的工人。停职一词具有暂时偏离正常的或“持久的”职位的明确含义。

这些意见（没有一种意见是我们提出的）有力地表明，由就业调查来测度时，劳动力由就业者加上那些虽然失业但在他们所认为是他们正常工资率（或同样可以说，按照他们的正常职业）下将接受工作的人组成。在第 2 节，我们指出预期未来工资指数 w_t^* 可以解释为正常的或持久工资的（趋势性校正的）测度。假定 $w_t = w_{t-1}^*$ 按照（13）式，供给者将把他们现行实际工资看作是正常的工资（即，供给者将不会校正他们所估计的工资趋势线的高度）。同样，利用（14）式，正常的价格水平可以被定义为 P_t，因此 $P_t = P_{t-1}^*$。利用这些工资和价格的定义，我们可以在这些价格下求（11）式右端的值以便定义正常的劳动供给 N_t^*：

$$\ln(N_t^*/M_t) = \beta_0 + \beta_1 \ln(w_{t-1}^*) - \beta_2 \ln(w_t^*) + \beta_3[r_t - \ln(P_t^*/P_{t-1}^*)] - \beta_4 \ln(a_t/M_t) \quad (23)$$

于是由（11）式和（23）式：

$$\ln\left(\frac{N_t^*}{N_t}\right) = \beta_1 \ln\left(\frac{w_{t-1}^*}{w_t}\right) + \beta_3 \ln\left(\frac{P_{t-1}^*}{P_t}\right) \quad (24)$$

由于 $\ln(N_t^*/N_t) \approx (N_t^* - N_t)/N_t^*$，所以（24）式左端是一种失业率。不过，至于为什么它可能不同于测度的失业率 U_t，有两点理由。首先，许多属于正常工作的劳力 N_t 可能对自己积极寻找工作的情况不加透露，尤其是青年和妇女。其次，在测度的失业中存在着摩擦性失业,这种摩擦性失业不能够由按照一种有代表性的居民户来定义的变数,如我们的 N_t^* 来概括。由于有足够的理由相信摩擦性失业随非摩擦性失业呈正的变化,在(24)中,它不简单地作为添加的常数出现。[①] 为了总结这两股力量,我们假定 U_t 与 $\ln(N_t^*/N_t)$ 线性相关:

$$U_t = g_0 + g_1 \ln(N_t^*/N_t), \quad g_0, g_1 > 0, \tag{25}$$

结合(24)与(25)式,于是得到:

$$U_t = g_0 + g_1\beta_1 \ln\left(\frac{w_{t-1}^*}{w_t}\right) + g_1\beta_3 \ln\left(\frac{P_{t-1}^*}{P_t}\right)。 \tag{26}$$

最后使用科伊克变换在(26),(13),(14)之间消去 w_t^* 和 P_t^*,我们得到:

$$U_t = (\lambda g_0 + \lambda' g_1\beta_1 + \lambda'' g_1\beta_3) - g_1\beta_1 \ln\left(\frac{w_t}{w_{t-1}}\right)$$
$$- g_1\beta_3 \ln\left(\frac{P_t}{P_{t-1}}\right) + (1-\lambda)U_{t-1}。 \tag{27}$$

方程式(27)将被加到(15)和(22)式上以构成三个方程体系,下面进一步讨论这三个方程体系。我们认为,方程式(27)对方程式(15)和(27)中所包含的劳动—市场行为理论没有增加任何东西,但由于它与现今著名的菲利普斯曲线的相似性,(27)式具有独立的意义(确实,由于(27)式定义的方程把通货膨胀率与失业看作负相关关系,因此,(27)式是菲利普斯曲线)。从第 2 节劳动—供给理论对于(27)式的导出与本节引入的行为假设一起在人们所预

---

① 关于摩擦性失业与非摩擦性失业并非额外地决定总失业的论点是由盖弗和拉平(1966 年)根据随机的寻找工作模型而建立的,在这一随机模型中,工作同时被创造和破坏。

料的菲利普斯曲线的经验特性和应该从这一曲线引申的政策含义方面导致了强有力的警告。

首先,实际工资与价格(λ'和λ'')的趋势性变动率出现在(27)式的常数项。因此,没有理由指望在具有不同通货膨胀率或生产力变动率的不同国家间或按时间序列资料在一个趋势性通货膨胀率和生产力变动率剧烈的单独一个国家里出现菲利普斯曲线的稳定性。同样,趋势性通货膨胀率的变化将引起菲利普斯曲线抵消性的移动,因此,(27)式决不表示一个国家将忍受足够高的通货膨胀率而得到任意低的失业率之间的权衡(当然,应该强调,关于居民户对趋势性通货膨胀率加以发掘和调整的方法的论断,按照这一研究没有在经验上得到支持。我们检验涉及来自趋势性变化率变动的反应的(13)和(14)式,并且假定若给定足够的原因,预期的趋势会被修改)。

如果我们在假定预期的趋势性通货膨胀率λ''最终会调整到持久的实际通货膨胀率时是正确的,那么就存在一种弗里德曼(1968年)提出的在今天的失业与明天的失业之间存在一种相关的权衡这样一种重要的道理。为了描述这一论点,我们考查一下图1。假定有一个2%的持久性通货膨胀率,因此预期的趋势性通货膨胀率λ''等于0.02。令U_t^*是产生于(27)式的U_t的稳定的状态值。当$\lambda'=\Delta\ln w_t$时,这一状态值是g_0。现在令$\Delta\ln P_t$上升到0.03,并令其维持在新水平上。从图1我们知道失业将下降到U_1^*,但现在劳动的供给者始终了解物价水平(回忆一下当$\Delta\ln P_t>0$时,$P_{t-1}^*<P_t$)。结果,λ''将最终上升到0.03,然后,失业将回到U^*(见(27)式);另一方面,如果一种持续的2%的通货膨胀率之后伴随

着一种持久的1%的通货膨胀率,失业将增加到 U_2^*,但最终它将回到 U^*。看来,一种经设计以维持通货膨胀的政策能够暂时减少失业,但除非价格水平提高后这较高的比率可以被长久地维持,否则一种继之而来的回到原来通货膨胀的企图将导致重新失去最初就业方面所得到的好处。①

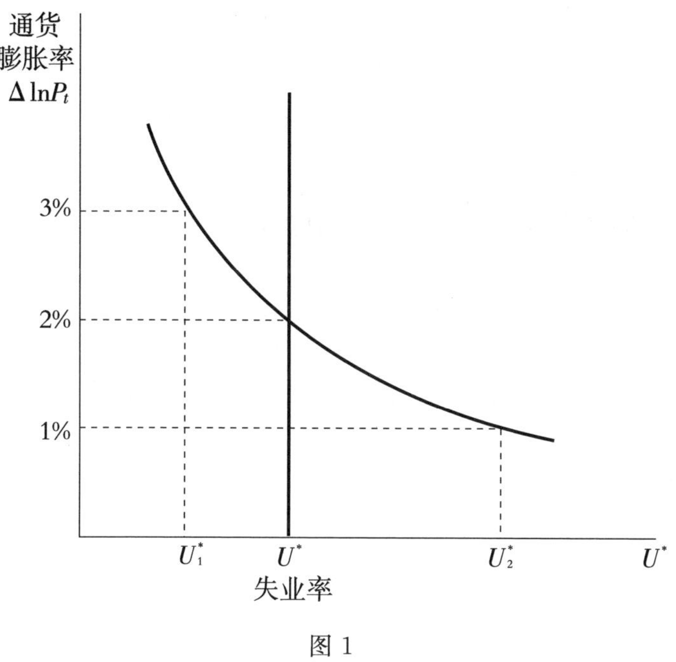

图 1

5 模型概述

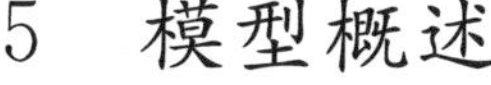

在这一节,第2—4节所建立的模型用相同的符号以经济计量

① 我们关于不存在长期失业——通货膨胀的权衡的论点是建立在理论考虑基础之上的。在另一研究中(卢卡斯和拉平,正在出版),我们试图在一个比方程(14)更一般化的价格预期模型结构中证实这一论点。

形式重新表述。对于理论中所暗含的回归系数的限制将进行概括，也讨论估计问题。

与(22)式对应的劳动的边际生产力条件是：

$$\ln\left(\frac{Q_t N_t}{y_t}\right)=\beta_{10}-\beta_{11}\ln\left(\frac{w_t}{Q_t}\right)+\beta_{12}\ln\left(\frac{Q_{t-1}N_{t-1}}{y_{t-1}}\right)+\beta_{13}\ln\left(\frac{y_t}{y_{t-1}}\right)+U_{1t} \tag{28}$$

其中 $$\beta_{11}>0, 0<\beta_{12}<1 \tag{29}$$

U_{1t}是随机误差。

与(15)式对应的劳动供给函数为：

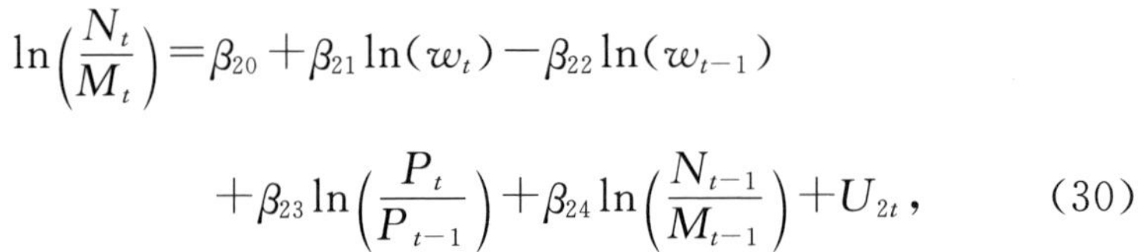

$$\ln\left(\frac{N_t}{M_t}\right)=\beta_{20}+\beta_{21}\ln(w_t)-\beta_{22}\ln(w_{t-1})+\beta_{23}\ln\left(\frac{P_t}{P_{t-1}}\right)+\beta_{24}\ln\left(\frac{N_{t-1}}{M_{t-1}}\right)+U_{2t}, \tag{30}$$

其中①

$$0<\beta_{21}<\frac{\beta_{22}}{\beta_{24}}, \beta_{22}>0, \beta_{23}>0, 0<\beta_{24}<1, \tag{31}$$

其中 U_{2t}是随机误差。

与(27)式相对应的失业率函数为：

$$U_t=\beta_{30}-\beta_{31}\ln\left(\frac{w_t}{w_{t-1}}\right)-\beta_{32}\ln\left(\frac{P_t}{P_{t-1}}\right)+\beta_{33}U_{t-1}+U_{3t}, \tag{32}$$

其中

---

① $\beta_{21}>0$ 的预报来源于第 1 节而不是第 2 节所提出的思考：由于 β_{21}是短期劳动供给弹性，由于物品的总供给函数在第 2 节假定向上倾斜，β_{21}必须是正值。不等式 $\beta_{21}<\beta_{22}/\beta_{24}$产生于 $\beta_2>0$，这暗含在第 2 节的论点中。还要注意，由于产生于(31)式的其他预报，所以(31)式包含 5 个而不是 6 个独立的约束。

$$\beta_{31}>0,\quad \beta_{32}>0,\quad 0<\beta_{33}<1, \tag{33}$$

$$\beta_{31}/\beta_{32}=\beta_{21}/\beta_{23},\quad \beta_{33}=\beta_{24}, \tag{34}$$

U_{3t}为随机误差。

误差向量(U_{1t}, U_{2t}, U_{3t}),$t=1,\cdots\cdots,T$,假定是独立的,并且是同一分布,它有一个有限的协方差矩阵和一个平均值向量(0,0,0)。变量 Q_t, y_t, M_t 和 P_t 是作为外生变量;①内生变量为 N_t, w_t 和 U_t。所有三个方程都是过度识别的。

(28)和(30)式所暗含的关于 w_t 和 N_t/M_t 的约简形式的方程为:

$$\left.\begin{array}{l}\ln(w_t)\\ \ln\left(\dfrac{N_t}{M_t}\right)\end{array}\right\}=\pi_{i0}+\pi_{i1}\ln(w_{t-1})+\pi_{i2}\ln\left(\frac{P_t}{P_{t-1}}\right) \tag{35}$$

$$+\pi_{i3}\ln\left(\frac{y_t}{M_t}\right)+\pi_{i4}\ln(Q_t)+\pi_{i5}\ln\left(\frac{Q_{t-1}N_{t-1}}{y_{t-1}}\right)$$

$$+\pi_{i6}\ln\left(\frac{y_t}{y_{t-1}}\right)+\pi_{i7}\ln\left(\frac{N_{t-1}}{M_{t-1}}\right)+\in_{it}, \tag{36}$$

其中对于(35)式来说 $i=1$,对于(36)式来说,$i=2$。由(29)和(31)式所暗含的对于 $\pi_{i0},\cdots\cdots,\pi_{i7},\pi_{20},\cdots,\pi_{27}$ 的限制为:

$$\pi_{11}>0,\pi_{12}<0,\pi_{13}>0,\pi_{15}>0,\pi_{17}>0, \tag{37}$$

$$\pi_{21}<0,\pi_{22}>0,\pi_{13}>0,\pi_{15}>0,\pi_{17}>0。 \tag{38}$$

此外,在第 1 节的讨论中,首次引入的关于差分方程(35)和(36)式稳定性的假设要求

---

① 我们已经讨论过 y_t 和 P_t 是外生变量的假定。另一方面,我们把 M_t 和 Q_t 视为前定变量。现行的人口和人口的质量是过去决策的结果,当然过去的决策部分依赖于过去的实际工资率。

$$x^2-(\pi_{11}+\pi_{27})x+(\pi_{11}\pi_{27}-\pi_{17}\pi_{21})=0 \tag{39}$$

的实根部分在绝对值上小于1(如果结构中的全部信息都放在约简式中,则这一二次方程式将会有一个零根和一个非零实根)。

我们假定,估计的约简形式的参数是真实参数的一致估计,并且按照普通最小平方法估计时,将是渐近的正态分布。利用两阶段最小平方法我们已经估计了(28),(30),(32)式的参数,其中包括仅仅使用约简形式的(35)式。所估计的结构参数也将是渐近的正态分布。除了参数和这些参数的标准误差外,我们报道了多元相关系数和德宾—沃特森统计。后者作为系列相关的粗略测度而被包括在内,尽管对于其类似我们这样类型的模型的分布一无所知。

6 结果

在这一节,我们报告(28),(30),(32),(35)和(36)式参数的估计,报告(29),(31),(33),(34),(37)和(38)式假设的检验。[①] 这些估计是从美国1930—1965年期间总体时间序列资料中得到的。就业是每年在民用和政府部门从事生产的人时数。货币工资是人

① 形式上,我们把(28)、(30)、(32)式与误差向量的假定一起看作是一种保留假设,我们想检验那种参数 β_{11}、β_{12}、β_{21}、β_{22}、β_{24}、β_{31}、β_{32} 和 β_{33} 存在于那一满足(29)、(31)、(33)和(34)式的九维空间的子集中的假设(如果我们检验而不是假定误差项的序列无关,则事情将进一步复杂化)。作为这样一种通常公认的假设检验的替代,我们将用惯常的“七统计”作为精确性测度,从数种观点中概括和评价我们的结果。因此,有关我们模型“与1929—1965年的资料……与多种有关的经验研究相一致”的结论应该看作我们这一方面一种精心的但非正规的结论,不应该视为任何统一的、正式的、统计检验的一种推断。

时的补偿，一种包括工资和薪水以及公共和私人部门的小额酬劳的度量方法。价格水平是国民生产总值隐含着价格缩减指数。实际产量是不变美元计算的国民生产总值。劳动质量是完成的学业年数的指数。人口是因年龄—性别构成变化而校正了的居民户数的指数。①

① 这一研究所使用的资料如果需要的话是可以提供的。测度失业的序列资料来自利伯高特（1964 年）和人力报告（美国劳动部，1967 年第 201 页）。穆迪的 Aaa 利率（后来使用的）来自总统的经济报告（经济顾问委员会，1967 年第 272 页）。国民生产总值，隐含的国民生产总值的缩减指数，打全工的雇员的报酬、所雇用的人员等资料都来自“当代商业资料概览”（美国商业部 1966 年，第 2、90 页，102、110、158 页）。人—时序列资料是从事商业部报告的生产的人数乘以丹尼森（1962 年，第 85 页）所报道的整个社会中全部工作日的雇员每年工作的年时的乘积。丹尼森通过对他的关于 1929—1958 年间劳动统计局（BLS）制造业周的时数序列（美国劳动统计部，1966 年，第 44 页）的回归，他的序列被扩展到 1958 年以后。因此，这一回归方程连同已知的 BLS 制造业的时数资料一起被用来预告 1959—1965 年期间整个社会的时数。每人—时的报酬通过用由打全工的雇员的年工作人—时去除打全工的雇员年报酬而得到。劳动质量指数来自丹尼森（1962 年，第 85 页）。他的资料从 1929—1958 年间的资料可得到并且通过简单的线性外推而加以扩展。劳动的总供给 N_t 是按照说明劳动总供给变化的变量加以缩减的，劳动总供给方面的这一变化只是由于居民总数的变化以及人口的联合的年龄—性别分布的变化而引起的。名义非人力资产变量 A_t（原来使用的）应该仅仅按照居民户数的指数加以缩减。不过，因为我们的年龄—性别校正的人员序列资料大约与年龄在 14 岁以上的人口成比例，所以，我们按照同样的指数 M_t 缩减 N_t 和 A_t。在构造 M_t 时，令 L_{0i} = 零期 i 个年龄—性别组的劳动力，令 P_{0i} = 零期第 i 组的人口。于是，我们定义我们的人口指数为

$$M_t = \sum_{i=1}^{n} \left(\frac{L_{0i}}{L_0}\right)\left(\frac{P_{1i}}{P_{0i}}\right)$$

其中

$$L_0 = \sum_{i=1}^{n} L_{0i}\text{。}$$

这一指数有两个简单而又相当的解释。首先，它是对每个年龄—性别组人员的百分数提高的加权平均，权数是基年劳动的百分数，基年劳动力是特定年龄—性别组的成员。

所估计的约简形式的系数(方程(35)和(36))出现在表 1 的第 5 行和第 6 行。(37)式中对(35)式 $\ln(w_t)$ 方程系数的 5 个假设使用重要的相关单尾检验,全部被确定在 0.005 的水平上。在对(36)式 $\ln(N_t/M_t)$ 方程系数的 5 个假设((38)式)中,只有一个被确定在 0.05 水平:$\hat{\pi}_{17}>0$,这一点已经作出论断。其他 4 个既没被确定,也没被否认。所估计的系数与零有不太重要的差别。从两个方程都得到了比较好的配合;看来不存在系列相关。二次方程(39)式是共轭复根,实根为 0.68,证实了(但没有统计的意义)所断言的这些差分方程的稳定性。总之,在由约简形式的理论所指出的 10 个符号的含义中,6 个符号被确定在 0.05 水平;4 个既没有被确定,也未被否定。(35)式的功能超过(36)式。

估计的结构系数(方程(28)和(30))出现在表 1 的第一、二行。当然,关于这些系数的检验并非独立于刚刚讨论过的约简形式的检验,因为结构的预言含有那些在约简形式中的预言所含有的意思。但与这一表述相反的说法不真,所以对(29)式与(31)式估计的比较确定提供了有关这一模型正确性的额外的信息。

(29)式关于(28)式中边际生产力条件的三个预言被证实在 0.005

第二,把这一指数表示为下列形式

$$M_t=\frac{1}{L_0}\sum_{i=1}^{n}\left(\frac{L_{0i}}{P_{0i}}\right)P_{1i}$$

我们把这一指数解释为劳动力的相对增加,因为即使基期参与率保持不变,也会因人口变化导致劳动力相对增加。下标 i 包括 6 个年龄—性别组—女性和男性分别对 14—20,20—60,65 岁以上的年龄组而言的。我们使用取自人力报告(美国劳动部 1965 年,第 202 页)1947—1949 年报告的参与率的算术平均数。这些数字包括军队和公共机构的人口。人口资料取自"当代人口报告"(美国商业部),曾假定有 150000 个海外人员;那时以后,上述资料包括海外人员。

表 1　约简形式的劳动市场模型，供给，需求，与使用两阶段最小平方法的失业率估计程序（时间序列 1930—1965 年）

方程与应变数	自变数												
	常数项	$\ln W_t$	$\ln W_{t-1}$	$\Delta\ln P_t$	$\ln(N/M)_{t-1}$	$\ln(W_t/Q_t)$	$\ln(NQ/y)_{t-1}$	$\ln(W_t/W_{t-1})$	$\Delta\ln y_t$	U_{t-1}	$\ln Q_t$	$\ln(y/M)_t$	R^2 与 d^2
供给：	3.81	1.40	−1.39	0.74	0.64	—	—	—	—	—	—	—	0.798
$\ln(N/M)_t$	(.93) **	(.51) **	(.51) **	(.17) **	(.09) **	—	—	—	—	—	—	—	1.56
关于劳动的一阶条件：	−2.21	—	—	—	—	−0.46	0.58	—	−0.21	—	—	—	0.993
$\ln(NQ/y)_t$	(.70) **	—	—	—	—	(.12) **	(.11) **	—	(.04) **	—	—	—	1.84
失业率函数：	0.042	—	—	−0.59	—	—	—	−0.41	—	0.80	—	—	0.925
U_t	(.010) **	—	—	(.08) **	—	—	—	(.24) *	—	(.05) **	—	—	1.50
约简形式的	−15.65	—	0.44	−0.22	−1.15	—	1.24	—	−1.22	—	0.27	1.25	0.997
工资：$\ln W_t$	(3.50) **	—	(.17) **	(.07) **	(.45) **	—	(.44) **	—	(.45) **	—	(.55)	(.44) **	2.26
约简形式的就业：	11.60	—	0.08	0.06	0.91	—	−0.39	—	0.80	—	−1.02	0.02	0.976
$\ln(N/M)_t$	(3.50) **	—	(.17)	(.07)	(.45) *	—	(.44)	—	(.45)	—	(.55) *	(.44)	(1.73)

注：N＝每年人时，M＝14 岁以上的具有常态年龄—性别分布的人口，Q＝由完成学业年限加以测度的劳动质量指数，U＝失业的劳动力部分，W＝每个人时的实际报酬，P＝隐含的 GNP 缩减数，y＝实际 GNP。

α. 所有的 R^2 因自由度而加以调整。

* 单尾显著性为 0.05 检验水平（除了双尾检验的截距 $\Delta\ln y_t$ 与 $\ln Q_t$ 以外）。

** 单尾显著性为 0.005 检验水平（除了双尾检验的截距 $\Delta\ln y_t$ 与 $\ln Q_t$ 以外）。

水平。关于这一方程的配合是好的，并且看来没有系列相关的迹象。关于 $\Delta\ln y_t$ 的系数也不同于零，这表明人们如果不在解释能力方面产生重要的损失就不能够对(20)式的系数追加任何额外的限制。

(31)式中关于(30)式劳动供给函数的五个预言也全被证实在 0.005 的水平。关于这一方程的配合情理上说是好的。存在某些轻微的正的系列相关的迹象。

就业率函数(32)的估计在表 1 第 3 行作了报道。独立于其他检验的含义的(33)式 4 个预报中 3 个证实在 0.005 水平；第 4 个证实在 0.05 水平。在(34)中曾断言为相等的估计的比率 $\hat{\beta}_{31}/\hat{\beta}_{32}$ 和 $\hat{\beta}_{21}/\hat{\beta}_{23}$ 分别为 0.70 和 1.89。为了获得有关这一差别重要性的粗略的观念，人们可以使用近似值：

$$SE=\left(\frac{\hat{\beta}_{31}}{\hat{\beta}_{32}}\right)\approx\frac{SE(\hat{\beta}_{31})}{\hat{\beta}_{32}},$$

其中 SE()表明标准误，这对于大样本是有效的，同样可以表示 $\hat{\beta}_{21}/\hat{\beta}_{23}$ 的标准误。这相应地给出了标准误估计分别为 0.41 和 0.69。看来，不可能有观察的差别为 0.05 水平这样显著。最后，其相等性已经由(34)给出的 $\hat{\beta}_{33}$ 和 $\hat{\beta}_{24}$ 分别为 0.80 和 0.64，标准误分别为 0.05 和 0.09。总之，(32)式是令人满意的菲利普斯曲线，进而，所预告的(32)式和该模型中其余方程的联系看来与数据是一致的。

在考察这些结果的时候，读者应该像我们一样意识到小样本检验的缺乏和显著水平选择的任意性质使检验的结果比起我们比较正式的总结可能提出的结果不易解释。进一步说，这一点下面要讨论，基本模型的许多变体也被加以检验了。最后，“我们的”理论的许多预告也是实质上任何似乎有理的理论的预告(例如，关于失业率与其本身的滞后值是正相关的预告)。但我们希望强调，由(29)，(31)和(33)式所预告的符号的结果不过是$(2)^6(3)^3=1728$可能的结果之一。因此，这一理论在所考察的变数所显示的关系方面给我们提供了极端明显的预告，这些预告的关系已经由1930—1965年的数据加以证实。

作为次要的、非正式的评价我们的结果的方法，以及为了有助于解释这些结果，把我们的结果与和我们的结果相同的以前研究过的那些结果加以比较是有益的。首先，从估计的供给函数参数，人们可以计算出关于实际(或货币)工资率的长期和短期弹性。所估计的长期弹性为$(1-\hat{\beta}_{24})^{-1}(\hat{\beta}_{21}-\hat{\beta}_{22})=(1.40-1.39)/0.36=0.03$，或者说实质上为0。这一结果表示新古典增长模型中有关零劳动供给弹性的假设大约是正确的。进一步说，利用估计$\hat{\beta}_{21}=1.40$，凯恩斯主义形态的相对有弹性的短期供给表列的假设也得到了证实。

从劳动的边际生产力条件统计的$(1-\hat{\beta}_{12})^{-1}\hat{\beta}_{11}=0.46/0.42=1.09$是一种总替代弹性的估计。这一估计与那些合用的、且通常高于其他时间序列估计的许多截面估计(cross-sectional estimates)①普遍一致。由于总合引进了在不同要素密集度物品间消费的替代以及每一种物品的生产间替代提高的可能性，这后一结果也许不是令人惊奇的。就业对于产量的长期的弹性已经被限制为1。短期

① 纳洛夫(1965年)概括和讨论了时间序列和截面的常数替代弹性生产函数的研究。另外的常数替代弹性的时间序列生产函数估计可以在卢卡斯(1964年)的一份研究中找到。

弹性已经由其自由变化，不过，短期弹性估计为 $1-\hat{\beta}_{13}=0.79$。在劳动力投入对于短期产量变化而言是准固定的意义上，这一结果与威尔逊和埃克斯坦(1964 年)，库(1966 年)，麦圭尔(1968 年)的结果相一致，尽管由于在每一种情况下，检验了不同的变数，这一事实没有提供多少信息。

估计的有关工资率的约简形式的方程提供了与早期研究的第三点联系。[①] 通货膨胀对实际工资的影响一段时期内一直是经济学家关心的主题。这一关心由工资—滞后信条方面的兴趣所激发，按照工资—滞后理论，在通货膨胀期间，实际工资下降。汉密尔顿(1952 年)，汉森(1952 年)，米切尔(1903 年)，他们每人都研究了不同的历史时期，都为工资—滞后假设争辩，所有这些作者都指出工资滞后产生于某些形式的“货币幻觉”或契约的稳定性。

米切尔(1903 年)和已故的勒纳(1956 年)都认为内战期间实际工资的下降是货币通货膨胀的结果。已故的凯塞尔和阿尔奇安(1959 年)重新解释了内战期间北部的经历，指出，是实际的而不是货币的因素解释了 1860 年和 1865 年期间实际工资的下降(不过，没有同时检验实际和货币的因素)。尽管考察了不同的历史时期，这些作者(凯塞尔和阿尔奇安)还是不能揭示任何迹象以支持

---

① 在解释这一问题时人们应该谨慎。特别是，尽管 $\ln Q_t$ 的系数显然接近于零，但不应该把这一点解释为意指劳动质量的变化不影响实际工资，因为我们的实际收入变量已经包括了劳动力质量以及其他来源的技术变化的改进所产生的长期工资效应。由于这一原因，我们的模型中有重要的理由不“解释”实际工资的长期增长。同样，注意像收入变量一样，人口变量也影响实际工资的变动，但这一点在我们的模型中没有解释。

工资—滞后假设。对于二次大战后的通货膨胀，他们考察了相对于低劳动成本部门利润率而言的高劳动成本部门的利润率，但他们不能发现这两组部门利润行为的系统差别。我们经验的结果与这些结果不相一致。对于1930—1965年期间，我们发现通货膨胀对于实际工资的局部影响是负的并且在量上是显著的。价格方面10％的上升将导致实际工资2.2％的下降，这一结果是建立在那种适用于采取人均变动产出（y_t/M_t）形式的实际因素的模型基础之上的。①

到目前为止，我们一直是严格地谈及一种单一的模型，已经发现这一模型与我们所使用的1929—1965年期间的数据相一致，并且一般地与一些以前有关的经验研究相一致。如同在上面数点中所谈到的，这一模型不过是按照我们理论所提出的一类模型的变体。其他变体可以通过加入资产变数，名义利息率和虚构变数的不同组合以检验战时现象而得到。此外，对建立在不同的价格和工资预期假设基础上的模型也进行了检验。在附录中简要地列表和讨论了这些结果。

有三条重要的理由说明要包括这些额外的结果。首先，由于这一节我们关于检验的讨论突出了小概率，也许我们的预告是由于偶然的机会而加以证实的，所以我们急需清楚地表明预告的系数符号的结构在所有所估计的变式中都得到证实。其次，本节我们选择所报道的模型作为“最好”估计是建立在非正规的和脆弱的

① 凯塞尔和阿尔奇安（1962年）指出，即使当通货膨胀完全被预期到，假定其他条件不变，实际工资也可能下降，因为厂商转入资本更为密集的工序，这将减少劳动需求。

基础上的。最后,许多系数估计变化范围相当广,这依赖于其他变数被包括的情况,因此,表 1 的标准误过于夸大了这些估计的准确性。

7 总结与结论

这一研究的目的是构造和检验美国劳动市场的总体模型。在这一市场的需求一方,我们使用了建立在常数替代弹性生产函数基础上的广泛使用的边际生产条件的变式。检验的总劳动供给函数受有代表性的居民户的费雪两阶段模型的启发。这些理论把劳动的供给看作主要对下列三个变数作出反应:预期“名义的”或“持久的”实际工资率,这一变量符合通常劳动—闲暇选择的一时期分析,它对劳动供给具有微不足道的影响;现行实际工资对于这正常工资率的偏离,这一变量对于劳动供给具有很强的正的影响;价格水平对于所设想的“正常的”趋势的偏离,这一变量对于劳动供给也具有很强的正的影响。

这一劳动—供给理论已经被证明用以解决有关劳动市场经济理论的两个明显的矛盾。首先,如同在导言与第 1 节所强调的那样,它既与所观察的长期劳动市场的工资无弹性一致,又与要求弹性的劳动供给的就业短期波动相一致。其次,通过把劳动—供给选择看作是依赖于多个期间决策问题,供给函数意义上的在现行货币工资和价格下为非零次齐次的供给函数与居民户方面的理性行为的矛盾得到协调。

作为本文中所使用的供给理论的必然结果,用调查衡量的劳动力(这被用来计算失业率)不被看作是一种有效的市场供给(其中部分劳动力不能找到工作),而是在理解的名义工资与物价下**即将出现的**劳动供给。于是测度的失业(更准确地说,其非摩擦失业部分)被视为由这样一些人组成,这些人把那种他现今可能会被雇用的工资率看成是临时性降低,因此,他选择等待或者寻找工作以改进其处境,而不是在转移或职业变动间花费精力。在非摩擦性失业是“自愿的”这个意义上的观点当然并不是指高的测度的失业率是无社会成本的。相反,它表明,经济波动代价昂贵,不仅仅是因为经济波动导致游手好闲,而且还因为经济波动导致工人以及资本家在理解的报酬率的基础上去投资(迁移、训练等等),而这些理解的报酬率事实上不能被维持。

我们通过扼要地论及两个问题进行总结,这两个问题我们视为理解劳动市场的关键,对这两个问题我们的研究不能加以解答。其一是企图用我们估计的结构方程去研究对于价格和产量作出反应的劳动市场的动态学。不过,如同我在上文多次强调的那样,这一问题是不合逻辑的:长期内劳动市场变数的变动将同时随其他部门的变化而决定。因此,在我们了解我们的模型与逐渐趋于充分就业的均衡相一致的同时,我们不能说这一趋向的速度是否与观察的经济周期相一致。其次,我们的模型强调预期形成的至关重要的作用,而仅仅检验了最粗糙的预期模型。我们使用了显然只有在合理的稳定的价格增长率的情况下才成立的适应预期的方案。要定义合理的稳定性的含义是什么,要揭示当这样一种稳定性不能得到时如何修改预期,在我们看来是至关重要的没有解决的问题。

附录　另外的结果

如同第 6 节所表示的，对基本模型的许多变形已经进行了检验。我们把第 6 节所报道的模型称为模型 1；模型 2 至 9 在下面讨论。

我们的基本模型从供给方程中省略了利息率，每个家庭的实际人力资产和战争期间零——虚构变数。给定我们的预期假定，必须通过使用现行的和一期滞后值才能引进每个变数。在模型(2)至(4)，每个变数分别独立地引进。我们也已经试验了一种替换的预期假设。模型(5)至(8)与模型(1)至(4)一样，预期的实际工资与价格是按照下列简单的方法形成的：

$$\ln w_t^* = \lambda \ln w_t + (1-\lambda)\ln w_{t-1} + \lambda', \tag{A1}$$

和

$$\ln P_t^* = \mu \ln P_t + (1-\mu)\ln P_{t-1} + \mu', \tag{A2}$$

其中 $0 \leqslant \lambda \leqslant 1, 0 \leqslant \mu \leqslant 1, \lambda'$ 和 μ' 为预期的趋势性增长率。将(A1)和(A2)式代入劳动—供给方程(11)式，我们得到一个不同于(15)式的方程。特别是，除了 w_{t-1} 和 P_{t-1}，不存在其他滞后的自变量，也没有滞后的因变量出现。按照这一公式，在残差项中，当按照系列相关的 d 统计量进行分类时，仍然保留了相当多的统计的迹象。

除了时间变量被加入一阶条件外，模型(9)与模型(1)一样，两个模型都采取了约简形式。我们把这一变量解释为技术变化的指数。

篇幅的限制不允许我们像讨论模型一样详细地讨论每一个估计的模型。不过，类似于表 1 的表列被包括在弗尔普斯和他人所

表 A1　模型(1)到(9)供给方程估计的某些重要部分

模型	短期劳动供给弹性	长期劳动供给弹性	通货膨胀对劳动供给的影响	保持为常数的变数
1	1.40**	0.03	0.74**	$(N/M)_{t-1}$
2	1.35**	0.03	0.70**	$(N/M)_{t-1}, r_t, r_{t-1}$
3	0.78**	0.12	0.49**	$(N/M)_{t-1}, D_t, D_{t-1}$
4	1.12*	0.58	0.68**	$(N/M)_{t-1}, a_t/M_t, a_{t-1}/M_{t-1}$
5	3.93**	0.03	1.14**	—
6	3.59**	0.04	1.03**	r_t
7	2.11**	0.10	0.55*	D_t
8	2.93**	−0.07	1.04**	a_t/M_t
9	1.13*	0.01	0.72**	$(N/M)_{t-1}$

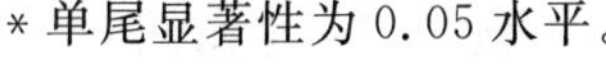
* 单尾显著性为 0.05 水平。

* * 单尾显著性为 0.005 水平。

著书(正在印刷)的卢卡斯—拉平一章中。读者可以自由地列表或总结我们的结果中他认为最相关的那些方面。我们的选择是通过强调所估计的短期和长斯劳动供给弹性和通货膨胀对劳动供给的影响概括我们的统计结果。对和所有模型都有关的供给弹性——(1)到(9)式——被概括在表 A1 中，我们也将通过列出具有统计显著性的约简形式的估计数字(和比例)的表列以及通过结构估计独立的表列来概括我们模型的总体“拟合优度”。表 A2 做了这一工作。

表 A2　模型(1)到(9)估计概要

模型	显著的约简形式估计占总数的数目	显著的结构估计占总数的数目
1	6/10	9/9
2	5/14	9/11
3	5/14	10/11
4	1/14	8/11
5	5/8	7/7
6	7/10	7/8
7	6/10	8/8
8	3/10	7/8
9	6/10	9/9

当穆迪的 Aaa 利息率及其滞后值被加入供给方程(模型(2))时，与模型(1)得到的短、长期供给弹性比较，由模型(2)得到的短、长期供给弹性实际不变。由于所估计的通货膨胀的作用也是不变的，所以，看来省略利息率变数并不会严重影响其余的系数估计。不过，我们不把这一结果放在特别重要的地位，因为我们对涉及作为与居民户有关的利息率的指数的 Aaa 利息率的意义有重要的保留意见。

当现行的和滞后的利息率变量被现行的和滞后的战时虚拟变量取代时(模型(3))，结果与我们的供给理论普遍一致。但就模型(3)所估计的短期实际工资弹性和通货膨胀弹性估计小于模型(1)而言，在模型(3)和模型(1)之间存在着重要的差别。虽然点估计在经济的意义上具有重要的差别，但作为5%的 t-检验水平，它们相互之间没有重要的差别。对虚构系数的点估计表明在量上重要的战时影响——由于战争，劳动供给增加了12%。这可能反映了一种爱国主义的作用。

我们没有试图构造我们自己的非人力居民户—财富序列。相反，我们使用了三个不同的可以很容易使用的关于名义的、非人力财富的序列——按照隐含的国民生产总值缩减指数缩减了这些序列并且按照人口指数得到了(11)式的(a_t/M_t)。模型(4)建立在梅尔策财富序列基础上。[①] 梅尔策财富序列直接从梅尔策教授处得来(1963年)。这一序列涉及的内容是能再生产的财富减去政府能再生产的财富加上政府债务。它包括1930－1958年这一时期，因此，模型(4)至(8)仅仅建立在29个观察的数据的基础上。在模型(4)中，加入人均非人力财富提高了估计的长期供给弹性。不过，这一结果是建立在一种在结构方程和约简形式的方程中其估计的资产系数与零的差别不太显著的模型基础之上的。

对于模型(5)－(8)的实际工资和通货膨胀系数的估计概括在表A1中。整个看来，只有现在和最近的过去才影响预期形成的假定基础上得到的估计比前面所得到的短期供给弹性的估计要大得多。

模型(9)产生了类似于模型(1)的供给弹性。所估计的一阶条件的考察表明，当加入时间变量时，所有的生产函数的结论实际上不变。

在表A2，我们显示了显著的约简形式和结构系数的数目对于所估计的全部数目的比率。在这一概要中，我们省略所有我们的

① 按安多—布朗(1964年，第20页)和乔(1966年)的序列也可以得到同样结果。如果需要，使用这些序列的结果是可以得到的。

理论没有断定其符号的系数。这包括对于截距、收入变化的变量、劳动质量变量和时间变量的估计的参数。

表 A2 的概括结果向我们指出，在广泛的一类使用同样的一组普通时间序列资料的模型中，“显著的”结果几乎总是可以得到。广义地说，不管我们使用什么模型，关于临时的和持久的工资变化以及通货膨胀对劳动供给的影响仍然起作用。

参考文献

Alchian, A., and Allen, W. *University Economics*. Belmont, Calif.: Wadsworth, 1967.

Ando, A., and Brown, E. C. "Lags in Fiscal Policy." *Stabilization Policies*. Englewood Cliffs, N. J.: Prentice-Hall, 1964.

Arrow, K. J.; Chenery, H. B.; Minhas, B. S.; and Solow, R. M. "Capital-Labor Substitution and Economic Efficiency." *Rev. Econ. and Statis*. 43 (August 1961): 225 - 250.

Becker, G. S. *Human Capital: A Theoretical and Empirical Analysis with Special Reference to Education*. New York: Nat. Bur. Econ. Res., 1964.

Black, S. W., and Russell, R. R. "The Estimation of Potential Labor Force and GNP." Paper presented at the Econometric Society meetings, Winter 1966, at New York.

Bowen, W. G., and Finegan. T. A. "Labor Force Participation and Unemployment." In *Employment Policy and the Labor Market*, edited by A. M. Ross. Berkeley: Univ. Calif., 1965.

Bronfenbrenner, M. "A Guidepost-Mortem." *Indus. Labor Relations Rev*. 20 (July 1967): 637 - 650.

Bronfenbrenner, M., and Holzman, F. D. "Survey of Inflation Theory." *A. E. R.* 53 (September 1963): 593 - 661.

Cagan, P. "The Monetary Dynamice of Hyperinflation," in *Studies in the*

Quantity Theory of Money, edited by M. Friedman. Chicago: Univ. of Chicago Press, 1956.

Cagan, P. "Theories of Mild, Continuing Inflation: A Critique and Extension," in *Inflation: Its Causes, Consequences, and Control*, edited by S. W. Rousseas. New York, 1968.

Cain, G. *Married Women in the Labor Force: An Economic Analysis*. Chicago: Univ. of Chicago Press, 1966.

Cain, G., and Mincer, J. "Urban Poverty and Labor Force Participation: Comment." *A. E. R.* 59 (March 1969): 185 – 194.

Chow, G. C. "On the Long-Run and Short-Run Demand for Money." *J. P. E.* 74(April 1966): 111 – 132.

Council of Economic Advisers. *Economic Report of the President, January 1967*. Washington: Government Printing Office, 1967.

Denison, E. F. *The Sources of Economic Growth in the United States and the Alternatives before Us*, Supplementary Paper no. 13, published by Committee for Economic Development, 1962.

Douglas, P. H. *The Theory of Wages*. New York: Macmillan, 1934.

Easterling, R. A. Comments on paper by J. Mincer. In *Prosperity and Unemployment*, edited by R. A. Gordon and M. S. Gordon. New York: Wiley, 1966.

Eckstein, O., and Wilson, T. "Determination of Wages in American Industry." *Q. J. E.* 76(August 1962): 379 – 414.

Finegan, T. A. "Hours of Work in the United States." *J. P. E.* 70(October 1962): 452 – 470.

Fisher, I. *Theory of Interest*. New York: Macmillan, 1930.

Friedman, M. *A Theory of the Consumption Function*. Chicago: Aldine, 1957.

Friedman, M. *Price Theory: A Provisional Text*. Chicago: Aldine, 1962.

Friedman, M. "The Role of Monetary Policy." *A. E. R.* 58 (March 1968): 1 – 18.

Gaver, D. , and Rapping, L. A. "A Stochastic Process Model of the United States Labor Market." Unpublished paper, Carnegie-Mellon Univ. , 1966.

Hamilton, E. J. "Prices and Progress." *J. Econ. Hist.* 12 (Fall 1952): 325 - 349.

Hansen, A. "Factors Affecting the Trend of Real Wages." *A. E. R.* 15 (March 1925): 27 - 42.

Hicks, J. R. *Value and Capital*. Oxford: Clarendon Press, 1946.

Holt, C. , and David, M. "The Concept of Job Vacancies in a Dynamic Theory of the Labor Market." In *The Measurement and Interpretation of Job Vacancies*, edited by R. Ferber. New York: Nat. Bur. Econ. Res. , 1966.

Jones, E. B. "New Estimates of House of Work per Week and Hourly Earnings, 1900 - 1957." *Rev. Econ. and Statis.* 45 (November 1963): 374 - 386.

Kessel, R. A. , and Alchian, A. A. "Real Wages in the North During the Civil War: Mitchell's Data Reconsidered." *J. Law and Econ.* 20 (October 1959): 95 - 114.

Kessel, R. A. "The Meaning and Validity of the Inflation-Induced Lag of Wages Behind Prices." *A. E. R.* 50 (March 1960): 43 - 66.

Kessel, R. A. "Effects of Inflation." *J. P. E.* 70 (December 1962): 521 - 537.

Kosters, M. *Income and Substitution Effects in a Family Labor Supply Model*. RAND no. P-3339. Santa Monica, Cailf. : RAND Corp. , 1966.

Kuh, E. "Cyclical and Secular Labor Productivity in United States Manufacturing." *Rev. Econ. and Statis.* 47 (February 1965): 11 - 30.

Kuh, E. "Measurement of Potential Output." *A. E. R.* 56 (September 1966): 762.

Lange, O. *Price Flexibility and Employment*. Bloomington, Ind. : Principia. 1945.

Lebergott, S. *Manpower in Economic Growth: The American Record Since 1800*. New York: McGraw-Hill, 1964.

Lerner, E. M. "Inflation in the Confederacy, 1961 - 65." In *Studies in the Quantity Theory of Money*, edited by M. Friedman. Chicago: Univ. of Chicago Press, 1956.

Lewis, H. G. "Hours of Work and Hours of Leisure. "Proceedings of the Indus. Relations Res. Assoc. , 1956:196 - 207.

Lewis, H. G. *Unionism and Relative Wages in the United States: An Empirical Inquiry*. Chicago: Univ. of Chicago Press, 1963.

Lipsey, R. G. "The Relationship between Unemployment and the Rate of Change of Money Wage Rates in the U. K. , 1862 - 1957. "*Economica* 27 (February 1960):1 - 31.

Liviatan, N. "Multiperiod Future Consumption as an Aggregate. " *A. E. R.* 56 (September 1966):828 - 840.

Long, C. D. *The Labor Force Under Changing Income and Employment*. Princeton, N. J. :Princeton Univ. Press, 1958.

Lucas, R. E. , Jr. "Substitution between Labor and Capital iu U. S. Manufacturing, 1929 - 1958. "Ph. D. dissertation, University of Chicago, 1964.

Lucas, R. E. , Jr. , and Rapping, L. A. "Price Expectations and the Phillips Curve. "*A. E. R.* , in press.

McGuire, T. W. "An Empirical Investigation of the U. S. Manufacturing Production Function in the Post-War Period. " Ph. D. dissertation, Stanford University, 1968.

Meltzer, A. H. "The Demand for Money: The Evidence from the Time Series. "*J. P. E.* 71(June 1963):219 - 247.

Mincer, J. "Labor Force Participation of Married Women. "In *Aspects of Labor Economics*, edited by H. G. Lewis. A conference of the Universities-National Bureau Committee for Economic Research. Princeton, N. J. : Princeton Univ. Press, 1962.

Mincer, J. "Labor Force Participation and Unemployment: A Review of Recent Evidence. "In *Prosperity and Unemployment*, edited by R. A. Gordon and M. S. Gordon. New York: Wiley, 1966.

Mitchell, W. C. *A History of the Greenbacks*. Chicago: Univ. of Chicago Press, 1903.

Modigliani, F. "Liquidity Preference and the Theory of Interest and Money." In *Readings in Monetary Theory*, edited by F. A. Lutz and L. W. Mints. New York: Blakistan, 1951.

Mortensen, D. T. "A Theory of Wage and Employment Dynamics." In *The New Microeconomics in Employment and Inflation Theory*, E. Phelps *et al*. New York: Norton, in press.

Nerlove, M. *Dynamics of Supply: Estimation of Farmers' Response to Price*. Baltimore: Johns Hopkins Press, 1958.

Nerlove, M. "Notes on Recent Empirical Studies of the CES and Related Production Functions." Technical report no. 13, Institute for Mathematical Studies in the Social Sciences, July 1965, at Stanford University.

Oi, W. "Labor as a Quasi-fixed Factor of Production." *J. P. E.* 70 (December 1962): 538 - 555.

Patinkin, D. *Money, Interest, and Prices*. New York: Harper& Row, 1965.

Perry, G. "The Determinants of Wage Rate Changes." *Rev. Econ. Studies* 31 (October 1964): 287 - 308.

Phelps, E. "Money Wage Dynamice and Labor Market Equilibrium." *J. P. E.* 76, pt. 2 (August 1968): 687 - 711.

Phelps, E., *et al*. *The Nwe Microeconomics in Employment and Inflation Theory*. New York: Norton, in press.

Phillips, A. W. "The Relation between Unemployment and the Rate of Change of Money Wage Rates in the United Kingdom. 1961 - 1957." *Economica* 25 (November 1958): 283 - 299.

Rees, A. "Wage Determination and Involuntary Unemployment." *J. P. E.* 59 (April 1951): 143 - 153.

Rees, A. "Patterns of Wages, Price and Productivity." In *Wages, Prices, Profits and Productivity*, edited by C. Myers. New York: American Assembly, Columbia Univ., 1959.

Rosen, S. "On the Interindustry Wage and Hours Structure." *J. P. E.* 77, no. 2 (March/April 1969): 249 - 273.

Sargent, T. "Price Expectations and the Interest Rate." *Q. J. E.* 83(February 1969):127 - 141.

Schramm, Richard. "Optimal Adjustment of Factors of Production and the Study of Investment Behavior." Ph. D. dissertation, Carnegie-Mellon Univ., 1967.

Simon, H. A. *Models of Man*. New York: Wiley, 1957.

Stigler, G. "The Economics of Information." *J. P. E.* 69(June 1961): 213 - 225.

Tella, A. "Hidden Unemployment 1953 - 62: Comment." *A. E. R.* 56(December 1966):1235 - 1241.

Tobin, J. "Money Wage Rates and Employment." In *The New Econmics*, edited by S. E. Harris. New York: Knopf, 1952.

U. S., Department of Commerce, Bureau of the Census. *Current Population Reports*, C. 3, no. 186, and P. 25, nos. 98, 114, 310, 311, and 321.

U. S., Department of Commerce, Office of Business Economics. *The National Income and Product Accounts of the United States, 1929 - 1965: Statistical Tables: A Supplement to the Survey of Current Business*. Washington: Government Printing Office, 1966.

U. S., Department of Labor. *Manpower Report of the President*. Washington: Government Printing Office, 1965 and 1967.

U. S., Department of Labor, Bureau of Labor Statistics. *Employment and Earnings*. Vol. 14, no. 7. Washington: Government Printing Office, 1968.

U. S., Department of Labor Statistics. *Employment and Earnings Statistics for the United States, 1909 - 66*. Bulletin no. 1312 - 1314. Washington: Government Printing Office, 1966.

Wilson, T. A., and Eckstein, O. "Short-Run Productivity Behavior in U. S. Manufacturing." *Rev. Econ, and Statis*. 46 (February 1964):53 - 64.

大萧条时期的失业：存在充分的解释吗？*

引　言

里斯教授最近在该杂志（指《政治经济学杂志》——译者）（1970年）发表的对美国劳动市场经济计量研究的反应的文章提出了许多令人迷惑不解的问题。这些问题许多都关系到重要的政策含义，如同里斯所看到的那样，这些政策含义“秘密地潜藏”在我们研究的“表面”。不管这些含义可能是什么，人们在读完里斯的评论后，这些含义仍然被淹没了。我们将不猜测这些含义的性质，也不试图对这些含义作出反应。

不过，存在两个由里斯提出的值得进一步讨论的实质性问题。里斯断言“在这一（也就是我们的）模型中，失业产生于供给者的顽抗而不是产生于需求的不足。”这一严重曲解的表述在这篇评论的第1节里得到纠正。里斯还提出了关于我们的理论在说明1929—1939年间劳动市场行为时是否确实成功这一重要的经验问题。我们的进一步研究表明里斯对这一点的怀疑态度是很有根据的：

---

* 经芝加哥大学出版社允许，重印自《政治经济学杂志》第80期（1972年1月/2月），第186—191页。1972年版权归芝加哥大学出版社。

我们的假设说明了许多但不是全部这一时期所观察的劳动市场的刚性。这一结果在第2节报告。

1 总需求和失业

里斯在其文章的结尾指出:“应该强调,尽管实际的国民生产总值作为外生变量出现在卢卡斯—拉平模型中,但它并没有出现在失业率函数中。测度的失业仅仅依赖于价格变化,现行工资和过去工资的关系以及过去的失业。而且这一点显示在这一模型中,失业产生于供给者的固执而不是产生于总需求的不足。”

这段话的前两句涉及卢卡斯—拉平(1969年)文章中的方程式(32)。这些话是正确的,(32)式的检验证实了这一点。不过第三句话完全不能成立。我们的失业率函数(32)式是三方程体系中三个结构方程之一。为了确定作为对劳动市场来说是外生变量(在我们的方案中,是国民生产总值)对失业的影响,人们必须考察约简形式的失业方程。虽然我们在卢卡斯—拉平(1969年)的文章中没有显示这一方程,但由(32)式和实际工资的约简方程式(35)很容易得到这一方程,这一点在我们以前的文章中作了报道。

由于在方程式(32)中报告的失业是实际工资的一个函数,由于在方程式(35)中实际工资是每个居民户实际国民总产值的一个函数,所以我们通过结合这两个等式得到下面的(1)式:

$$U_t = -\beta_{31}\pi_{13}\ln(y_t/M_t) + \text{其他项}, \qquad (1)$$

其中U_t是部分失业,y_t/M_t为每个居民户的实际国民生产总值。由于β_{31}和π_{13}预期为正值,所以实际产量对失业率的预期效应像人们所预料的那样为负值。从量上看，利用我们的表1(1969年)的估计，这一效应大约为−0.51，表示对比方说人均实际产量的10%的下降，导致失业率上升5.1个百分点。

显然，没有理由把我们的模型解释为是把失业看成是独立于总需求而在劳动市场范围内所产生的失业。相反，如同我们在1969年研究的第1节所断言的，在面临变动的总需求的情况下我们的模型"与实际产量和就业中(我们现在加上，在失业中)所观察的波动相一致"。当然，里斯在断言如果工人乐意卖苹果或擦皮鞋，我们的模型含有零失业率的意思时，他是正确的(存在任何不带这一含义的理论吗?)但从这一观察去推断反衰退政策应该限于，或者甚至包括规劝工人按照这一方式行动是异想天开。我们所看到的对于像大萧条那样大事件的唯一的总经济政策含义是标准的政策含义：如果可能，避免造成这些事件的总需求变动；若不能做到这一点，寻求纠正的需求政策以使这些事件尽可能短暂些。

那么，按照我们的观点，劳动市场是出清的假设本身没有对于周期的政策含义。否则，任何说服我们的企图(我希望我们的读者)必然投入从我们表述的模型中去引出这些含义的认真的努力中去，而不是玩弄诸如"自愿的"、"固执的"等类字眼。

2　萧条时期的失业

里斯提出的第二个实质性问题关系到萧条年份居民户决策观点的合理性。经过准确地解释"现行工资是根据失业者视为低于他们正常能够预期的工资率,这导致他们从劳动供给中临时退出"的观点后,里斯问道:"工人按照事实修改他们正常的预期需要多少时间?在1931年至1939年间,失业从来没有低于劳动力的14%,并且在萧条开始10年后,失业仍然为劳动力的大约17%。"

当然,失业不包括当时工人所看到的"事实"方面的一项了解的变动。因此,在预期模型与里斯所举的事实之间并不存在不言而喻的矛盾。不管怎样,这个问题是有意义的,而且很重要,按照我们的模型,这个问题是可以回答的。我们将重新简述这一问题并在本节的余下部分解决这一问题。

按照我们的观点,与劳动供给决策有关的事实是现行实际工资率和价格 w_t 和 P_t,"正常的"实际工资和价格 w_t^* 和 P_t^* 。由于后两个变数是过去实际值的加权平均,权数是未知参数,所以这些时间序列不能先于估计而计算出来。相应地,我们使用科伊克变换消除这些变数,引进滞后实际工资、价格和就业作为附加的解释变量。这一变换的劳动供给函数在估计和检验中使用。

虽然这一广泛使用的过程从经济上讲是可以接受的,但它确实使估计的劳动供给函数与作为它的基础的假设的居民户决策问题之间的联系变得模糊了。即,人们不能容易地将我们的经济计量结果与他们对劳动供给决定的直观或与得自其他来源的资料相协调。要纠正这一点,我们应该使用估计的适应参数去计算正常的工资与价格序列并在实际序列的一边揭示后者。我们将在后面做这一工作。

按照我们的理论,正常的和实际的价格是通过 $\ln(P_t^*)=\lambda\ln(P_t)+(1-\lambda)\ln(P_{t-1}^*)+\lambda''$(是我们1969年的论文中的方程式

(14))发生联系的。正常的和实际的工资是按照同样的方法联系的，含有同样的适应参数λ但具有可能不同的趋势变数λ'而不是λ''。从我们估计的劳动供给函数，$\lambda=0.36$。利用这一值和假定的趋势性变动一起，我们使用(14)式去计算一种"正常的价格"序列。[①] 同样，可以得到一种正常的货币工资序列。[②] 这些结果表示在表1上。

考察表1，人们可以发现1930年货币工资和价格显著地落到其"正常水平"以下，在随后的年份里又进一步下降，直到1933年仍然低落。[③] 发生这种情况不是因为(就我们假设的居民户而言的)在修改正常水平时的任何过分顽固：这些正常的值直到1933年都在下降，尽管以一种慢于实际工资和价格的下降率在下降。从量上讲，这一配合也相当好：把我们失业率函数(32)的估计的系数运用于表1的工资与价格的变化，人们会预测到从1929到

① 要从估计的λ和序列P_t计算序列P_t^*，人们必须提供一个趋势值λ''和一个P^*的初始值。我们所取的1923年的实际和名义价格是相等的。趋势变数λ''是经挑选的以便使得由P_t^*而产生的预测结果对于1923—1945年期间来说平均是正确的。对工资率也运用同样的做法。为了把卢卡斯—拉平(1969年)文章中使用的价格和工资序列扩展到1923年，我们运用了来自肯德里克(1961年)的隐含的国民生产总值缩减因子和来自里斯(1959年)的工资序列。

② 由于同样的适应参数适用于工资，又由于我们的预期假设是用对数表示的，人们可以对实际和货币工资进行互换研究。

③ 我们告诫表1的一种可能的曲解。该表并不表示1933年任何工人都把他每小时0.46美元的最好的要价与0.52美元的正常要价相比，从而选择失业。从字义上讲，它表示"典型的居民户"作出工资比较并选择比其正常工作量要少25%的工作。当然，实际上导致失业的反常的低工资要求在劳动力中不是均匀分布的。0.46美元这一数字是那些找到工作并接受这一工作的人的平均工资。大概对那些不工作的人来说，平均"最好的要价"相当低。对于在概念上与我们的模型相类似但包括劳动力市场异质性的重要影响的模型，读者参看莫滕森(1970年)论著。

1933 年失业率将上升 0.17。由表 1,所观察的提高数为 0.22。

另一方面,从 1934 年直至第二次世界大战,情况大不相同。根据表 1,到 1934 年,实际工资与价格已经恢复到正常水平。这部分是由于里斯所提出的"根据事实"下降的预期,部分是从 1933—1934 年惊人的工资—价格提高的结果。无论原因如何,我们所使用的预期模型表明 1934 年失业率应在 1929 年或 1930 年的水平上,这不同于所观察的 22%的水平。把事情设想的更糟一些,我们的理论对其余的萧条年份来说,仍旧"不能"说明这一期间所观察的较低失业的趋势,但不是完全不能解释为什么这一趋势在这样一种低的速度下进行。[①]

表 1　萧条时期的工资与价格

年　份	失业率 U_t	货币工资率 W_t($)	"名义"货币工资率 W_t^*($)	国民生产总值缩减数 P_t(1958=1)	"名义"国民生产总值缩减数 P_t^*
1928 年	0.04	0.55	0.56	0.50	0.51
1929 年	0.03	0.56	0.57	0.51	0.51
1930 年	0.09	0.56	0.58	0.49	0.50
1931 年	0.16	0.53	0.57	0.45	0.48
1932 年	0.24	0.48	0.55	0.40	0.45
1933 年	0.25	0.46	0.52	0.39	0.43
1934 年	0.22	0.51	0.53	0.42	0.43
1935 年	0.20	0.52	0.53	0.43	0.43

① 奥尔钦(1970 年)清楚地认识到这一问题,并提供了有趣的讨论。他猜测,恢复因新交易价格与固定工资措施而受阻。这种解释从量上讲是否适当仍然是一个未解决的问题。

续表

1936 年	0.17	0.53	0.54	0.43	0.43
1937 年	0.14	0.57	0.56	0.44	0.44
1938 年	0.19	0.58	0.57	0.44	0.44
1939 年	0.17	0.58	0.59	0.43	0.44
1940 年	0.15	0.60	0.60	0.44	0.44
1941 年	0.10	0.66	0.63	0.47	0.45
1942 年	0.05	0.76	0.68	0.53	0.48
1943 年	0.02	0.84	0.75	0.57	0.51
1944 年	0.01	0.90	0.81	0.58	0.54
1945 年	0.02	0.98	0.88	0.60	0.56

这些误差在我们统计检验中没有探测的原因是清楚的(回顾一下就知道)。我们劳动供给函数(卢卡斯—拉平(1969 年),方程式(30))中的滞后就业变量和(32)式中滞后的失业率实质上作为过去价格和工资的几何总数的“代表”被包括进去了。显然,由于就业和失业率序列中其他持续性原因(自相关),这些变量的系数是向上偏的。总之,我们的理论假定按照价格—工资预期的调整滞后是“刚性”或者是失业持续的唯一来源。实际上,在大萧条时期,出现了刚性的其他重要原因(不过,对二次大战后的时期来说,关于价格—工资预期中的滞后足以说明所有观察的劳动市场刚性的论断仍然有效)。①

① 这一论断是建立在一份未发表的由查尔斯·赫德里克(1971 年)所做的卡内基—梅隆研究底稿的基础上。赫德里克发现我们的劳动供给函数(1969 年)与 1950—1957 年期间的资料配合得很好,他发现得自这一时期的系数估计明显地类似于我们对 1930—1965 年期间得到的系数估计。他进一步发现这一问题中滞后的因变量系数仅仅后映预期滞后。

不过,我们的模型比其最初显示要解释的东西解释不足的事实并不会抹煞我们劳动总供给理论的证据实质上像以前一样有力。要理解这一点,我们提一下在卢卡斯—拉平(1969 年)文章中的表 A_1 和 A_2 中简要报道而在卢卡斯—拉平(1970 年)的文章中作了充分报道的模型 S。除了这个模型没包括滞后的失业作为劳动供给的解释变量外,它完全等同于受到以上批评的卢卡斯—拉平文章中表 1 报道的模型,然而这一模型没有抹煞具有预期效应的刚性的其他原因;它也没有十分有力地证实后者的重要性。

如果不讨论“传统的”理论能够说明我们模型不能解释的剩余的刚性的可能性而要总结这篇论文,也将会使人产生错误的印象。显然,里斯文章的图 1 所体现的理论不仅不能解释 1934 年工资的提高不能恢复充分就业的事实,也不能解释 1929—1933 年期间大幅度的工资下降。同样,菲利浦斯的工资按照过度劳动供给而调整的模型也不能解释 1933—1934 年间在面临 25%的失业率的情况下 11%的工资提高的现象。总之,一旦人们试图按照个人和市场行为去得到工资—价格刚性的量的解释,就不存在恢复传统理论的余地。

参考文献

Alchian, Armen. “Information Costs, Pricing, and Resource Unemployment.” In *Microeconomic Foundation of Employment and Inflation Theory*, edited by E. S. Phelps. New York: Norton, 1970.

Hedrick, Charles. “Expectations and Labor Supply.” GSIA Working Paper. Mimeographed. Pittsburgh: Carnegie-Mellon Univ., 1971.

Kendrick, John W. *Productivity Trends in the United States*. Princeton,

N. J. :Princeton Univ. Press, 1961.

Lucas, R. E. , Jr. , and Rapping, L. A. "Real Wages, Employment, and Inflation." *J. P. E.* 77 (September/October 1969):721 - 754.

Lucas, R. E. , Jr. "Real Wages, Employment, and Inflation." In *Microeconomic Foundations of Employment and Inflation Theory*, edited by E. S. Phelps. New York:Norton, 1970.

Mortensen, Dale T. "A Theory of Wage and Employment Dynamics." In *Microeconomic Foundations of Employment and Inflation Theory*, edited by E. S. Phelps. New York:Norton, 1970.

Rees, A. "Patterns of Wages, Prices and Productivity." In *Wages, Prices, Profits and Productivity*, edited by C. Meyers. New York:American Assembly, Columbia Univ. , 1959.

Rees, A. "On Equilibrium in Labor Markets." *J. P. E.* 78 (March/April 1970):306 - 310.

预期与货币中性*

1 引言

这篇论文提供了经济的一种简单的样本，在这个样本中，均衡的价格和数量显示可能是现代经济周期的主要特征：在名义价格变动率和实际产出水平之间的一种系统的关系。实质上是著名的菲利普斯曲线的变形的这一关系是在其中所有形式的“货币幻觉”被严格排除的理论结构内导出的：所有价格是市场出清的，所有机构按照他们的目标和预期最优行动，并且预期是最优形成的(在下面，预期是被精确地作出的意义上)。

经济研究中的交易发生在两个物质上分开的市场。每一时期市场交易者的分布部分是随机的，这产生了两个市场间相对价格的波动。扰动的第二个来源是货币数量的随机变化，其本身导致了名义价格水平的波动(货币与物品间的平均交易率)。关于这些实际的与货币的扰动的现行状态的信息仅仅通过每个经济机构恰好所在的市场中的价格传递给经济机构。在下面所描述的特定框

---

* 经允许重印自《经济理论杂志》第 4 期(1972 年 4 月)，第 103—124 页。版权归学术出版社，1972 年。

我很感谢詹姆斯·斯科特的有益的评论。

架中，价格只是不完全地传递这一信息，迫使经济机构猜测一种特定的价格变动是源于相对的需求变动还是源于名义的(货币的)变动。这一猜测行为导致货币非中性，或者广义地说，导致一种在性质上与我们实际的观察相类似的菲利普斯曲线。与此同时，关于长期的货币中性，或者实际的与名义的量相独立的古典的结果继续成立。

下面在一个特定的、抽象的理论框架中导出的这些总体经济行为的特征与弗里德曼(弗里德曼“货币政策的作用”以及其他论著)揭示的许多美国经济特征不只是带有表面上的相似。首先据我所知，这篇文章提供了一个明确加以精心设计的经济样本，在这一样本中，某些命题可以严格地用公式表示并证明其有效性。

在许多方面较接近这里所采取的方法的第二个前兆是费尔普斯提供的。费尔普斯(8)预见到一种新的通货膨胀与就业理论，在这一理论中，菲利普斯曲线是在其中除了“排除所有交易是在完全信息下进行的”假定以外其理论结构是新古典理论这样一种框架中得到的。这正是这里所要尝试的。下面所提出的实质性结果建立在一种均衡概念的基础之上，我相信这一均衡概念是新的(尽管与构成动态规划基础的原理密切相关)，并可能具有独立的意义。在这篇文章中，均衡价格与数量将被从数学上描绘为在经济的可能状态空间上定义的函数，这些函数依次又被描绘为有限维的向量。这一描述允许我们对信息对预期的关系进行处理，这种处理在某些方面比传统的适应预期假设所得到的结果更令人满意。

要加以研究的这一模型经济的物理结构在下一节表述。第3节处理偏好和需求函数；第4节提供均衡的精确定义并加以严格化。这一均衡特征在第 5 节得到。关于某些存在性与唯一性的讨论推迟到附录讨论。本文以讨论第 6、7、8 节中的某些理论含义而结束。

2 经济结构

为了揭示引言中所描述的现象，我们将使用一种抽象的模型经济，这一模型的许多关键之处应归功于萨缪尔森(10)①。每一期出生了 N 个完全相同的人，每个人活了两期(现在时期和下一时期)。于是，在每一时期存在 $2N$ 个常数的人口：N 个 0 岁的和 N 个 1 岁的。在生命的第一期，每个人按照自己的意愿提供 n 单位的劳动，n 单位劳动生产 n 单位相同的产量。把由较年轻一代(消费物品的生产者)成员所消费的产量表示为 c^0，由老一代成员消费的产量表示为 c^1。产品不能储存但可以自由处置，因此对任一时期总的生产—消费可能性完全可以表示(按照人均量)为：

$$c^0+c^1\leqslant n,\qquad c^0,c^1,n\geqslant 0。\tag{1}$$

由于 n 可能变化，因此对经济来说，经历实际产量的波动确实是可能的。

除了劳动—产出外，还有一种其他物品：不兑现纸币，由不具有其他职能的政府发行。这一货币通过时期开始对老一代成员的转让而进入经济，其数量与以前每一次转让的数量成比例。任何

① 这一模型作为考虑货币理论中问题的理论结构的有用性已经由卡斯与亚里[1,2]所指出。

遗赠都是不可能的，因此，在持有者去世时，未用完的现金余额归还给货币当局。

在这一框架内，能够发生的唯一的交易包括年轻人放弃产品以交换老一代人从上一期就持有的、通过转让而得到的货币。① 我们将假定这样一种交易发生在两个在物质分开的市场。为了使事情有可能简化，我们假定老一代被交叉分配在这两个市场上以便使两个市场间的货币总需求相等。年轻一代是随机分配的，$\theta/2$ 进入一个市场，$1-(\theta/2)$进入另一市场。人们进入市场的规定一旦作出，两个市场间的任何转移与交往都是不可能的。在每一个市场内，发生拍卖式的交易，所有交易在一个单一的、市场出清的价格下成交。②

转让前的货币供给，老一代的每个成员，对所有经济机构来说都是已知的。③ 这一数量用 m 表示。用 m'表示的转让后的余额通常不知道(直到下一时期)，除非能做到按照现期价格水平把这些转让后的余额泄露给交易者。同样，分配变量 θ 也是未知量，除非间接地通过价格知道。整个时间内名义货币供给的发展由下式决定

$$m'=mx, \tag{2}$$

其中 x 是随机变量。令 x'表示这一转让变量的下一期值，令 θ'为

---

① 这一点并不十分正确。如果年轻一代成员是偏好冒险者，他们可能并将在他们中间交换关于未来消费的要求权，因而提高方差。这一可能性将在下一节被排除。

② 这一把交易者看作是在不同市场上随机分配的方法用于两个目的。首先，它提供一种环境，在这一环境中，在一特定的(因此是可分析的)方面，信息是不完全的。其次，交易者分配方面的随机变化提供了相对价格变化的源泉。这一点也许可以通过假定对于模型的结果没有什么影响的随机的嗜好或技术变化而取得。

③ 像缺少资本品和经济震动序列独立一样，这一有些任意的假设是保持控制经济从一种状态到另一种状态的过渡的法则尽可能简单这一努力的一部分。总之，我已经力图从各种原因的波动的持续中进行抽象，以便集中于最初干扰的性质。

分配变量的下期值。假定 x 和 x'是独立的,并具有通常连续的关于(0,∞)的密度函数 f。同样,θ 和 θ'是独立的,并具有通常连续的关于(0,2)对称密度 g。

概括如下,任一时期经济的状态完全由三个变量 m,x,和 θ 加以描述。经济从一种状态到另一种状态的运动独立于经济中单个人所作出的决定,这一运动由(2)式与 x 和 θ 的密度 f 和 g 给出。

3 偏好与需求函数

我们假定老一代成员将更喜欢较多的消费而不是较少的消费,假定其他条件已定,老一代成员认为货币的持有没有效用。结果,他们将供给他们的现金持有量,供给的现金通过转让无弹性地增长(同样,他们对于物品具有单位弹性的需求)。相反,年轻一代有一个并非微不足道的决策问题,我们现在转入这一问题。

对于一个 0 岁的人来说,选择的对象是他的现行消费 c,现行供给的劳动 n 和未来消费,用 c'表示。所有个人都按照通常的效用函数评价这些物品。效用函数为:

$$U(c,n)+E\{V(c')\}。\tag{3}$$

((3)式所采取的预期的分布将在后面特别说明)。函数 U 是 c 的增函数,是 n 的减函数,是严格凹的,并可连续两次微分的函数。此外,现行消费和闲暇不是劣等品,或者:

$$U_{cn}+U_{nn}<0 \quad 以及 \quad U_{cc}+U_{cn}<0。\tag{4}$$

函数 V 是严格凹的并可连续两次微分的增函数。函数 $V'(c')c'$是增函数,并具有小于界限 1 的弹性,或者:

$$V''(c')c'+V'(c')>0, \tag{5}$$

$$\frac{c'V''(c')}{V'(c')}\leqslant -a<0。 \tag{6}$$

条件(5)实质上保证在假定其他条件不变的情况下，未来物品价格的提高将导致现行消费的增加，或者使这样一种价格变化的替代效应将会超过其收入效应。[①] 对于 V 所规定的凹性的要求表明(6)式的左端项是负的，因此(6)式是凹性的一个微小加强。最后，我们要求未来消费的边际效用高到至少能证明消耗的第一个单位的劳动是正当的；未来消费的边际效用最终趋向于零。

$$\lim_{c'\to 0}V'(c')=+\infty \tag{7}$$

$$\lim_{c'\to \infty}V'(c')=0。 \tag{8}$$

未来消费 c' 不能由 0 岁的人直接购买。相反，一个已知数量的余额 λ 是交换物品时得到的。如果下一期价格水平(每单位产量的美元数)为 p'，且如果下一期的转让为 x'，则这些余额将购买 $x'\lambda/p'$ 单位的未来消费。[②] 尽管在这点上纯粹是个形式问题，但对

---

① (4)和(5)式的限制类似于拉平和我自己所进行的一份劳动市场的经济计量研究中所使用过的那些限制(5)。这里，它们的函数与(5)式中函数相同：确保菲利普斯曲线倾斜于"正确的方位"。

② 关于在这一方案中现金余额是"交易余额"还是一种"价格储藏"存在一个问题。我认为很清楚，所讨论中的模型不足以允许对这些或其他持有货币的动机的区别进行有趣的讨论。另一方面，所有持有货币的动机要求货币在被花掉之前在一个明确的时间段内被持有：如果接受货币是为了物品并且即刻用于交换其他物品，则没有理由使用货币(相对于物物交换而言)。也存在货币是否"产生效用"的问题。当然，在本文中回答是肯定的，这是就下列意义而言的，如果某甲对某乙施加一种乙不能持有现金的限制，乙在最优策略下的效用比这一限制若取消后他所得到的效用要低。不过，同样应该清楚的是，这一论点并不意味着实际或名义余额应该作为一项被包括在个人的偏好函数中。在效用函数与特定一组选择下的这一函数的值之间，差别是熟知的。

(x', p')的分布函数给出某些符号是很方便的，这一分布函数所赖以建立的条件是对0岁人来说信息现在是可以得到的：把这一分布函数表示为$F(x', p' \backslash m, p)$，其中$p$是现行价格水平。于是，一个0岁的人所面临的决策问题是求下式极大值

$$\max_{c,n,\lambda \geqslant 0} \left\{ U(c,n) + \int V\left(\frac{x'\lambda}{p'}\right) dF(x', p'/m, p) \right\} \tag{9}$$

限制条件为：

$$p(n-c) - \lambda \geqslant 0。$$

假定对分布F的指定使得目标函数是连续可微的，库恩—塔克条件适用于这一问题，且这一条件既是必要的又是充分的。这些条件是：

$$U_c(c,n) - p\mu \leqslant 0，如果 c>0，成立等式 \tag{11}$$

$$U_n(c,n) + p\mu \leqslant 0，如果 n>0，成立等式 \tag{12}$$

$$p(n-c) - \lambda \geqslant 0，如果 \mu>0，成立等式 \tag{13}$$

$$\int V'\left(\frac{x'\lambda}{p'}\right)\frac{x'}{p'} dF(x', p' \backslash m, p) - \mu \leqslant 0，如果 \lambda>0，成立等式 \tag{14}$$

其中μ是非负乘数。

首先，我们解出(11)—(13)式中作为λ/p的函数c, n，$p\mu$。这等于对一固定额的货币余额找最优的消费与劳动供给。$p\mu$的解被解释为持有货币的边际成本(采取从消费和闲暇中放弃的效用为单位)。这一解被表示在图1上。

如图1所示，不难证明，对任意的$\lambda/p>0$，(11)－(13)式可以解出唯一的c, n和$p\mu$。当λ/p变动时，这些求解的值以一种连续

的并且（几乎处处）连续可微的方式变化。从(4)式非劣等品的假定，可以推知当 λ/p 提高时，n 提高，c 减少。求解的 $p\mu$ 值，我们用 $h(\lambda/p)$表示，为正值，是递增和连续可微的。当 λ/p 趋于零时，$h(\lambda/p)$趋于正的极限 $h(0)$。

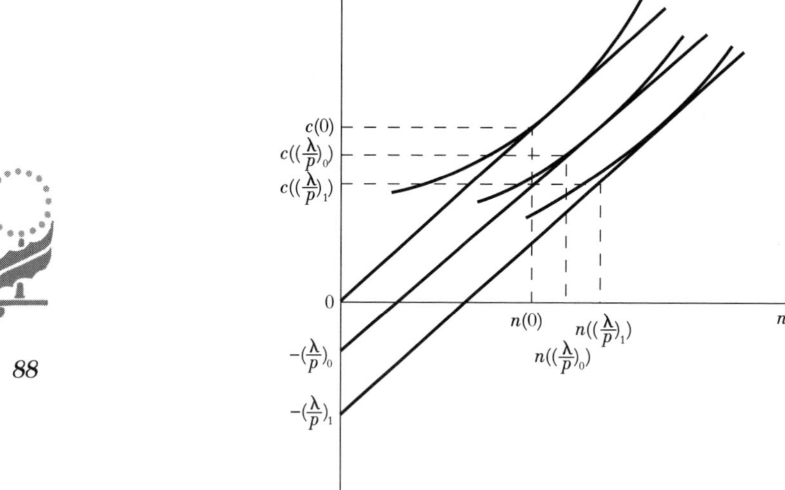

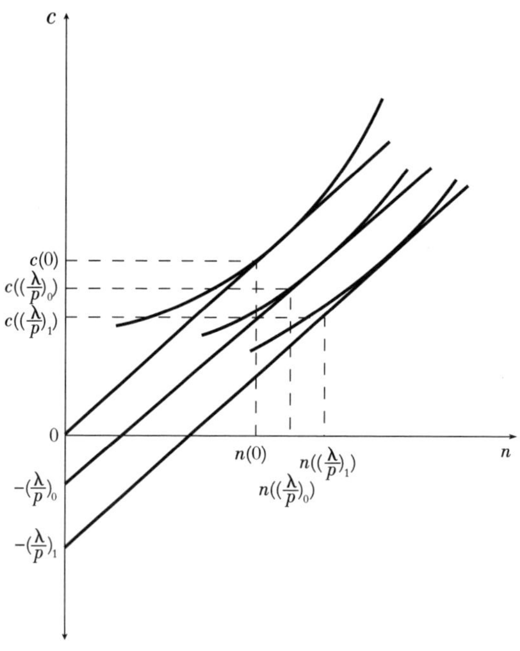

图 1

将函数 h 代入(14)式，我们得到

$$h\left(\frac{\lambda}{p}\right)\frac{1}{p}\geqslant\int V'\left(\frac{x'\lambda}{p'}\right)\frac{x'}{p'}dF(x',p'\backslash m,p), \qquad (15)$$

如果 $\lambda>0$，成立等式。用 p 通乘两端，(15)式表示获得现金的边际成本（采用所放弃的现在效用作单位）等于边际收益（采用预期所得到的效用作单位）。(15)式隐含地表示该式是一货币需求函数，它使现在所需求的名义数量 λ 与现在和预期未来价格水平相

联系。

4 预期与均衡的定义

由于这两个市场在结构上是相同的，又因为在交易期间内两个市场间不存在交往，因此，可以通过分别决定每一个市场的均衡而决定经济的一般均衡。我们将通过使在那一吸收了 $\theta/2$ 数量年轻一代的市场上使名义货币需求（像第 3 节所决定的那样）和名义货币供给相等的方法来讨论均衡的决定问题。于是用 $2-\theta$ 取代 θ，便可以决定另一市场的均衡。通过通常的市场加总方法可以决定产量的总价值与价格。这将在第六节明确进行这一工作。

在上一节开始我们曾指出，在每个市场上货币是无弹性供给的，当转让以后，总货币供给为 Nmx。采取第 1 节的惯例，每一个市场的供给为 $Nmx/2$。因此，在吸收了 $\theta/2$ 数量年轻一代的市场上，每个需求者供给的数量为 $(Nmx/2)/(\theta N/2)=mx/\theta$。均衡要求 $\lambda=mx/\theta$，其中 λ 为每个 0 岁人需求的数量。由于 $mx/\theta>0$，代入(15)式给出均衡条件：

$$h\left(\frac{mx}{\theta p}\right)\frac{1}{p}=\int V'\left(\frac{mxx'}{\theta p'}\right)\frac{x'}{p}dF(x',p'\backslash m,p)。\qquad(16)$$

方程式(16)使现期价格水平与（未知的）未来价格水平 p' 相联系。为了“求解”市场出清价格 p（因此，为了得到就业、产量和消费的现行均衡值），必须使 p 与 p' 相联系。这一联系在下面均衡的定义中给出，缘由是基于以下考虑。

首先，早些时候曾指出，在某种（并未作精确定义的）意义上，经济的状态完全由三个变量(m,x,θ)加以描述。即,如果在日历表两个不同的时点上经济达到一个特定的状态(m,x,θ),预期经济在两个时间以同样方式运行而不管每一时间达到这一状态的路线如何是有道理的。如果情况是这样,人们就可以在可能的状态空间把均衡价格表示为一个函数 $p(m,x,\theta)$,同样可以表示出就业、产量和消费的均衡值。

其次,如果价格可以被表示为(m,x,θ)的一个函数,从已知的x,x'和 θ 的分布,可以知道下一期价格的实际概率分布,$p'=p(m',x',\theta')=p(mx,x',\theta')$,这依赖于 m。不过,进一步的信息对于交易者而言还是可以得到的,因为现行价格 $p(m,x,\theta)$产生了关于 x 的信息。因此,在可以获得的信息基础上,一个 0 岁的交易者应该就(16)(或(15)式)作关于以 m 与 $p(m,x,\theta)$值为条件,或者把 m 当作参数的(m,x,x',θ')和以 $p(m,x,\theta)$值为条件的(x,x',θ')的联合分布的预期。把后一分布表示为 $G(x,x',\theta\backslash p(m,x,\theta))$。①

因此,我们得到下列结果:

定义 均衡价格是(m,x,θ)的一个连续的非负函数 $p(\cdot)$,且$mx/\theta p(m,x,\theta)$有界,以零为界,其满足:

$$h\left[\frac{mx}{\theta p(m,x,\theta)}\right]\frac{1}{p(m,x,\theta)}$$

① 交易者在形成预期时运用正确的条件分布的假定与所有的交易在市场出清价格下发生的假定一起意味着这一经济的市场是有效率的,正如效率一词由罗尔[9]所定义的那样。穆期意义下的价格预期是合理的说法也是真实的[7]。

$$= \int V'\left[\frac{mxx'}{\theta p(m\xi, x', \theta')}\right]\frac{x'}{p(m\xi, x', \theta')}dG(\xi, x', \theta' \backslash p(m, x, \theta))。 \tag{17}$$

当然，(17)式不过是(16)式用现行状态(m, x, θ)下的函数$p(\cdot)$的值取代了(16)式中的p，以及用下一期状态(mx, x', θ)下的同一函数值取代了(16)式中的p'。此外，我们省却了未特别加以说明的分布F，并代之以采取关于精确定义的分布G的预期。①

在下一节，我们证明(17)式有唯一解并讨论这一解的重要特征。更为困难的数学问题将放到附录中处理。

5 均衡价格函数的特征

我们的讨论按下列步骤进行：证明(17)式一个特定形式的解的存在，然后证明不存在其他解，最后指出这唯一解的特征。作为有益的预备性的步骤，我们证明：

引理1。如果$p(\cdot)$是(17)式的任意解，在对任意固定的m，$x_0/\theta_0 > x_1/\theta_1$意味着$p(m, x_0, \theta_0) \neq p(m, x_1, \theta_1)$的意义上，这一解对$x/\theta$来说是单调的。

证明。假定相反，$x_0/\theta_0 > x_1/\theta_1$及$p(m, x_0, \theta_0) = p(m, x_1, \theta_1) = p_0$(比如说)。于是由(17)式

① 体现于这一定义中关于价格可以被表示为经济状态的函数的限制显得无关痛痒，但事实上却十分有力。例如，在卡斯与亚里的没有库存的模型中，经济的状态从不变化，所以满足这里使用的这一定义的唯一的结果是常数的结果(或者按照[1]中的术语，是静态的方案)。

$$h\left(\frac{mx_0}{\theta_0 p_0}\right)\frac{1}{p_0}$$

$$=\int V'\left[\frac{mx_0x'}{\theta_0 p(m\xi,x',\theta')}\right]\frac{x'}{p(m\xi,x',\theta')}dG(\xi,x',\theta'\backslash p_0)。$$

以及

$$h\left(\frac{mx_1}{\theta_1 p_0}\right)\frac{1}{p_0}$$

$$=\int V'\left[\frac{mx_1x'}{\theta_1 p(m\xi,x',\theta')}\right]\frac{x'}{p(m\xi,x',\theta')}dG(\xi,x',\theta'\backslash p_0)。$$

由于 h 严格递增，而 V' 严格递减，这些等式是矛盾的。这便结束了证明。

按照这一引理的观点，对于所有解函数 $p(\cdot)$ 而言，以 $p(m,x,\theta)$ 为条件的 (x,x',θ') 的分布与以 x/θ 为条件的分布相同，这一事实极大地简化了(17)式的研究。

可能的推测是(17)式的解呈现 $p(m,x,\theta)=m\varphi(x/\theta)$ 的形式，其中 φ 是连续的，非负的函数。[①] 如果真的是这样，函数 φ 满足(用 mx/θ 通乘(17)式并加以替换)：

$$h\left[\frac{x}{\theta\varphi(x/\theta)}\right]\frac{x}{\theta\varphi(x/\theta)}$$

$$=\int V'\left[\frac{xx'}{\theta\xi\varphi(x'/\theta')}\right]\frac{xx'}{\theta\xi\varphi(x'/\theta')}dG\left(\xi,x',\theta'\backslash\frac{x}{\theta}\right)。\qquad(18)$$

① 要决定应该从均衡价格函数分解 m 的因子的问题是否可能，读者应问他自己：一种彻底宣布的，不改变各人间货币分配的货币数量变化的结果是什么？要明白为什么只有 x 对 θ 的比率才影响价格，回忆一下只有 x/θ 才决定每个单个生产者所面临的物品的需求。

让我们更换一下变数，令 $z=x/\theta, z'=x'/\theta'$，令 $H(z,\theta)$ 为 z 与 θ 的联合密度函数，令 $\widetilde{H}(z,\theta)$ 为以 z 为条件的 θ 的密度。于是(18)式等价于：

$$h\left[\frac{z}{\varphi(z)}\right]\frac{z}{\varphi(z)}$$
$$=\int V'\left[\frac{\theta'}{\theta}\frac{z'}{\varphi(z')}\right]\frac{\theta'}{\theta}\frac{z'}{\varphi(z')}\widetilde{H}(z,\theta)H(z',\theta')d\theta dz'd\theta'。\qquad(19)$$

方程式(17)与(19)在附录中研究。重要的结果是：

定理1。方程式(19)在区间$(0,\infty)$上恰好具有一个连续的解，且$z/\varphi(z)$有界。函数$\varphi(z)$严格为正值且连续可微。此外，$m\varphi(x/\theta)$是唯一均衡价格函数。

证明。见附录。

我们下面转入解函数 φ 的特征的讨论。首先通过观察两个极端的例子而开始这一研究是方便的，一种是 $\theta=1$ 的概率为 1，第二个是 $x=1$ 的概率为 1。

这两个例子中的第一个可以被解释为适用于一种其中所有的交易都放在一个单一的市场上进行，不存在货币扰动的经济。于是 z 完全等于 x，且按照引理 1 的观点，x 的现值通过均衡价格完全被显示给交易者。下述古典的货币中性定理成立是不足为怪的。**定理2**。假定$\theta=1$，并具有1的概率。令y^*为

$$h(y)=V'(y)。\qquad(20)$$

的唯一解。

于是 $p(m,x,\theta)=mx/y^*$ 是(17)式的唯一解。

证明。我们已经指出 h 是递增的，V'是递减的，且根据(18)式，当

y 趋于无穷时，V' 趋于 0。根据(7)式 $h(0)<V'(0)$。因此，(20)式确实具有唯一的解 y^*。显然，$\varphi(z)=z/y^*$ 满足(19)式。根据定理 1，它是唯一解，mx/y^* 是(17)式的唯一解。

第二个极端的例子，即 x 恒等于 1 可以被看作是适用于那种具有实际扰动但具有完全稳定的货币政策的经济。在这一例子中，$z=1/\theta$，因此，现行市场价格将 θ 展现给所有交易者。令 $\Psi(\theta)=[\theta\varphi(1/\theta)]^{-1}$ 是方便的，所以(19)式成为

$$h[\Psi(\theta)]\Psi(\theta)=\int V'\left[\frac{\theta'}{\theta}\Psi(\theta)\right]\frac{\theta'}{\theta}\Psi(\theta')g(\theta')d\theta'。\qquad(21)$$

把(21)式的右端表示为 $m(\theta)$，于是

$$m'(\theta)=\int\left[V''\frac{\theta'}{\theta}\Psi(\theta')+V'\right]\left[\frac{-\theta'\Psi(\theta)}{\theta^2}\right]g(\theta')d\theta'$$

(压缩 V'' 与 V' 中的项)。因此，$m(\theta)$ 的弹性是

$$\frac{\theta m'(\theta)}{m(\theta)}=-\int w(\theta,\theta')(V')^{-1}\left[V''\frac{\theta'}{\theta}\Psi(\theta')+V'\right]d\theta',$$

其中，

$$w(\theta,\theta')=\left[\int V'\frac{\theta'}{\theta}\varphi(\theta')g(\theta')d\theta'\right]^{-1}\left[V'\frac{\theta'}{\theta}\Psi(\theta')g(\theta')\right]。$$

显然，$w(\theta,\theta')\geqslant 0$ 及 $\int w(\theta,\theta')d\theta'=1$。由(5)和(6)式，

$$0<(V')^{-1}\left[V''\frac{\theta'}{\theta}\varphi(\theta')+V'\right]<1。$$

因此，$-[\theta m'(\theta)/m(\theta)]$ 是 0 至 1 中间的诸项平均值。因此，

$$-1<\frac{\theta m'(\theta)}{m(\theta)}<0\qquad(22)$$

现在对(21)式两端求微分，我们有

$$[h'(\Psi)\Psi+h]\Psi'(\theta)=m'(\theta),$$

其中使用(22)式和 h 是递增的事实意味着

$$-1<\frac{\theta\Psi'(\theta)}{\Psi(\theta)}<0。\tag{23}$$

回忆根据 $\varphi(\theta)$ 而得到 $\Psi(\theta)$ 的定义，很容易明白(23)式意味着

$$0<\frac{z\varphi'(z)}{\varphi(z)}<1。$$

我们对这一例子的讨论概括如下

定理 3。假定 $x=1$ 且具有 1 的概率。那么(17)式具有一个唯一的一个解 $p(m,x,\theta)=m\varphi(1/\theta)$，其中 φ 是一连续可微函数，并具有一个零与 1 之间的弹性。

如果干扰经济的因素仅仅是货币的因素，那么现行价格将与货币供给方面的变化成比例地调整。在当即使面临未预期到的货币变化的情况下实际现金余额、就业与消费的均衡水平将保持不变这一古典的意义上，在短期内货币是中性的。总之，这些是定理 2 暗含的意思。另一方面，如果干扰经济的力量仅仅是实际的因素，而货币供给保持不变，则干扰将具有实际后果。那些发现他们自己处于一种只具有较少同伴的市场之中(在一个具有较低的 θ，或高的 z 值的市场中)的年轻一代获得事实上所具有的未来消费的较低的价格。依据于第 3 节所建立的收入与替代效应假定的定理 3 表明他们将把所有这些所得分配给未来，而持有较高的实际余额。这一企图部分地受到现行价格水平提高的阻挠。

回到其中 x 与 θ 都发生波动的一般情形，很清楚现行价格仅仅告诉经济机构这两个变数的比率 x/θ。经济机构不能确定地区分在他们所提供的物品需求方面的实际的和货币的变化，而必须

在已知分布 $f(x)$ 和 $g(\theta)$ 以及由现行价格水平所揭示的 x/θ 值的基础上作出推断。由于高的 x/θ 值表示高的 x 与低的 θ，因此他们的行为将以某种方式混淆定理 2 和定理 3 所描述的策略看来是合情合理的。

不幸的是，上面最后的表述除了不精确以外，也是不真实的，这一点人们很容易举例证明。① 因此，借助于首先对于任意固定的 $\bar{\theta}$，$Pr\{\theta\leqslant\bar{\theta}\backslash x/\theta=z\}$ 是 z 的增函数，以及其次对于任意固定的 $\bar{x}$，$Pr\{x\leqslant\bar{x}\backslash x/\theta=z\}$ 是 z 的减函数这两条保证，我们想对密度 f 和 g 施加额外的限制。像上面那样用 $\widetilde{H}(z,\theta)$ 表示以 $x/\theta=z$ 为条件的 θ 的密度，这些概率中的第一个是

$$F(z,\bar{\theta})=\int_0^{\bar{\theta}}\widetilde{H}(z,\theta)d\theta,$$

按照同样的函数 F，第二个为 $F(z,\bar{x}/z)$。于是对于所有的 (z,θ) 得到令人满意的限制（通过对 z 微分）为

$$0<F_z(z,\theta)<\frac{\theta\widetilde{H}(z,\theta)}{z} \tag{24}$$

在(24)式条件下，我们进行与定理(3)类似的讨论。

令

$$m(\theta)=\int V'\left[\frac{\theta'}{\theta}\frac{z'}{\varphi(z')}\right]\frac{\theta'}{\theta}\frac{z'}{\varphi(z')}H(z',\theta')dz'd\theta',$$

其中，如同在定理 3 中的证明一样，$m(\theta)$ 为正值，并且有 -1 至 0 之间的弹性。

---

① 例如，令 x 只取 1 和 1.05 的值，令 θ 是 0.5 或 1.5 于是，x/θ 从 2.0 到 0.7 的一种降低意味着(具有确定性)x 从 1 到 1.05 的提高。要构造显示这样一种行为的连续的密度 f 和 g 是不困难的。

于是(19)式可以写为

$$h\left[\frac{z}{\varphi(z)}\right]\frac{z}{\varphi(z)}=\int m(\theta)H(z,\theta)d\theta。\tag{25}$$

将(25)式的右端表示为 $G(z)$。然后分部分求积分，

$$G(z)=m(2)-\int m'(\theta)F(z,\theta)d\theta$$

其中，回忆一下，z 是 θ 值域的上限。

于是

$$G'(z)=-\int m'(\theta)F_z(z'\theta)d\theta>0,$$

根据(24)式的第一个不等式，继续，

$$\frac{zG'(z)}{G(z)}=-\frac{z\int m'(\theta)Fz(z,\theta)d\theta}{\int m(\theta)\widetilde{H}(z,\theta)d\theta}$$

$$=\int w(z,\theta)\left[-\frac{\theta m'(\theta)}{m(\theta)}\right]\left[\frac{zF_z(z,\theta)}{\theta\widetilde{H}(z,\theta)}\right]d\theta,$$

其中 $w(z,\theta)=\left[\int m(\theta)\widetilde{H}(z,\theta)d\theta\right]^{-1}m(\theta)\widetilde{H}(z,\theta)$。因此再次动用(24)式，

$$0>\frac{z\varphi'(z)}{\varphi(z)}<1。\tag{26}$$

我们用定理 4 结束这种一般情况的讨论。

定理 4。假定从密度 $f(x)$ 和 $g(x)$ 所得到的函数 $F(z,\theta)$ 满足限制条件(24)。于是(17)式有一唯一解 $p(m,x,\theta)=m\varphi(x/\theta)$，其中 φ 为一连续可微函数，且具有一个零至 1 之间的弹性。

定理 2—4 表示，在这一理论结构内，仅仅是因为经济机构不

能完全区别实际的和货币的需求变动，货币变化才具有实际后果。由于经济机构的辨别能力不应该由货币政策规模比例性的变动而改变，所以直观表明，这种规模变化应该不具有实际的效果。我们将这一点作为定理 4 的系定理正式表述如下：

系定理：假定 4 的假设成立，但是令转换变量为 $y=\lambda x$，其中 λ 是一正的常数。于是，均衡价格为 $p(m,x,\theta)=m\varphi(y/\lambda\theta)=m\varphi(x/\theta)$，其中 φ 含义同定理 4。

证明。在(19)式求导中，令 $z=y/\lambda\theta=x/\theta$。

6 理论的实际含义

在前一节我们已经研究了两市场经济中其中一个市场价格的决定：这一市场吸收了 $\theta/2$ 部分的生产者。排除其中干扰纯粹是货币的极限情形，我们发现这一价格函数采取 $m\varphi(x/\theta)$ 形式，其中 $\varphi(x/\theta)$ 是正的具有零至 1 之间的弹性。回忆第 3 节单个生产者—消费者的研究，这一价格函数意味着一个均衡的就业函数 $n(x/\theta)$，其中 $n'(x/\theta)>0$。① 那也就是需求的增加导致实际产量的增加。由于两个市场在结构上是完全相同的，因此在另一市场将是 $m\varphi(x/(2-\theta))$，就业将是 $n(x/(2-\theta))$。总之，我们已经指出了所有可能状态下经济中所有市场行为的特征。

完成了这项工作以后，该轮到问这行为是否事实上与所观察

① 第 3 节的分析表明，如果 0 岁消费者想积累更多的实际余额，他们将部分地通过供给更多的劳动的方式进行这一积累。在第 5 节，已经证明人均实际余额 $[\theta\varphi(x/\theta)]^{-x}$ 的均衡随 x/θ 提高。这两件事实一起意味着 $n'(x/\theta)>0$。

的经济周期的某些方面相类似。用简短的语言来表述这一问题的方法之一是：这一社会的公民将如何描述他们所经历的盛衰的？①

当然，漫不经心的观察者甚至或者也许特别地用回顾的方式把高于平均的 x 值（货币扩张）的时期描绘为“好的时期”。老一代将具有足够的理由这样做：他们接受转让，这将提高他们的实际消费水平使之高于平均水平。当发生货币扩张时，年轻一代将同样赞成货币扩张：他们仅仅通过高于平均他们出售的物品价格去理解货币扩张，而这平均说来意味着他们实际财富的增加。将来，他们当然对他们积累的余额所提供的实际消费感到失望（平均说来）。然而，对他们来说，没有任何理由把这一失望归于以前的货币扩张，批评现行的通货膨胀将是更为自然的事。在当通货膨胀在一个高于平均率的水平上持续，而实际产量下降且这一状况有规律出现时期，可以预料这一批评会特别严厉。② 概括地说，尽管盛衰之间的对称性体现于这一简单模型中，但所有参加者在把高实际产量的时期看作是胜于其他时期这方面将是一致的。③

不太漫不经心的观察者将同样误入歧途。要弄清为什么，我们考虑配合一种关于上面所描述的经济产生的现实经济量的菲利

① 下面的讨论不想作为经济计量根据的替代品，尽管我希望这些讨论是富有启发性的。

② “有规律出现”一词是恰如其分的。相对于“正常的”水平，现行实际产量水平只依赖于现行的货币扩张。不过，现行通货膨胀率依赖于现行的和以前时期的货币扩张。因此，伴随着适度收缩的大的扩张将发生（尽管也许很少发生）并且将导致文章中所描述的情形。

③ 当然，这种一致依赖于这一假设：新货币被采用以便使现金持有者决不受实际资本损失的限制。如果转让比方说是随机地分布在年轻一代和老一代中间，那么，在老一代中将会有一组人把货币扩张理解为是有害的。

普斯曲线的变体的结果。用 Y_t 表示 t 期的实际国民生产总产值(或就业),用 P_t 表示 t 期隐含的国民生产总值的缩减数。考虑回归假设

$$\ln Y_t = \beta_0 + \beta_1(\ln P_t - \ln P_{t-1}) + \epsilon_t, \tag{27}$$

其中 ϵ_1, ϵ_2,……是一系列独立的,具有 0 的平均数的同一分布的随机变量。当然,假定估计的残差项并不妨碍假设,对于 β_1 的一个正的估计将被看作是在通货膨胀与实际产量之间"交替"的存在的根据。到此,直观上应该清楚,在所研究的模型中不存在这样的交替,然而 $\hat{\beta}_1$ 将成为正值。下面我们将更明确地讨论后一点。

我们有

$$Y_t = \frac{1}{2}\theta_t N n\left(\frac{x_t}{\theta_t}\right) + \frac{1}{2}(2-\theta_t) N n\left(\frac{x_t}{2-\theta_t}\right) \tag{28}$$

以及

$$P_t Y_t = \frac{1}{2}\theta_t N n\left(\frac{x_t}{\theta_t}\right) m_t \varphi\left(\frac{x_t}{\theta_t}\right) + \frac{1}{2}(2-\theta_t) N n\left(\frac{x_t}{2-\theta_t}\right) m_t \varphi\left(\frac{x_t}{2-\theta_t}\right)。 \tag{29}$$

令 $\mu = E[\ln(x)] = \int \ln(x) f(x) dx$。把(28)(29)式右端的对数看作是 $\ln(x_t)$ 和 θ_t 的函数,就 $(\mu, 1)$ 进行展开,舍去二阶和大于二阶的项。我们得到近似值:

$$\ln(Y_t) = \ln(N) + \ln(n(\mu)) + \eta_n[\ln x_t - \mu], \tag{30}$$

以及

$$\ln(P_t) - \ln(P_{t-1}) = \eta_\varphi \ln x_t + (1-\eta_\varphi)\ln x_{t-1}, \tag{31}$$

其中 η_n 与 η_φ 分别是函数 n 与 φ 的弹性,是由 μ 来定值的。

利用(30)和(31)式,人们可以计算出(27)式所估计的系数$\hat{\beta}_1$的近似的[①]概率极限。它是$\ln(Y_t)$和$\ln(P_t/P_{t-1})$的方差,再由后者的方差除,或者

$$\frac{\eta_n\eta_\varphi}{1-2\eta_\varphi+2\eta_\varphi^2}>0。$$

从这一回归估计的残差值将显示出负的序列相关。不过通过加入$\ln(Y_{t-1})$作为一附加变量,这一问题便被消除,并且得到一个近于完美的配合(参看(30)和(31)式)。关于通货膨胀的系数仍然是正值。[②]

对本节进行概括,我们审慎地构造了一种经济,在这一经济中,在通货膨胀与实际产量之间没有什么合用的交替。然而,这里对于这样一种交替的存在的经济计量根据比产生于实际社会中的可以比较的根据更具有说服力。

7 政策考虑

在前面各节所提出和研究的理论框架内,货币政策的选择等同于控制随机货币膨胀率的密度函数 f 的选择。集中于一个唯一点的密度 f 与在一个常数百分率 k 上固定货币增长率相符合。遵循弗里德曼的做法,我们将把这样一种政策称为**百分之 k 规则**。

---

① 因为(30)与(31)式为近似值。

② 注意下列现象是有意义的,如果人们像拉平与我在“价格预期与菲利普斯曲线”一文中所做的那样用公式表示一种菲利普斯曲线的分布滞后模式,即使上述种类的模型是有效的,人们也将得到一个正的估计的长期实际产量—通货膨胀间的权衡。

任何其他政策意味着围绕一个常数平均数的波动。由于(就我所知)没有任何百分之 k 规则的批评者有意识地鼓吹一种随机化的政策以代替百分之 k 规则,在这方面对于我们是可能的受限制的类别内追求货币政策的研究没有多少意义。不过,我们可以证明如果遵循一种百分之 k 规则,则竞争的配置将是帕累托最优。这一证明将占用本节的其余篇幅。

对于常数的货币供给($x \equiv 1$)的情况,存在一个均衡的价格函数 $m\varphi(1/\theta)$,这一函数的性质已在定理 3 中给出。与这一价格函数相应的是给出这一经济可能状态 θ 下的年轻一代消费与劳动供给均衡值的函数 $\bar{c}(\theta)$,$\bar{n}(\theta)$。由于产量被用完,这些意味着在同一市场上老一代的平均人均消费:[①]

$$\bar{c}'(\theta)=\theta[\bar{n}(\theta)-\bar{c}(\theta)]。$$

根据定理 4 的系定理,如果货币政策遵循任何百分之 k 规则,则将会遵循这一配置规则$\{\bar{c}(\theta),\bar{n}(\theta),\bar{c}'(\theta)\}$。我们想把这一规则的效率与其它可供选择(非市场)的配置规则$\{c(\theta),n(\theta),c'(\theta)\}$进行比较。

要考虑其嗜好的单个人是体现在模型经济中的相继的各代。如果我们继续忽略日历时间(系统地处理现在与未来一代),则每一代可以按照盛行于他们生命期间的自然状态(θ,θ')来划分。这

① 在生命的第一年(由于变动 θ 值),所得到的货币的不等的分布在老一代中产生了两个等级。而且一般而言,没有人将实际得到平均消费$\bar{c}'(\theta)$。但当且仅当平均消费被提高时,那种得到吸收 θ 部分生产者的市场上老一代一致同意的配置才是可能的。于是,为了我们的目的,我们可以忽略关于这一平均的实际消费的分布。

将导致这种见解：一种配置在帕累托的意义上优于另一种，如果在所有可能的状态下它始终是最优，或者导致下列结果

定义。一种配置规则$\{\bar{c}(\theta),\bar{n}(\theta),\bar{c}'(\theta)\}$是帕累托最优，如果它满足

$$c(\theta)+\frac{1}{\theta}c'(\theta)\leqslant n(\theta),\quad c(\theta),n(\theta),c'(\theta)\geqslant 0 \tag{32}$$

对于所有 $0<\theta<2$（是可行的），且如果不存在可行的配置规则$\{c(\theta),n(\theta),c'(\theta)\}$以致对于所有的 θ 而言，

$$U[c(\theta),n(\theta)]\geqslant U[\bar{c}(\theta)\bar{n}(\theta)], \tag{33}$$

$$c'(\theta)\geqslant\bar{c}'(\theta), \tag{34}$$

(33)或(34)式中，在由 $g(0)$ 所确定的正值的概率的(0,2)区间上的某些子集具有严格的不等式。

于是我们有：

定理 5。在一种百分之 k 规则下产生的均衡$\{\bar{c}(\theta),\bar{n}(\theta),\bar{c}'(\theta)\}$是帕累托最优。

证明。假定相反，一种满足(32)—(34)式的配置$\{c(\theta),n(\theta),c'(\theta)\}$存在。回忆一下，从第 3 节至第 5 节，

在约束条件

$$m\varphi\left(\frac{1}{\theta}\right)[n-c]-\lambda\geqslant 0$$

下的极大化问题

$$\max_{c,n,\lambda}\left\{U(c,n)+\int V\left[\frac{\lambda}{m\varphi(1/\theta')}\right]g(\theta')d\theta'\right\},$$

是唯一根据$\bar{c}(\theta)$,$\bar{n}(\theta)$求解的。因此$\bar{c}'(\theta)=[\varphi(1/\theta)]^{-1}$,现在利用(32)式,如果

$$\lambda(\theta)=[n(\theta)-c(\theta)]m\varphi\left(\frac{1}{\theta}\right)=\frac{m}{\theta}\varphi\left(\frac{1}{\theta}\right)\bar{c}'(\theta),$$

那么$c(\theta)$,$n(\theta)$,$\lambda(\theta)$对于这一问题是可行的。由于(如果它不同于均衡值)对于这一问题它不可能是最优的,

$$U[\bar{c}(\theta),\bar{n}(\theta)]+\int V\left[\frac{1}{\theta\varphi(1/\theta')}\right]g(\theta')d\theta'>$$

$$U[c(\theta),n(\theta)]+\int V\left[\frac{(1/\theta)\varphi(1/\theta)c'(\theta)}{\varphi(1/\theta')}\right]g(\theta')d\theta'。$$

根据(33)式,这意味着

$$\int\left\{V\left[\frac{1}{\theta\varphi(1/\theta')}-V\left[\frac{(1/\theta)\varphi(1/\theta)c'(\theta)}{\varphi(1/\theta')}\right]\right\}g(\theta')d\theta>0。\quad(35)$$

但是根据(34)式,$c'(\theta)\geqslant\bar{c}'(\theta)$,于是

$$V\left[\frac{(1/\theta)\varphi(1/\theta)c'(\theta)}{\varphi(1/\theta')}\right]\geqslant V\left[\frac{\varphi(1/\theta)\bar{c}'(\theta)}{\theta\varphi(1/\theta')}\right]=V\left[\frac{1}{\theta\varphi(1/\theta')}\right]。$$

这与(35)式矛盾,与所假定的$\{c(\theta),n(\theta),c'(\theta)\}$的优质性相矛盾。这便完成了证明。

这一讨论的两个特征也许应该重新加以强调。首先,定理5并没有将一种百分之k规则下的资源配置与产生其他货币政策的配置相比较。一般而言,在对于给定θ下的配置将是随机的意义上,后一配置将被加以随机化。它确实对百分之k规则下的配置与其它非随机化(因此是非市场的)配置规则进行了比较。其次,我们的最优化讨论把市场与这一经济的信息结构作为物质数据。显然,如果这两个市场能够不花代价地加以合并,则可以得到较优

的资源配置。

8 结论

本文试图解由格利(4)提出的迷，格利在他的对弗里德曼货币理论适中而又精确的模仿作品中提出："货币是一层面纱，当面纱飘去，实际产量问题更暴露出来"。问题的解决受假定的无货币幻觉的经济机构的影响，因此，一个彻底公布的，比例性货币扩张的李嘉图假设试验将没有实际后果(即，货币是一层面纱)。于是，这些理性的经济机构被置于这样一种环境中，在这一环境中，通过市场价格而传递给交易者的信息不足以允许他们区分实际的干扰和货币的干扰。在这一环境中，货币波动导致实际产量在同一方向变动。

为了使得问题的这一解决具有说服力，有必要采取一种足够简单的理论结构以允许在每一时点对每个交易者是合用的信息的一种精确的说明，并便利每个交易者行为理性的检验。为得到这一简化，观察的经济周期的大多数有趣的特征已经被加以抽象，但有一个显著的例外：菲利普斯曲线不是作为一种未解释的经验事实，而是作为一般均衡体系的解的重要特征形成的。

附录 定理1的证明

我们首先证明(19)式唯一解的存在。定义 $\Psi(z)$ 为

$$\Psi(z)=h\left[\frac{z}{\varphi(z)}\right]\frac{z}{\varphi(z)}。$$

令 G_1 为函数 $h(x)x$ 的反函数，因此，$z/\varphi(z)=G_1[\Psi(z)]$。对于所有的 $x>0$ 函数 $G_1(x)$ 为正值，且满足

$$\lim_{x\to 0}G_1(x)=0, \tag{A1}$$

和

$$0<\frac{xG'_1(x)}{G_1(x)}<1。 \tag{A2}$$

令 $G_2(x)=V'(x)x$。对于所有的 $x>0$，$G_2(x)>0$，重复(5)和(6)式，

$$0<\frac{xG'_2(x)}{G_2(x)}\leqslant 1-a<1。 \tag{A3}$$

根据函数 Ψ，G_1 和 G_2，(19)式成为

$$\Psi(z)=\int G_2\left[G_1(\Psi(x'))\frac{\theta'}{\theta}\right]\widetilde{H}(z,\theta)H(z',\theta')d\theta d\theta' dz'。 \tag{A4}$$

用 S 表示在$(-\infty,\infty)$上有界，连续函数的空间，其模为

$$\|f\|=\sup_z|f(z)|。$$

用

$$Tf=\ln\int G_2\left[G_1(e^{f(z')})\frac{\theta'}{\theta}\right]\widetilde{H}(z,\theta)H(z',\theta')d\theta d\theta' dz'。$$

定义关于 S 的算子 T。根据 T(A4)是

$$\ln\Psi=T\ln\Psi。 \tag{A5}$$

我们有：

引理 2。T 是一种压缩映射(contraction mapping)：对任意的 f，

$g \in S$,

$$\| Tf - Tg \| \leqslant (1-a) \| f - g \| 。$$

证明

$$\begin{aligned} & \| Tf - Tg \| \\ = & \sup_{z} \left| \ln \int w(\theta, z, \theta', z') \frac{G_2[G_1(e^{f(z')})(\theta'/\theta)]}{G_2[G_1(e^{g(z')})(\theta'/\theta)]} d\theta d\theta' dz' \right| , \end{aligned}$$

其中

$$\begin{aligned} & w(\theta, z, \theta', z') \\ = & \left[\int G_2 \widetilde{H}(z, \theta) H(\theta', z') d\theta d\theta' dz' \right]^{-1} [G_2 \widetilde{H}(z, \theta) H(z', \theta')]。 \end{aligned}$$

由于 $w(\theta, z, \theta', z') > 0$ 以及 $\int w d\theta d\theta' dz' = 1$,我们继续有

$$\begin{aligned} & \| Tf - Tg \| \\ \leqslant & \sup_{z, \theta', \theta} \left| \ln G_2 \left[G_1(e^{f(z)}) \frac{\theta'}{\theta} \right] - \ln G_2 \left[G_1(e^{g(z)}) \frac{\theta'}{\theta} \right] \right| 。 \end{aligned} \qquad (A6)$$

于是

$$\begin{aligned} & \frac{\partial}{\partial x} \ln G_2 \left[G_1(e^x) \frac{\theta'}{\theta} \right] \\ = & \left[\frac{G_1(e^x)(\theta'/\theta) G'_2[G_1(e^x)(\theta'/\theta)]}{G_2[G_1(e^x)(\theta'/\theta)]} \right] \left[\frac{e^x G'_1(e^x)}{G_1(e^x)} \right]。 \end{aligned}$$

根据(A3),这些因素中的第一个是在 0 与 $1-a$ 之间。根据(A2),第二个因素是在 0 与 1 之间。由于这些观察值对于所有的(x, θ, θ')有效,因此对于(A6)式右端运用中值定理给出

$$\| Tf - Tg \| = (1-a) \| f - g \| ,$$

这便完成了证明。

由引理 2 与班纳克不动点定理(Banach fixed point theorem)

可知等式 $Tf=f$ 有唯一有界:连续的解 f^*。于是 $\Psi(z)=e^{f^*(z)}$ 是(A4)的唯一解。显然 $\Psi(z)$是正的,有界的,且以零为界。于是得到 $G_1[\Psi(z)]$具有这些性质,因此,$\varphi(z)=z/(G_1[\Psi(z)])$是定理1中所涉及的函数。

显然 $m\varphi(x/\theta)$是一均衡价格函数[满足(17)式]。按照引理1的观点,任意解 $p(m,x,\theta)$必须满足

$$h\left[\frac{mx}{\theta p(m,x,\theta)}\right]\frac{mx}{\theta p(m,x,\theta)}$$

$$=\int V'\left[\frac{m\xi x'}{\theta' p(m\xi,x',\theta')}\frac{\theta' x}{\theta\xi}\right]\frac{m\xi x'}{\theta' p(m\xi,x',\theta')}dG\left(\xi,x',\theta'\,\middle|\,\frac{\xi}{\theta}\right)。$$

现在令 $\Psi(m,x,\theta)=h[mx/(\theta p(m,x,\theta))]mx/[\theta p(m,x,\theta)]$。像以前那样继续进行,我们发现只有唯一一个有界的解 $\Psi(m,x,\theta)$。这就证明了定理1。

参考文献

1. D. Cass and M. E. Yaari, A Re-examination of the Pure Consumption Loans Model, *J. Polit. Econ.* 74(1966).
2. D. Cass and M. E. Yaari,"A Note on the role of Money in Providing Sufficient Intermediation,"Cowles Foundation Discussion Paper No. 215,1966.
3. M. Friedman, The role of monetary policy, *Amer. Econ. Rev.* 58(1968).
4. J. G. Gurley, review of M. Friedman, "A Program for Monetary Stability,"*Rev. Econ. Stat.* 43(1961),307 - 308.
5. R. E. Lucas, Jr. , and L. A. Rapping, Real wages, employment and inflation, *J. Polit. Econ.* 77(1969).
6. R. E. Lucas, Jr. , and L. A. Rapping, Price Expectations and the Phillips Curve, *Amer. Econ. Rev.* 59(1969).
7. J. F. Muth, Rational expectations and the theory of price movements,

Econometrica 29(1961).

8. E. S. Phelps, introductory chapter *in* E. S. Phelps, *et al* ., "Microeconomic Foundations of Employment and Inflation Theory," Norton, New York, 1969.
9. R. Roll, The efficient market model applied to U. S. Treasury bill rates, University of Chicago doctoral dissertation, 1968.
10. P. A. Samuelson, An exact consumption-loan model of interest with or without the contrivance of money, *J. Polit. Econ.* 66(1958).

自然率假设的经济计量检验*

1 引言

越来越多的经济学家对那种经验的菲利普斯曲线甚至对适用社会的通货膨胀—实际产量间的“交替”提供粗略的、概括的、广泛接受的观点提出疑问。这一怀疑态度主要产生于这一观念：菲利普斯曲线产生于经济机构对于价格和工资预期的形式与反应的方式，打算沿着曲线移动以提高产量的企图可能受到那种变动整个曲线的预期变化的阻挠。本文的目的是要考虑在一个明确的，可检验的经济计量模型中涉及“预期理论”或“自然率假设”①时所包括的某些问题。

不过在谈论这些问题之前，告诉或者更确切地说强调在一个

---

* 经允许重印自“价格决定经济计量学讨论会”，奥托·埃克斯坦编，华盛顿，联邦储备系统董事会，1972 年，第 50—59 页。

本文作者是卡内基—梅隆大学工业管理研究院教授。作者得益于同卡内基—梅隆大学同事的讨论——特别是伦纳德·拉平，阿伦·梅尔策和马丁·布朗芬布伦纳——并得益于同华盛顿大学同事的讨论，特别是阿伦·海因斯的讨论。

① 不以精确性自居，让我们把自然率假设定义为一般价格水平的不同时径将与平均来说没有差别的实际产量时径相联系的假设。在卢卡斯—拉平的文章(8)中使用了“预期理论”一词。弗里德曼[2]与费尔普斯[10]使用了“自然率”一词；这里将要遵循后一用法。

公认的经济计量方法中通货膨胀—实际产量之间交替的存在所依据的程度是恰当的。在美国的时间序列中,通货膨胀率和失业为负相关是看得见的事实。如果失业被相反趋势的实际产量所取代,价格通货膨胀被货币工资通货膨胀所取代等,则这仍旧是正确的(具有明显的符号变化)。这产生下列结果,这一短期(不管这一意义不明确的限制条件意味着什么)交替将显示在从这些时间序列所估计的经济计量模型中,不管其复杂性,滞后结构或理论的动因是什么。这些基本点不应该被这么多经验的菲利普斯曲线的不稳定性与任意性搞混:当稳定的、恰好形成的菲利普斯曲线被得到时(它们将被得到),这些曲线将像目前的形态一样显示同样的交替。

这些意见对自然率假设的支持者提出双重挑战。其一包括经济计量检验:如果人们就像已经讨论过的那样,拒绝使用观察到的相关作为有用的交替存在的检验,替换的检验是什么?或者自然率假设是唯一地在"理论的基础上"进行评价的吗?其二包括政策评价:如果人们不能通过沿估计的回归线的外推评价可供选择的经济政策,什么样可供选择方案存在?或者定量的政策评价的目标是无约束的吗?

对于这些理论的回答当然依赖于自然率假设转化为明确的政策方式。由于这一过程刚刚开始而且确实要包括许多争论,因此,我们将尝试性地进行,将使用一些简单的例子。第 2 节考察工资—价格预期和观察到的通货膨胀—实际产量的交替之间的理论联系。第 3、4 节考虑预期形成的替换模型,或预期与实际价格间的联系。第 3 节指出标准的"适应预期"的假设导致自然率假设不适当的表述。第 4 节考虑最初由穆斯提出的“理性预期”的替换物，指出这一假定确定导致自然率假设。在第 4、5 节讨论理性预期下的经济计量检验与政策评价。第 6 节是结论。

2 预期与总供给

(对于一位经济学家来说)把实际产量与价格间周期的相关看成是产生于一个易变的总需求表列是自然的，这条易变的总需求表跟踪着一条相对稳定的向上倾斜的供给曲线。[①] 这一出发点导致某种迷，因为厂商与消费者不存在货币幻觉看来意味着一个垂直的总供给表列，而这依次又意味着一种纯粹名义性质的总需求波动仅仅导致价格波动。这一迷可以通过采用经济机构所面临的决策问题的精确观念加以解决，在这一观念中，可得到信息下的短期供给行为不同于完全信息下的长期行为。这一解是由希克斯提出的(此后其他许多人也提出了)，这一点通过下面从《价值与资本》[②]中引用的一段话来表示：“为了说明工资刚性，我们得在社团在工资议价方面假定有某种正常价格的观念，不同于(也许是)‘公平的’价格，工资刚性恰恰在那一时间扩展——它可能是一段很长时间——在这段时间所考虑的社团使得他们自己相信有关价格(不管

① 是否把所观察的价格与数量作为市场出清来看待的问题引起了比它应该受到的更多的争论。我宁肯把市场看作是出清的，这部分是因为关于最主要的可供选择的观点(参看戈登与海因斯[3])的逻辑上的困难，部分是因为它把该理论引入时际替代与预期以及脱离开标准动态学中呆板的“拍卖商”的角色这一至关重要的问题。

② 希克斯([5]，第 270—271 页)。

是劳动产品的价格还是劳动购买的物品的价格)是临时性的变化。一旦他们确信这些变化是持久性变化,就存在工资变化的趋势”。

最近已经提出一些试图说明由希克斯文字描述的供给行为的模型。这一分析包括两个不同的部分:对于给定的现行与实际价格的最优反应的分析,预期价格对于实际价格的关系的研究。第一部分是直截了当的,这将在本节的其余部分考察。在第 2 节作较长论述的第二部分大部分是未决的。

在(7)中,拉平和我从两时期消费决策模型中得到希克斯的劳动供给行为。消费者选择的对象有四类:(1)现行的物品消费;(2)现在闲暇;(3)未来物品;(4)未来闲暇。现行价格与工资是已知的;消费者对未来价格具有准确的(但不必是正确的)预期。这一决策问题导致显示供给的量与现行和预期未来价格与工资的联系的劳动供给函数,或者换言之,这允许供给对持久的工资或价格变化作出的反应,它不同于对临时的变化作出的反应。

这一劳动供给的反应通过厂商传递给物品市场,导致一个总供给函数,这一函数对持久价格的变化(与无货币幻觉相一致)是垂直的,而函数对于临时性价格变动(与观察到的价格—产量相关相一致)是向上倾斜的。因此,令 y_t 为 t 期实际变量的对数,P_t 是价格水平的对数,P_t^* 是预期未来价格指数的对数,我们得到一个总供给函数:[①]

$$y_t = a(P_t - P_t^*) \tag{1}$$

① 即,人们得到一个总供给函数,其他条件不变,这一函数随预期通货膨胀率下降而递增。这里以及本文的其他地方,我们忽略了给出“其他条件不变”这一修饰语的含义的状态变量,并忽略了常数项与趋势性项。为了便利第 4 节的分析,我们将始终假定对数—线性。

菲利普斯交替的这种合理化，或者用不太时兴的话说，价格“刚性”的合理化已经在文献中出现（尽管并不一定占优势）多年了。通过对厂商存货问题（其中包括与消费者供给问题同样情况的时际替代问题）的考虑，通过考虑工人的行为问题不仅仅是工作与“闲暇”问题（例如，上学，寻找工作等）以及其他方式，可以使问题得到补充。总之，鉴于这一合理化不需要被视为解释刚性价格的唯一方法，它也不应该被看作是特别新奇的。

到此为止，两个不言而喻的假定已经被运用于 P_t^* 与 P_t 的关系。其一是 P_t^* 对于 P_t 变化的最初的或第一期的反应是较小比例的。如果不是这样，短期的供给表（方程 1）将有一个与观察的价格—产量关系不一致的斜率。其二是在完全常数的价格下，$P_t^*=P_t$。如果不是这样，说方程 1 是建立在合理行为的假设上就没有什么意义。当然，有许多满足这两个假定的联系预期与实际价格的不同方法。更为重要的是，这两个假定与方程一起并不意味着一种自然产量水平的存在或者甚至一种关于产量—通货膨胀间交替存在的适度的怀疑态度。

于是，重要的问题是预期与实际价格间关系的性质。两个可供选择的方法将在下面各节进行讨论。

3　适应预期下的总供给

我们在上一节曾指出，一旦实际价格 P_t 与预期价格 P_t^* 之间的关系明确给出，方程 1 就是总供给理论，尽管采取的是简单的形式。在这一节，我们寻求方程 1 所隐含的适应预期假设的含义。

为了在最简单的水平上开始，假定 P_t^* 与 P_t 是通过下式发生联系：

$$P_t^* = \lambda P_t + (1-\lambda) P_{t-1}^* \quad 0<\lambda<1 \tag{2}$$

通过科伊克变换将方程(1)与(2)结合起来：

$$y_t = a(1-\lambda)(P_t - P_{t-1}) + (1-\lambda) y_{t-1} \tag{3}$$

方程(3)是完全有用的供给理论，这一有用性使得这一理论在运用经济计量研究中得到运用。初看起来，该理论好像是体现了前一节所描述的预期理论的重要特征。首先，由于关于现行通货膨胀率的系数 $a(1-\lambda)$ 是正值，它在正确的方向上预告了短期通货膨胀—产量的交替。其次，它预言价格水平方面的一次性变化对实际产量将不会有长期影响。

不过，经考虑后，如果严格地讲，方程(3)预示着来自精心选择的通货膨胀政策的无限实际产量收益。即使是一次性价格提高，尽管在极限上不会产生产量扩张，也将导致(无限的)过渡时期产量的提高。此外，持续的通货膨胀将导致产量水平持久性的提高。进一步说，关于产量的含义对于任意正值的 $a(1-\lambda)$ 而言都是真实的。因此，由于我们知道短期的交替存在于美国的时间序列中，涉及产量的这一长期的可能性不能被方程(3)给出的理论结构的经验所驳倒。总之，把自己限制于方程(2)形式的预期形成假设导致一种不是有与最主要的，用言语表达的自然率假设观点相联系的那些特征的供给理论。

由乔根森[①]所提出的适应预期方案(2)的一种精确的一般化

① 在乔根森[6]中，乔根森运用“合理的”一词去描述形式(4)的滞后。由于我们在下一节将对不相关的预期假设使用这一词，所以我们把方程(4)和它的特例方程(2)看作是“适应的”。

提供了一种来自这一两难推理的方法。为了探讨这一方法，用 L 表示关于一种时间系列 x_t 的滞后算子，时间序列 x_t 由 $Lx_t = x_{t-1}$ 来定义。令 $u(L)$ 与 $v(L)$ 为滞后算子中的多项式，于是方程(2)是

$$v(L)P_t^* = u(L)P_t \tag{4}$$

的特例。其中 $v(L) = 1-(1-\lambda)L$，$u(L) = \lambda$。$u(L)$ 与 $v(L)$ 其他具体情形能够导致更多种价格预期假设。用 $v(L)$ 通乘方程 1 并与方程 4 结合，我们得到供给理论：

$$v(L)y_t = a[v(L)-u(L)]P_t \tag{5}$$

如果对任意常数，$[v(L)-u(L)]k = 0$（很容易看出方程(2)满足这一限制），并且如果普通多项式 $v(x)$ 的根的绝对值大于1（即，如果差分方程(4)是稳定的），那么一次性的价格变化在长期将没有实际产量影响。对 $u(L)$ 和 $v(L)$ 的其他限制能够保证一个常数的通货膨胀率没有长期的产量影响，或者一个常数价格加速率没有长期的影响等等。

因此，长期实际产量—通货膨胀间交替的缺乏在这一理论结构内能够被表示为一个普通的线性假设，并且受到统计假设检验的限制。在一些经验的研究中，已考察了这一显然有希望的途径，并且获得了各种成功。①

不幸的是，作为预期假设的定形方程(2)的不足之处继续存在于复杂的方程(4)中，尽管采取的是模糊的形式。首先，方程(4)与方程(5)仍旧意味着实际产量收益将随之产生无限长调整时期的

---

① 卢卡斯—拉平[8]、凯根[1]和戈登[4]的检验实质上是关于方程(4)系数的线性约束的检验。除了那些实际上进行这样检验的检验外，其他人许多把这些检验作为自然率假设"这种"检验（例如，参看托宾(12)，索洛(11)和费尔普斯(10)）。

通货膨胀政策，这些临时的收益可以随心所欲地增大。其次，方程(4)与(5)还意味着实际产量方面持久的收益将产生于通货膨胀政策，尽管不一定产生于那种简单的通货膨胀率方面的一次性变化。

这一结论和上一节的结论可以非常简单地加以概括。第2节探讨的供给模型(方程(1))告诉人们，只有当价格预期平均降低到实际价格水平以下时通货膨胀平均才会产生较高的实际产量。这一节考察的适应预期方案并不排除系统偏离预期的可能性；因此，它们必然允许通货膨胀与实际产量间长期和短期的像菲利普斯曲线那样的交替。

4　理性预期下的总供给

在前一节中，适应预期假设作为在某些政策下以下面(6)为基础的自然率假设的一个组成部分而被拒绝。

$$E\{P_t - P_t^*\} \tag{6}$$

是非零的。如果表达式(6)一个非零值的不可能性被当作自然率理论的主要特征，则这仅仅会导致人们加入表达式(6)是零的假定以作为额外的原则，或者导致人们假定预期在穆斯(9)[①]的意义上是理性的。确实，因为有了由方程(1)所描述的总供给，理性预期等同于自然率的存在。

为了利用具有任意意思的表达式(6)，人们必须详细说明有关平

① 本文中我的兴趣是要证明理性预期能够导致切实可行的、可检验的周期模型。关于这一假设也似乎有可能以及与大量的证据相一致的争论，读者参看穆斯文章(9)。

均值取什么值的分布。这包括两个主要步骤:(1)在总需求的模型中的内含物(因此实际与预期价格的分布可以被同时决定)和(2)一种政策所意指的特例。若不采取这些步骤,人们就不能超出表达式(6)与自然率假设间明显联系的范围以外去考虑由引言提出的检验与政策问题。在所有必需的工作中,我们着手一种极其简单的说明性例子。

对于一个总需求表列,我们使用直角双曲线

$$y_t + P_t = x_t \tag{7}$$

其中 x_t(名义国民生产总值的对数)被视为位移参数。采用一项政策,我们将意味着给定作为体系状态的函数的 x_t 现行值一个(可能是随机化的)规则。[①] 为了具体化,让我们考虑特定的政策(在这一意义上):

$$x_t = \rho_t x_{t-1} + \rho_2 x_{t-2} + \epsilon_t \tag{8}$$

其中$\{\epsilon_t\}$是一系列同一、正态分布的独立随机变量,每一个变量平均值为零,方差为 σ^2。

再一次用一种简化的观点,我们取下一期价格 P_{t+1} 作为对 P_t^* 进行预测的变量。[②] 假定 P_t^* 等于其平均值加上一个预测误差 η_t,这一误差具有 ϵ_t 所具有的性质,但是其分布独立于 ϵ_t。

---

① 当然,事实上总需求移动产生于许多原因,其中只有一些会被典型地称作"政策"。这里之所以采取那种政策直接影响总需求的假定,仅仅是为了方便;它并不影响讨论的实质。

正如投资函数中误差项的包括并不意味着去暗示受命运摆布的经理一样,对在这一极度广泛意义上的"政策"可能加以随机化处理的见解也并不意味着是轻率的。方程(8)中的误差仅仅映射不是系统地与该模型其他变量发生联系的政府和私人的决定。

② 实际上,P_t^* 是一系列未来时期中预期价格的一个指数。应该注意,这一显然有关的问题("未来价格 P^* 是根据什么预测的?")完全不会在适应预期下出现,否则它将提醒我们是出了差错了。

时间 t 时，体系的状态完全由 x_t, x_{t-1} 和 η_t 三个变数的值描绘。相应地，这导致人们把这一体系的解确定为在这些讨论中同时满足方程(1)与(7)x_t、x_{t-1}和 η_t 的一组函数 P_t、y_t、P_t^*。给定一个解，表达式(6)中的预期现在便具有内容，我们可以规定一个由理性预期而具体化的解满足：

$$P_t^* = E\{P_{t+1} \mid x_t, x_{t-1}, \eta_t\} + \eta_t \tag{9}$$

方程(1)，(7)，(8)，(9)构成一个关于未知函数 y_t, P_t 和 P_t^* 的一个方程体系。通常，这样一种体系的分析是十分困难的，但在目前的线性模型中，人们可以推测解的形式并直接计算这个解，下面将做这一工作。[①]

让我们在方程(1)与(7)消去 y_t，得到：

$$(1+a)P_t - aP_t^* = x_t \tag{10}$$

我们将寻求方程(9)与(10)的线性解 P_t 与 P_t^*：

$$P_t = \pi_1 x_t + \pi_2 x_{t-1} + \pi_3 \eta_t \tag{11}$$

$$P_t^* = \pi_4 x_t + \pi_5 x_{t-1} + \pi_6 \eta_t \tag{12}$$

把方程(11)与(12)代入(10)并观察到对于 x_t, x_{t-1} 与 η_t 是恒等式的结果，我们有

$$(1+a)\pi_1 - a\pi_4 = 1 \tag{13}$$

$$(1+a)\pi_2 - a\pi_5 = 0 \tag{14}$$

$$(1+a)\pi_3 - a\pi_6 = 0 \tag{15}$$

---

① 这里所使用的解法十分类似于穆斯的解法。主要差别是表面上看起来是杰出的数学特征。穆斯把解定义为相对于现行状态变量函数空间的元而言的现实序列空间的元。这里使用的定义更严格。

类似地,将方程(11)与(12)代入(9),利用方程(8)计算 $E\{x_{t+1}|x_t, x_{t-1}, \eta_t\}$, 我们得到:

$$\pi_4 = \rho_1\pi_1 + \pi_2 \tag{16}$$

$$\pi_5 = \pi_1\rho_2 \tag{17}$$

$$\pi_6 = 1 \tag{18}$$

方程(13)至(18)是对 π_1,……,π_6 6 个独立、线性的限制,这些方程很容易根据 ρ_1,ρ_2 和 a 求解这些参数值。这给出解函数方程(11)和(12);y_t 的解从方程(11)和恒等式(7)得到。

这些解的性质可以参照对于实际产量的解而进行讨论,计算同上:

$$y_t = \frac{a(1+a)(1-\rho_1) - \rho_2 a^2}{(1+a)[1+a(1-\rho_1)] - \rho_2 a^2} x_t - \frac{\rho_2 a^2}{(1+a)[1+a(1-\rho_1)] - \rho_2 a^2} x_{t-1} - \left(\frac{1}{1+a}\right)\eta_t \tag{19}$$

方程(19)中的系数 x_t 从经验上讲是在零与 1 之间:这当然是观察的"权衡"。这一范围的值不是由理论预告的(即不是对 a,ρ_1 和 ρ_2 的所有值都成立),但是与"适当的"参数相一致。

y_t 无条件的均值①是零,因为这是所有稳定的需求政策(ρ_1 和 ρ_2)下的 x_1 和 η_t 的均值。因此,如同早些时候所期望的那样,该模型暗含一个平均来说不能改进的自然产生率。但我们不需要把分析限于这一观察。对政策参数(ρ_1,ρ_2 或 σ^2)的任何选择,人们可以很容易计算价格与实际产量的时间序列特性。因此,在完全稳定

① 读者将回忆起我们忽略了常数项与趋势性项。因此,y_t 严格地被解释为实际产量对其自然率的百分数偏差。

的需求($\rho_1=\rho_2=\sigma^2=0$)下，实际产量将由于预期误差 η_t 产生不系统的变化。不是那么太显然，在简单随机行为政策($\rho_1=1,\rho_2=0,\sigma^2$ 任意)及价格水平追求一种随机走动下实际产量将以同样不系统的方式变化(这些表面上困难的政策具有一种重要的特征：任何需求变动是“持久的”。在希克斯价格刚性观点下是重要的那种需求恢复“正常的”趋势是不存在的)。人们可能扩大这些例子，但对于支持本节的要点是不必要的：自然率假设的理性预期模式导致一个易于控制的模型，完全能够支持定量的政策评价。①

不过，在继续进行以前，一项独特的“政策”需要讨论。在方程(19)的情况下，很清楚现期一种扩张性政策(一种高的 ϵ_t)的选择将提高现期实际产量。就我所知，没有人对在这一平常意义上的一种有用的交替的存在提出质疑。于是，问题是现期利用这一交替的劝告是否就是一项**政策**，就像这一词通常所使用的那样。当然，如果人们把一项政策看作是描述对于给定状态变量(“指示器”)的反应的一项**规则**，那么这一劝告不是一项政策；人们不能要求需求平均来说比平均数高。

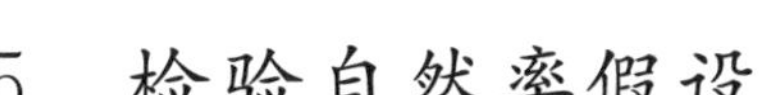

5　检验自然率假设

第 4 节已经探讨了自然率假设的一种特定形式，并指出它提供了切实可行的理论，这一理论对许多类政策的定量评价是有帮

① 当然，假定政策满足本节某些时候所建立的一致性条件。当然，遵循方程(1)的供给者会根据那种常使其惊异的总需求序列生产较多的产量；要点是这样一种序列不能由那种用静态方式对经济状态作出反映的政策规则所产生。

助的。我们现在转向一个同样重要的问题:如何(如有的话)对这种类型的模型进行检验?

首先让我们讨论错误的检验,在这一情况下讨论它是重要的,因为人们普遍地相信它是正确的检验。[①] 从方程(19)的特定估计,人们将通常在没有支持理论的情况下使用 x_t 和 x_{t-1} 系数的总和作为一次性需求变动的长期效应测度。因此,这样一种变动将不影响实际产量的假设成为这一系数的总和是零的线性限制。这一检验或其许多变形的任一种检验到此为止是自然率观点的"标准"检验。然而,很清楚,由方程(9),这一理论的理性预期形态并不包含这样一种限制。[②]

根据前一节的方法很容易解这个谜。一种新的、固定需求水平的一次性变动暗含着政策参数的一种变化,其结果已经讨论过。这一政策不能根据简单加总暗含在某些先前的、而现在不相干的政策之中的参数进行评价。

为了探讨有效的检验,我们要一般地讨论这一模型的推理。这一模型由政策函数(方程(8))加上 y_t,P_t 和 P_t^* 的解所组成。在这些解中,按照恒等式(7)的观点有一个是多余的。P_t^* 的解是无用的,因为它的因变量是不可观察的。于是我们剩下了一个由方程(8)与(19)组成的两方程模型。这一模型是递归的,因此普通最小平方法产生了这 4 个斜率参数的一致的、渐近标准估计。

不过,在预期是理性的条件下,这一体系只有 3 个独立的参

① 参看 116 页注 1 所引用的参考文献。

② 但仅仅是因为政策参数和反映时际替代可能性的参数 a 之间纯粹巧合的关系,这一限制才能由方程(19)的参数得到满足。

数:a,ρ_1 和 ρ_2。这一事实把我们引入一些渐近有效的检验。为了具体化,考虑下列程序。从方程(8)得到 ρ_1 和 ρ_2 的一致估计数。把这些作为真实值,在无效假设下,方程(19)对单一的未知参数 a 为非线性的。运用从方程(19)得到的具有这一限制的估计的调整误差总和与不具有这一限制的估计调整误差总和的比较,那么一种标准的卡方检验(Chi-square)能够被用于评价这个假设。

我们已经详细研究了这一检验的技巧以便消除对本节观点的怀疑:自然率假设把政策参数的关系限制在行为参数上。关于行为的关系(菲利普斯曲线,供给函数等等)不能单独进行检验。

这一讨论也能对成功检验的必要条件提供一些见识。一个重要的先决条件是决定政策的参数的可靠估计。这表示要寻求那种相对易于用简单方法描述政策的时期,诸如非常稳定的需求时期,需求按照某些简单的方式波动的时期等等。另一方面,人们不需要等待教科书中"完全预期的通货膨胀"那样彻底的试验。所需要的是一个其中政策具有稳定的、可证明的随机结构的时期,而不是一种其中政策变量保持稳定实现的时期。

6 结论

本文所研究的例子完全不是自然率假设的可使用的经济计量体现。无论如何,它已经导致一系列结论,其中最重要的是如下一些结论。

第一,经济机构适应性地形成预期(具有固定的调整参数)没有导致产量的自然率假设。相反,这两个假设是相互矛盾的。由此可知，使用适应假设的经济计量模型不能提供自然率观点的检验。

第二，理性预期假设确实导致自然率理论。当然，如果不完全预期是价格刚性的唯一源泉，则这两个假设完全等价。

第三，用公式加以正确表示的自然率假设对分布滞后的菲利普斯曲线的系数，或者对检验的通货膨胀—实际产量“交替”的任何其它简单方程表示不具有含义。

第四，自然率假设的一个有效检验包括关于一个完整联立方程模型中“交叉方程”参数的限制条件的检验。因此自然率的存在像稳定性、同一性一样是“体系特性”。

第五，自然率假设与定量的政策评价相一致。在这一假设下，评价不是根据沿着估计的回归线外推来进行，而是通过在可供选择的政策建议下重新计算该体系的参数进行。

参考文献

1. Cagan, Phillip. “Theories of Mild, Continuing Inflation: A Critique and Extension,” *Inflation: Its Causes, Consequences and Control*, ed. Stephen W. Rousseas. New York: New York University Press, 1968.
2. Friedman, Milton. “The Role of Monetary Policy,” *The American Economic Review*, Vol. 58 (March 1968). pp. 1 - 17.
3. Gordon, Donald F., and Hynes, Allan. “On the Theory of Price Dynamics,” *The New Microeconomics in Employment and Inflation Theory*, eds. E. S. Phelps *et al*. New York: W. W. Norton, 1970.
4. Gordon, Robert J. “The Recent Acceleration of Inflation and Its Lessons for the Future,” *Brookings Papers on Economic Activity*, eds. Arthur M. Okun and George L. Perry, Vol. 1(1970), pp. 8 - 14.

5. Hicks, J. R. *Value and Capital*. Oxford: Clarendon Press, 1946.

6. Jorgenson, Dale W. "Rational Distributed Lag Functions," *Econometrica*, Vol. 34 (January 1966), pp. 135 - 149.

7. Lucas, R. E., Jr., and Rapping, L. A. "Real Wages, Employment and Inflation," *Journal of Political Economy*, Vol. 77 (September/October 1969), pp. 721 - 754.

8. Lucas, R. E., Jr., and Rapping, L. A. "Price Expectations and the Phillips Curve," *The American Economic Review*, Vol. 59 (June 1969), pp. 342 - 350.

9. Muth, John F. "Rational Expectations and the Theory of Price Movements," *Econometrica*, Vol. 29 (July 1961), pp. 315 - 335.

10. Phelps, E. S. "Inflation, Expectations and Economic Theory." Paper presented at the Queen's University Conference on Inflation and the Canadian Experience, June 1970.

11. Solow, Robert M. Discussion of Robert J. Gordon's "The Recent Acceleration of Inflation and Its Lessons for the Future," *Brookings Papers on Economic Activity*, eds. Arthur M. Okun and George L. Perry, Vol. 1 (1970).

12. Tobin, James. Discussion of Phillip Cagan's "Theories of Mild, Continuing Inflation; A Critique and Extension." *Inflation: Its Causes, Consequences and Control*, ed. Stephen W. Rousseas. New York: New York University Press, 1968.

经济计量政策评价：一种批评*

1 导言

经济周期的高峰时期，名义价格和工资总是比谷底时期上升得更快，这一事实自从第一次把周期视为一种独特的现象以来就已经得到了广泛的承认。持续的通货膨胀将导致持久的经济高涨的推论无疑完全是过时的，只不过在最近，这种观点才神奇地从显而易见的谬论变成经济政策理论的基石。

这个转变的原因不是由于经济理论的新发展。相反，一旦费尔普斯和其他人第一次力图认真地用现代理论的方法把表面的交替关系合理化，在这个新的范围内供求函数的零次齐次性就被重新发现(正如弗里德曼所预见到的那样)，并且重新被命名为"自然率假说"①这个转变产生于较新的经济计量预测模型的传统，以及大部分经济学家对用这些模型进行定量政策评价的承诺。这些模

* 根据卡内基—罗切斯特公共政策讨论系列第一卷《菲利普斯曲线与劳动市场》重印，卡尔·布伦纳和阿伦·H. 梅尔策编，阿姆斯特丹，北荷兰出版公司，第19—46页，已承蒙同意重印。

① 参见费尔普斯等人的著作[31]，以及费尔普斯早期著作[30]和弗里德曼的著作[13]。

型意味着，自从“工资—价格部分”第一次结合在一起就存在着长期的失业—通货膨胀的交替，并预示将来也是如此，虽然交替的“条件”不断变化。①

两种都适当地受到尊重的传统——理论的和经济计量学的——之间这种明显的冲突使我们中间的那些把两种传统看作是和谐互补的人迷惑不解。乍一看来，这种冲突似乎可以通过多少有点别致的经济计量学方法来解决。在理论界，可以听到关于“非均衡动态学”的言谈，这种非均衡动态学会造成较强的货币幻觉，同时超出无效的公式 $dp/dt=k(p-p^e)$。我并没有低估经济计量学家或理论家们的才干，但我认为更合适的说法似乎是要考虑沿着这两条思路的任何一条进行调和的可能性都将会失败，而且，这些传统中有一种从根本上来说就是错误的。

本文的主题是，经济计量学传统，或者更确切地说，以这种传统为基础的“经济政策理论”需要进行重大的修改。更加具体地说，我认为使得短期预测成功的特征与政策的定量评价并无联系，主要的经济计量模型只是为（很好地）完成前一项任务而设计的，而且，从原则上讲使用这些模型的模仿做法并不能对其他经济政策的实际结果提供有用的信息。这些争论并不是以政策变化之前估计的与“真实的”结构之间的背离为基础，而是以先前的“真实”结构和以后存在的“真实”结构之间的背离为基础。

① 包含“交替”的工资—价格部分最早出现在（就我所知的）1955 年的克莱因—戈德伯格模型[19]中。它经过极小的概念性变化后进入所有现在的预测模型。随后的“交替”关系成为政策讨论的中心这一变化看来最初是源于菲利普斯[32]和萨缪尔森以及索洛[33]。

在转向详细讨论之前，我想提出两个否定性声明。第一，正如许多存在技术性困难的科学新领域一样，经济计量模型体系遇到大量误导性的和不负责任的批评。这些模型被指责为“太大了”（根据同样的逻辑，我想较小的模型将被指责为“太小了”），“太混乱了”，“太简单化了”（也就是说，不够混乱），最终的攻击是，它们不如“朴素”模型。肯定地说，对于许多预测模型而言，提高“朴素”模型的复杂化程度对“朴素”模型的显著成功作出了最大的贡献。但愿我能成功地避开两种批评，即因为否认经济计量学模型预测能力所取得的重大提高而产生的批评和因为否认他们为将来比较重要的进步带来希望而产生的批评。

批评性的文章可以被定义为一篇和作者的虚荣心没有很大关系的文章。基于此，我提出第二个否定性声明。本文中没有多少东西不被隐含在（也许对更有眼光的读者，是明显的）弗里德曼[11]，穆斯[29]和更早的奈特[21]的论文中。鉴于这一缘故，我将提出的对当今普遍运用的经济计量学理论的批评大部分已经被这个理论的主要创建者预见了。① 虽然如此，完全以经济计量模拟为基础的持续通货膨胀的情形将得到几十年来未曾有的重视。因而，努力回顾一下这种情形及其原因，然后再研究这个原因本身的科学根据也许是有意义的。

2　经济政策理论

事实上，今天所有的宏观经济政策的定量讨论都是在被我称

---

① 特别参照马沙克在[25]中的讨论（T. D. 华莱士帮助我想起）和丁伯根在[36]中的讨论，尤其是他在第 5 章 149—185 页的“定性政策”中的讨论。

为“经济政策理论”(根据丁伯根[35])的理论框架中进行的。这个理论框架的重要性已经获得广泛的理解和赞同,以至于再费笔墨评论就显得多余了。另一方面,由于本文的主题是这个理论框架的不足之处,最好还是再清楚地论述一遍。

t 期内的经济可以用一个状态变量 y_t,一个外生自变量 x_t,和一个表示独立的(对时间)同一分布的随机扰动的变量 ϵ_t 来描述。经济动动决定于差分方程

$$y_{t+1}=f(y_t,x_t,\epsilon_t),$$

并决定于 ϵ_t 的分布和强制变量 x_t 的时间行为的描述。函数 f 被假设为固定的但无法直接知晓;实验者的任务是估计 f。出于可行的目的,我们通常考虑在 $f(y,x,\epsilon)\equiv F(y,x,\theta,\epsilon)$ 和 F 事先确定的情况下,估计一个固定参数变量 θ 的值。

数学上,自变量向量$\{x_t\}$被认为是“任意的”(也就是说,它的特征不能被随机地刻画)。由于过去的 x_t 值可观察,这使得估计 θ 不存在困难,而且事实上稍微简化了理论估计问题。进行预测时,将估计的 x_t 值代入函数 F 中。

利用对函数 F 和 θ 的认识,政策评估是一件简单的事儿。一项政策被看作是对向量$\{x_t\}$的一些元素的现在的和将来的值的确定。在其他元素值确定以后,$\{y_t,x_t,\epsilon_t\}$的随机行为就此被确定了,定义在这个序列上的函数是精确定义的随机变量,其矩可以从理论上计算或者数字模拟得到。例如,有时想研究一个假设的“社会目标函数”的平均值,诸如,在多种可选择的政策下估计:

$$\sum_{t=0}^{\infty}\beta^t u(y_t,x_t,\epsilon_t)$$

更为普遍，人们对在多种政策下系统的"行为特征"感兴趣。因而在这个标准的情况下，"长期菲利普斯曲线"仅仅是对在一系列假设政策下通货膨胀—失业关系的平均描述。①

由于实际上人们不能视 θ 为已知，实际的政策评估问题更为复杂。对小样本而言，从过去的样本值估计 θ 的事实影响上述的矩计算。这使得声称能使 θ 的估计更简单的政策更有吸引力。我认为，这些考虑本质上并没有改变上述的经济政策理论，反而使问题复杂了。

对这个理论框架的两个特色应当给予特别的评论。第一个特色是，这个经济政策理论和传统的理论之间不和谐的关系。系数值给定的函数 F 是描述行为关系—需求函数；理论的作用可以被认为是提供函数 F 的形式；或者，用萨缪尔森的话，就是令 F 的雅克比矩阵为零。理论的作用无疑是第二位的：微观经济学在用多种方法归纳个体之间的经济计量学关系方面显示了令人惊奇的威力。更为重要的是，微观经济理论将描述系统总体行为的任务完全让位给经济计量学家了。理论家分别提出消费、投资、价格和工资的确切的函数形式；这些建议如果有用，将影响 F 的个别方面。系统的总体行为将由此确定。② 肯定地说，这个观点（虽然我怀疑是否有许多人大胆地同意它）解释了传统的"经济周期理论"的终结和在没有任何总体理论模型包含菲利普斯"交替"关系的情况下，这个关系仍然获得普遍接受。

① 参见德门尼尔和恩茨勒[6]，赫希[16]和海曼斯[17]的著作。

② 运气不佳的布鲁金斯模型也许是这种观点的最高表达形式。

第二个特色是，人们重视在这一标准框架下短期预测和长期模拟之间的密切关系。短期预测的方差随 ϵ_t 的方差趋于零；当后者变小时，在假设政策 $\{x_t\}$ 条件下 $\{y_t\}$ 的估计值方差也变小。因此，短期预测的准确意味着长期估计的可靠性。

3 适应性预测

很多迹象表明实干的经济计量学家很少注意到前面部分叙述的理论，他们最多只是口头上提到。最令人不解的是，经济计量学预测者对 1947 年以前资料序列的漠不关心。在经济政策理论中，更多的观察值总是使估计和预测更为准确，观察到 x_t 的“极限”值时更是如此；然而，在检验战前的拟合中，甚至容易得到的 1929—1946 年的年度数据都很少被利用。

第二个迹象是频繁的而且常常是重要的对经济计量关系的修改。现在正在进行的工资—价格部分的修改就是一个恰当例子。① 这个理论所预测的连续提高在固定结构的 F 中 θ 的估计的准确性实际上还未发生。

最后，最有启发意义的是为了预测用最近的残差去修正插入的估计值的方式。例如，一个方程在近期有一“串”的正值残差（预测值减实际值），人们用估计的插值减去残差平均值来修正估计。这种做法解释了诸如实际的沃顿预测优于基于现在已公布的模型预测。②

① 例如，参见戈登[14]。

② 对这个及其它的有关预测的理论和实践的观点的精彩解释是克莱因[20]给出的。比较完全的做法可从埃万斯和克莱因[9]得到。

需要指出的是,讲述这些理论和实际理论不一致并不是批评经济计量学预测者。当然,如果新的现象被新的或修正的方程更好地解释,那么继续用旧的关系进行预测就是不明智的。我们的目的只是说明现在的预测实践不是在经济计量学教科书中的经济政策理论框架下进行的,预测者取得的不容置疑的成功不该被解释为是这个理论所提供了结构的正确性或可靠性的证据。

一个可选择的强调经济政策理论的结构最近由库利和普雷斯科特提出(在[3]和[5]中)。在现在的情况下,这个结构颇有意思,因为它所进行的最优估计和现在如前所述的估计实践有许多共同的特色。库利和普雷斯科特不把参数变量 θ 看作固定的,而认为它是一个随机变量且满足以下随机走动:

$$\theta_{t+1}=\theta_t+\eta_{t+1},$$

其中$\{\eta_t\}$是一系列独立、同一分布的随机变量。

这个替代框架("适应性回归")下的最大似然预测类似于对观察值进行"指数平稳",赋予离现在较远的过去的观察值一个较小"权数"——很像通常的经济计量学做法;与此相似,用最近的预测误差来调整估计。库利和普雷斯科特利用构造的资料和真实经济的时间序列,证实了(在[4]中)适应性的方法即使和相当复杂的"固定的 θ"的回归模型相比也具有较好的短期预测能力。正如克莱因和其他人所评论的那样,实际的大型模型预测(即,模型预测根据预测者的判断调整)和利用已公布的模型进行的机械预测相比也具有这个优点。①

① 参见克莱因[20]。

库利和普雷斯科特提出以适应性回归作为规范的预测方法。在此，我从实证的意义上使用它：作为一个大型模型预测者行为的理想的“模型”。如果这个模型像我相信的，大致准确，它将有助于改变人们认为基于经济计量学模型的长期政策评估毫无意义的主张，承认这些模型预测的准确性良好并且可能变得更好。在适应性结构下，短期预测的一个小的标准误差和系统的长期行为特征的无穷方差相一致。

4 理论思考：总体情况

对这一点，我曾经简单地说明了经济计量学理论和政策定量估计的标准的、参数稳定的观点不符合经济计量学实践的若干重要特征，而一个包含随机参数的替代总体框架却能很好地与这些特征相符。这个论点，如果被接受，足以证明现在的预测模型的长期含义不能令人满意，这些模型的短期预测能力不能证明对假设政策规则模拟所应具有的准确性。

我想这些观点是重要的，但它们对将来的含义则是模糊的。不管怎样，重要的经济计量学模型还处于初期很成功的阶段。肯定地说，即使在未知的、主要的结构保持稳定这个最乐观的看法之下，也没人能指望对这些模型的原始参数化将永远正确。也许宏观经济预测最初阶段的适应性特征仅仅是对真实结构的最初探索，这种结构往往为统计学理论所忽视，但所有从事这项工作的人都知道是不可缺少的。如果这样，那么本文所讨论的将是过渡性的观点，在写下它们不久就将过时。从个人角度看，如果真是这样，我不会感到难过，但我不相信这是真的。我将解释为什么，从总体论述开始，然后，在下面举例。

在第二部分，我们讨论一个被如下刻画的经济：

$$y_{t+1}=F(y_t,x_t,\theta,\epsilon_t)$$

函数 F 和参数变量 θ 根据经济中个体决策规律（供求函数）得出，在每个个体所处的环境给定的条件下，这些决策是最优的。如前所述，显然不存在(F,θ)很容易确定的假设，但一旦(F,θ)已知（大致地），它们将在自变量序列$\{x_t\}$随意变动的情况下保持稳定，这是经济政策理论的中心假设。

例如，假设已知一个可靠的模型(F,θ)，我们想用它来估计可替代的货币和财政政策规则（选择 $x_0,x_1,x_2,\cdots$，其中 $t=0$ 表示“现在”）的效果。根据经济政策理论，我们模拟在这些可替代政策（理论的或数字的）下的系统，并且将效果和一定的标准进行对照，要使这种对比有意义，关键在于(F,θ)结构不随$\{x_t\}$的选择而发生系统性的变化。

根据我们对动态经济学理论的了解，这个假设是不成立的。首先，个体决策问题：“在特定参数（例如，未来价格）遵循‘随意的路径’时找到最优的决策规则”的方法几乎还没有设计出来。只有涉及价值很小、决策单位能无风险地忽略将来变化的问题才能在这种对市场约束的模糊描述的条件下被解出。即使要获得隐含(F,θ)的决策规律，我们也要参考个体对有关变量的未来值变动的看法。这个看法和其他因素一起决定他们的最优决策规则。假设(F,θ)在多种可替代政策规则下保持稳定，也就是假设决策个体对系统受冲击时的行为的看法在这些冲击行为实际发生变化时保持不变。没有这些极端假设,经济政策理论所倡导的政策模拟是毫无意义的。

适应性模型随机地描述的 θ 的"变化"可能部分地反映了个体决策规则随他们想预测的序列的特征变化而进行调整。[①] 由于在大部分情况下(虽然不是全部)调整是缓慢的,适应性方法能提高经济计量学模型的短期预测能力就不足为奇了。然而,对长期预测和政策模拟,忽视变化的系统性原因将造成巨大的、不可预测的误差。

5 理论性的思考:例子

如果在扰动结构发生变化的情况下,有关系统的"参数变化"的可能性的总体理论观察保持正确,那么,应该能够通过检验构成总体模型主要内容基础的特定决策问题证实它们。我将依次讨论消费、投资和工资—价格部分或菲利普斯曲线。为简单起见,在每种情况下,"等式右端的变量"规定为"外生的"(就像$\{x_t\}$的元素)。形成这些假设的思考过程以及模拟方程所需要的修改都容易了解,无需解释了。

5.1 消费

能信心十足地讨论的最简单例子是总消费函数,因为由于弗里德曼[11],穆斯[28]和莫迪利亚尼,布伦伯格和安多[2]、[27]的贡献,消费函数已经具备正确的理论基础并取得不同寻常的实证

① 这并不是说所有的参数变化都应归于这个原因。例如,因技术性变化引起的生产函数变化大概能用一个随机走动图形很好地描述。

成功。采用弗里德曼的公式，持久性消费和持久性收入(对将来收入流现值的估计)成比例，

$$c_{pt}=ky_{pt}; \tag{1}$$

实际消费是

$$c_t=c_{pt}+u_t; \tag{2}$$

实际当期收入为

$$y_t=y_{pt}+v_t。 \tag{3}$$

变量 u_t、v_t 都独立于时间，相互独立而且独立于 y_{pt}。

经验性的"短期"边际消费倾向是与 $Cov(c_t, y_t)/Var(y_t)$ 或

$$k\frac{Var(y_{pt})}{Var(y_{pt})+Var(v_t)}$$

相应的样本矩。只要这些矩被看作是消费者头脑中的主观因素，这个模型就不能令人满意。弗里德曼把它们看作消费者所知道的真实的矩，这是导致为他的持久收入假说提供不寻常证明的截面检验的合理步骤。①

作为决策基础的主观概率分布和真实的概率分布相同这个重要等式被穆斯称为理性预期，穆斯将其含义大大扩展了(在[29]中)。在[28]中，穆斯找到了收入的随机行为，在此之下，弗里德曼把持久收入看作是外生地对真实收入的现在的和滞后的观察值的加权，这和当事人最优预测相一致。②

---

① 当然，随着新资料的出现，假说将不断接受检验，异常的现象还会继续出现(最近的例子参见迈耶[26])。因此可以预期，即使是最"可靠"的假说，有朝一日也将被更一般的公式所包含。

② 在[12]中，弗里德曼针对穆斯的观点提出另一种看法，认为在平均过去收入中所用的权数(λ)和在平均将来收入中所用的贴现因子(β)是一样的。穆斯的理论比弗里德曼[12]中的理论更符合根据以上所述的方差之比进行的跨部门检验。

为了检验穆斯的结果，我们记起持久收入是常数收入流 y_{pt}，它和用主观决定的贴现因子 β 预测的实际收入流相等：

$$y_{pt}=(1-\beta)\sum_{i=0}^{\infty}\beta^{i}E(y_{t+i}[HT]I_{t}) \tag{4}$$

其中每个期望值都是在 t 时刻可获的信息 I_t 下的条件期望。

现在令实际收入 y_t 是三个部分之和：

$$y_{t}=a+w_{t}+v_{t}, \tag{5}$$

其中 v_t 是临时收入，a 是常数，w_t 是一些均值为零、方差为常数的独立增量之和。穆斯证明了对所有 $i=1,2,\cdots$ y_{t+i}的最小方差估计量是$(1-\lambda)\sum_{j=0}^{\infty}\lambda^{j}y_{t-j}$，其中 λ 以已知的方式依赖 w_t 和 v_t 的方差之比。[①]把这个估计量代入(4)并将各项加总得到经验消费函数：

$$c_{t}=k(1-\beta)y_{t}+k\beta(1-\lambda)\sum_{j=0}^{\infty}\lambda^{j}y_{t-j}+u_{t}。 \tag{6}$$

(这个公式和穆斯的公式稍微不同，因为穆斯隐含假设 c_t 在 y_t 已知之前决定。这个差异对结果的影响是无足轻重的。)

现在，我们设想一下这种类型的消费者，具有根据穆斯描述的模式运行的“实验者”产生出来的当期收入(因此经济政策理论的前提对于一个单方程消费函数而言是正确的)。观察这个消费者许多时期的经济计量学家无论是按照弗里德曼—穆斯的推理得到这个方程，还是仅仅通过反复试验而得到该方程都将在用(6)式描

---

① 令 σ_v^2 为 v_t 的方差，$\sigma_{\Delta w}^2$ 为 w_t 的增量的方差，那么关系式是：

$$\lambda=1+\frac{1}{2}\frac{\sigma_{\Delta w}^{2}}{\sigma_{v}^{2}}-\frac{\sigma_{\Delta w}}{\sigma_{v}}\sqrt{1+\frac{1}{4}\frac{\sigma_{\Delta w}^{2}}{\sigma_{v}^{2}}}。$$

述的消费者方面取得很大成功。接着我们考虑从 T 时刻开始对消费者收入进行一系列补助 $\{x_t\}$ 的政策。无论 $\{x_t\}$ 是事先决定的，还是由某些随机法则决定，也无论是否事先对消费者宣布，经济政策理论都提供了估计其影响的同样方法：对每个 $t>T$，把 x_t 加上 y_t 的预测值，代入(6)，就得到对 c_t 的新的预测值。

如果消费者事先知道政策变化，很显然这个标准的方法给出了错误的预测。例如，假设政策是在未来所有期收入增加一个常量：$x_t=\bar{x}$。根据(4)，这将导致消费量增加 $k\bar{x}$。然而，以(6)为基础的预测是 t 期下列方程式的结果：

$$(\Delta c)_t=k\,\bar{x}\left\{(1-\beta)+\beta(1-\lambda)\sum_{i=0}^{t-T}\lambda^i\right\}。$$

由于当 t 趋于无穷时，这个结果趋于正确的预测 $k\bar{x}$，我们可能推测在“长期”困难将不存在。为了表明这个推测是错误的，考虑一个外生地增长的补助 $x_t=\bar{x}a^t$，$1<a<1/\beta$。根据(1)和(4)，在 $t-T$ 期，真实影响是：

$$(\Delta c)_t=k\,\bar{x}\,\frac{(1-\beta)a^t}{1-a\beta},$$

根据(6)预测的影响是：

$$(\Delta c)_t=k\,\bar{x}\left\{(1-\beta)+\beta(1-\lambda)\sum_{j=0}^{t-T}\left(\frac{\lambda}{a}\right)^j\right\}a^t。$$

当 t 趋于无穷时，两个影响都不是趋于零；比率（预测的比实际的）趋于：

$$(1-a\beta)\left\{1+\frac{a\beta(1-\lambda)}{(1-\beta)(a-\lambda)}\right\},$$

这个比率可能位于 1 的任何一边。

当政策是随机的，但其随机特征事先知道时，预测的和真实的更有意思的差异将出现。例如，令$\{x_t\}$为一系列独立随机变量，期望值为零，方差是常数，分布独立于u_t、v_t和w_t。这项政策等同于临时收入的方差增大，并且按照穆斯给出的方式降低权数λ。实际的平均消费量和按照(6)式预测的平均消费量不受影响，但消费的方差受到影响。要正确估计这一方差效应需要对权数λ作出修改；显然，按照(6)式的标准的、固定参数的预测将再次得到错误答案，并且其误差将不会随着t的增大而消失。

确定的和随机的政策变化，以及它们的组合无法一一列举，但我们不应该进一步形成以下观点：对任何事先宣布的政策变化，根据(6)式作出的推断或模拟都得到错误的预测，还有就是可纠正的不正确预测。未被事先获知的政策变化怎么样呢？正如费雪观察的，“你不能所有时候(不需要)欺骗所有的人这个观点意味着你甚至在有些时候也不能欺骗所有的人”。①

以上观察如果是明显的，那就足够了；但没有为根据(6)式推断出来的标准预测方法提供任何支持。我们有关消费行为的认识可总结为(1)—(4)式。对于确定的政策变化，我们能较有把握地推测消费者将重新计算其持久收入，而且较有希望相当准确地预测他们的消费量变化。对其他类型的政策，尤其是那些涉及故意“欺骗”消费者的政策，根本不清楚如何运用(1)—(4)式，因而不可能进行预测。显然，在这种情况下，也没有理由去猜想使用(6)预测会准确。

① 参见[10]，第113页。

5.2 税收和投资需求

在[15]中，霍尔和乔根森提出了税收政策变动对生产者耐用设备需求的当期及滞后的影响的定量估计。他们的工作是现在最好的条件预测工作之一。一般的方法是，用经济计量学估计的乔根森投资函数来研究税收政策变化的影响，乔根森函数用一个唯一的隐含租金价格的变量来概括所有的相关的税收结构。

在这项工作中，一个隐含的假设是所有的税收变动都被视为永久的，一成不变的，只要在样本期间这个假设错误，经济计量学估计就会偏离正确的结果。① 对这个讨论来说更重要的是，只有在纳税公司认为税收变化是永久的条件下，条件预测才会正确。

对于财政学中的许多问题，这个显然的条件可能被看作一个纯粹技术问题。然而，对于凯恩斯主义的反周期经济政策来说，它则是一个非常核心的问题。归根结底，关于投资减税额的全部观点就是它被认为是临时的，因而诱导企业重新安排他们的投资项目。显然，甚至不能指望霍尔和乔根森（当然，还有其他的经济计量学家）使用的预测方法能得到明显的临时税收调整的影响的偶数阶量的估计。

为进一步研究这个问题，从投资行为标准的加速器模型的一个显性形式开始是明智的。设想有一个常数报酬的行业，其中每个企业具有固定的产出—资本比率 λ。对企业和行业使用相同的符号，令 k_t 表示 t 年初的资本。t 年度产出为 λk_t。t 年中的投资 i_t

---

① 特别是，应等于资本的增值份额的“α”的低估计值（参见[15]，第 400 页表 2）可能是来自变量中一个可衡量的临时性部分，这个临时性部分理论上被当作持久变化一样对待。

按以下方式影响下一期资本：

$$k_{t+1}=i_t+(1-\delta)k_t,$$

其中，δ 是常数有形资产折旧率。产出在一个完全竞争的市场上以价格 Pt 出售；投资品都以统一的常数价格购进。利润（销售额减折旧额）按税率 θ_t 纳税；投资减税额比例为 Ψ_t。

企业对最大化按常数资金成本 r 折算的税后净收入现值感兴趣。在不存在（假设）调整成本的条件下，这就是令增加一单位投资的当期成本等于预期的净收益现值。假设现在的税收额总是超过税收减免额，增加一单位资本的当期成本是 $(1-\Psi_t)$，它和购买的投资品数量无关。每单位的投资获得 λ 单位产出，这些产出将在下期以（未知的）价格 P_{t+1} 售出。从利润中应减去税收 $\theta_{t+1}[\lambda P_{t+1}-\delta]$。另外，$(1-\delta)$ 单位的投资品在 $t+1$ 期后仍然可用；在完全竞争的投资品市场，这些投资品单位价格是 $(1-\Psi_{t+1})$。这样，令 $E_t(\cdot)$ 表示在 t 期的信息条件下的预期，t 期单位投资的预期现值报酬是：

$$\frac{1}{1+r}E_t[\lambda P_{t+1}(1-\theta_{t+1})+\delta\theta_{t+1}+(1-\delta)(1-\Psi_{t+1})]。$$

由于下期税率 θ_{t+1} 的变动在 t 期不可预料，是"纯所得税"，θ_{t+1} 和 P_{t+1} 不相关。因此，令成本和报酬相等，行业均衡的一个条件是：

$$1-\Psi_t=\frac{1}{1+r}\{\lambda E_t(P_{t+1})[1-E_t(\theta_{t+1})]+\delta E_t(\theta_{t+1})$$
$$+(1-\delta)[1-E_t(\Psi_{t+1})]\}。\quad (7)$$

第二个均衡条件根据产品市场在每期出清的假设推出。令行业需求函数由一个线性方程给出，它具有随机变化的截距 a_t 和常数斜率 b，这样下期的需求量是 $a_{t+1}-bP_{t+1}$。供给量为 λ 乘以下期资本。于是，第二个均衡条件是：

$$\lambda[i_t+(1-\delta)k_t]=a_{t+1}-bP_{t+1}\text{。}$$

对两边求均值，得到：

$$\lambda[i_t+(1-\delta)k_t]=E_t(a_{t+1})-bE_t(P_{t+1})\text{。}\tag{8}$$

由于我们只对行业投资函数感兴趣，我们从(7)和(8)两式消去 $E_t(P_{t+1})$，得到：

$$i_t+(1-\delta)k_t=\frac{1}{\lambda}E_t(a_{t+1})-\frac{b}{\lambda^2}\left[\frac{r}{1-E_t(\theta_{t+1})}+\delta\right]+\frac{b}{\lambda^2}\left[\frac{(1+r)\Psi_t-(1-\delta)E_t(\Psi_{t+1})}{1-E_t(\theta_{t+1})}\right]\text{。}\tag{9}$$

方程(9)给出了行业"理想"的资本量 $i_t+(1-\delta)k_t$，它是预期的未来需求情况以及现在和预期未来税收结构的函数，还是在这个公式中表现为常数的资金成本 r 的函数。右边的第二项和第三项是资本需求曲线的斜率 $-b\lambda^{-2}$ 和熟悉的乔根森隐含租金价格的乘积；第二项包含"利息"和折旧成本，税后净额；第三项包含由于投资减税率变化而引起的预期资本收益(或损失)。

在大部分实证投资研究中，由于调整成本，发送货物的滞后以及其他类似的原因，厂商将逐渐从 k_t 达到(9)式给出的目标资本量。仅仅是为了方便，在此我们假设全部调整在一个时期中完成。

方程(9)的表现形式类似于前面部分中的(1)和(4)式：把现在行为和不可观察的未来变量的预期值联系在一起。要成为可验证的假设，还必须确定时间序列 a_t、θ_t 和 Ψ_t(正如消费理论中收入的做法一样)，掌握最优预测规则并且得到类似于消费函数(6)的方程。我们设想这些都已完成，并已得到参数 λ 和 b 的估计值。如何利用这些估计值来评估一项具体的投资减税政策的效果呢？

霍尔和乔根森使用的方法是把减税看作一项永久的或最后一次的变化，或者隐含地，令 $E_t(\Psi_{t+1})$ 等于 Ψ_t。保持 θ_t 固定于 θ，减税率从 0 变为 Ψ（假设）的效果和投资品的价格永久地降低为 $1-\Psi$ 的效果相同，或者根据（9）式，和目标资本持有量增加 $(b/\lambda^2)(r+\delta)/(1-\theta)$ 的效果相同。如果事实上公司认为减税是长期的政策，这个预测是正确的；否则它不正确。

考虑另一种情况，设想一项随机减税政策，它按照马尔可夫方式从 0 变为一个固定数 Ψ，转移公式为 $Pr\{\Psi_{t+1}=\Psi|\Psi_t=0\}=q$ 和 $Pr\{\Psi_{t+1}=\Psi|\Psi_t=\Psi\}=p$。[1] 这样，如果对下一期减税的预期是在当期存在或不存在减税的条件下合理地形成，那么有：

$$E_t(\Psi_{t+1})=\begin{cases} q\Psi & \text{如果 } \Psi_t=0 \\ p\Psi & \text{如果 } \Psi_t=\Psi\text{。} \end{cases}$$

这样，（9）式的右边第三项为：

$$\frac{b\Psi}{\lambda^2(1-\theta)}[-q(1-\delta)] \qquad \text{如果 } \Psi_t=0,$$

$$\frac{b\Psi}{\lambda^2(1-\theta)}[1+r-p(1-\delta)] \qquad \text{如果 } \Psi_t=\Psi\text{。}$$

以上两项的差由下式给出：

$$\frac{b\Psi}{\lambda^2(1-\theta)}[1+r+(q-p)(1-\delta)]\text{。} \tag{10}$$

---

① 一项被设计来保持稳定的税收减免当然需要对更换变量 a_t 预定运动作出反应。在这种情况下，转移概率 p 和 q 将随将来经济活动的指标（例如现在和滞后的 a_t 值）而变化。由于在这里我的目的只是获得正确看待预期的定量重要性，我不进一步研究这个设计问题。

在一个进行减税并且减税按照公众所知的上述随机方式运行的经济中，当减税额从0变为Ψ时，表达式(10)给出了，达到目标资本存量所需要增加的投资（在立即调整情况下，即当期投资）。它并没有衡量当政策从不减税到以随机方式减税的影响（差别的产生是因为，在随机政策中即使减税额定为零，由于将来进行减税而导致资本损失的可能性，使资本的隐含租金相对于在减税率被预期永远保持为零的情况下增加了）。

通过验证 p 和 q 的极端值，可以获得有关在衡量减税的效果中预期的定量重要性的知识。一个极端是，考虑减税被预期为几乎从不发生（q 接近0），但一旦发生，就是永久的（p 接近1）。在这种情况下，利用(10)式，从0变为Ψ的效果大致为：

$$\frac{b\Psi}{\lambda^2(1-\theta)}[r+\delta],$$

这是霍尔和乔根森隐含地设想的情况。在另一个极端，考虑减税频繁地进行但总是临时性的情况（q 接近1，p 接近0）。利用(10)式，在这种情况下变动的效果近似为：

$$\frac{b\Psi}{\lambda^2(1-\theta)}[2+r-\delta]。$$

两个效果之比是 $(2+r-\delta)/(r+\delta)$。在 $r=0.14$ 和 $\delta=0.15$ 时，这个比率大致为7。① 这时，我们就不是在讨论一件数量不重要的事情了。

作为一个更为实际的估计，考虑一项减税，它保持“关”的平均

① 资金成本0.14和折旧率0.15（对制造设备）是从[15]得到的年度值。由于比率 $(2+r-\delta)/(r+\delta)$ 不是什么时间单位都行，到新的目标资本存量的全部变动在一年内完成的假设在这儿极其重要：把时期定义成一年以内将使这个比率增大，对于超过一年的时期则相反。

期限是 5 年,当它“开”时保持平均期限一年。这个假设相当于令 $p\approx 0$ 和 $q=\frac{1}{5}$。在这些假设下的效果和霍尔及乔根森方式下的效果之比(根据(10)式)是 $\left[1+r+\frac{1}{5}(1-\delta)\right]\Big/(r+\delta)$。当 $r=0.14$ 和 $\delta=0.15$ 时,这个比率大致为 4.5。在更令人满意的滞后结构下,这个比率可能还会小些,[①]但是即使考虑到这些情况,它也表明了投资减税额的潜在刺激作用要比霍尔和乔根森所估计的大几倍。[②]

正如在消费行为讨论中的情形,沿着以上线索进行的政策效果评估预先假定,政策按照一个固定的、相对简单的规则制定,这个规则为预测者(我们自己)和遵守政策的个体所掌握(这个假设不仅方便分析,而且符合美国宪法第 7 部分第一条)。为了突破现在使用的某种量级计算达到对霍尔和乔根森所研究的 1962 年减税效果的准确估计,我们必须推知制定(或者公司认为是制定)这个政策的隐含规则,这是一项由于在引进政策时政策是新的而变得困难甚至于不可能实现的任务。类似地,没有理由指望我们能准确地预测将来特定的税收政策对投资行为的影响。另一方面,有理由相信能得到对被以稳定的和易于理解的方式而内在化于税收结构中的反周期财政规则的良好定量估计。

5.3 菲利普斯曲线

第三个例子是在最近关于通货膨胀率持久变化将不会改变平

① 因为本书第 144 页注①给出的理由。

② 必须指出这个结论增强了霍尔和乔根森[15]得出的定性结论。

均失业率的费尔普斯—弗里德曼假说的争论中提出来的。大部分的主要经济计量学模型都被用来模拟试验以检验这个主张;结果一律是否定的。由于在劳动力和产品市场供应行为中预期起到重要的作用,我们根据第 4 部分提出的观点,假设这些检验不是问题所在。① 正如下面例子展示的,这个假设是正确的。

利用一个抓住预期总供给观点主要特征——理性的个体、出清的市场、不完全信息——的简单的、参数模型是有帮助的。② 我们设想商品供给者分布在 N 个不同市场 i 中,$i=1,\cdots\cdots,N$。为了避免指标数目的问题,假设同样(除地点外)产品在每个市场中出售,并令 y_{it} 为在 t 期 i 市场中供给数量的对数。进一步假设供给 y_{it} 包含两个部分:

$$y_{it}=y_{it}^{p}+y_{it}^{c}。$$

其中 y_{it}^{p} 代表正常或持久的供给,y_{it}^{c} 代表周期的或临时的供给(两者都是对数形式)。假设 y_{it}^{p} 只随持久的相对价格变化而变化,或者,由于后者在单一产品的假设下无从定义,y_{it}^{p} 不随价格变化而变化。临时供给 y_{it}^{c} 随着在市场 i 中相对价格的可觉察的变化而变化:

$$y_{it}^{c}=\beta(P_{it}-P_{it}^{e}),$$

其中 P_{it} 表示在 t 期 i 市场中实际价格的对数,P_{it}^{e} 表示在市场 i 中可觉察到的整个经济的总体(各地平均)价格水平的对数。③

---

① 萨金特[34]和我[23]较早在相同情况下提出这个结论。

② 这个模型是从我早期的模型[24]经一些修改而来的。

③ 这个产品供给函数应被看作在市场 i 中的劳动力市场出清条件下导出的。参见卢卡斯和拉平[22]对有关这个方程的因素的分析。

由于经常的相对需求波动,在每个时期 t 各个市场之间的价格将不相同。由于总需求变动,价格还将随时间而波动。我们不研究这些价格运动的原因(虽然这很容易做到),而只是假设在 t 期 i 市场中的实际价格包含两个部分:

$$P_{it}=P_t+Z_{it}。$$

销售者观察到实际价格 P_{it};价格的两个部分不能被分别观察到。P_t 随时间变化,但在所有市场中都一样。根据获得的到 t 期以前的信息(称之为 I_{t-1}),所有市场中的交易者视 P_t 为一个正态分布的随机变量,均值为$\overline{P}_t$(反映过去的信息),方差为 σ^2。Z_{it} 反映相对价格随时间及市场不同而发生变化:Z_{it} 是正态分布,独立于 P_t 和 Z_{js}(除非 $i=j,s=t$),期望为 0 且方差为 τ^2。

在 t 期实际总体价格水平是各个市场价格的平均值,

$$\frac{1}{N}\sum_{\tau=1}^{N}P_{it}=P_t+\frac{1}{N}\sum_{i=1}^{N}Z_{it}。$$

我们令市场数量 N 增大以至于第二项可以忽略,P_t 就是总体价格水平。为了作出供给决定,供给者估计 P_t;假设这个估计值 P_{it}^c 是 P_t 的真实的条件分布的均值。后者的计算根据 P_{it} 的观察值是两个独立的、正态分布的变量之和,一个变量均值为 0 且方差为 τ^2;一个变量均值为$\overline{P}_t$ 且方差为σ^2。它满足:

$$P_{it}^e=E\{P_t\,|\,P_{it},I_{t-1}\}=(1-\theta)P_{it}+\theta\,\overline{P}_t,$$

其中 $$\theta=\tau^2/(\sigma^2+\tau^2)。$$

根据这个对当期总体价格水平的无偏的但总的来说不准确的估计,在 i 市场中供给者满足:

$$y_{it}^c=\beta\left[P_{it}-((1-\theta)P_{it}+\theta\,\overline{P}_t)\right]=\theta\beta\left[P_{it}-\overline{P}_t\right]。$$

对所有市场求平均值，并且再次利用大数定律，我们得到总供给的周期性部分：

$$y_t^c = \theta\beta\,(P_t - \overline{P}_t)。$$

再引入持久部分，

$$y_t = \theta\beta\,(P_t - \overline{P}_t) + y_{pt}。\qquad (11)$$

(11)式虽然简单，但抓住了有关总供给的预期的或“自然率”的观点的主要方面。产品的供给被认为遵循一条不依赖于名义价格运动的路径。无论何时，名义价格偏离根据过去信息预期的价格水平都将导致产品供给偏离这个路径。这些偏离的发生是因为个体不得不根据不完全信息推测当期总体价格运动。

推测根据(11)式预期的经验操作将是有价值的。在进行这个工作时，我们忽略趋势部分 y_{pt}，集中考察 P_t、β 和 θ。参数 β 反映供给的时际替代可能性：技术性的因素诸如产品储藏能力和用今天的劳动供给替代明天的劳动供给的偏好。我们可以预期在时间上和处于类似发展水平上的不同经济中 β 合理地保持稳定。参数 θ 就是比率 $\tau^2/(\sigma^2+\tau^2)$。τ^2 反映经济中相对价格的变化能力；没有理由预期它将随需求政策而发生系统性的变化。σ^2 是总体价格水平关于期望值的方差；它显然将随着需求的不稳定性的增加而增大。① 与此类似，根据过去信息预期的价格水平 $\overline{P}_t$ 将随着实际的、平均的通货膨胀率变化。

考虑一个具体例子，假设实际价格满足随机走动：

① 需求的变动影响“交替”的斜率的这个含义是在[24]中以及阿迪[1]和 B. 克莱因[18]所报告的自然率假说的检验基础。

$$P_t = P_{t-1} + \epsilon_t \tag{12}$$

其中 ϵ_t 正态分布，期望为 π，方差为 σ^2。于是 $P_t = P_{t-1} + \pi$ (11)式变为：

$$y_t = \theta\beta\,(P_t - P_{t-1}) - \theta\beta\pi + y_{pt}\,。\tag{13}$$

在样本期间，π 和 σ^2 大致保持稳定，如果 y_{pt} 能被有效地控制，(13)式对经济计量学家来说描述一个通货膨胀和实际产出的稳定交替关系。加入滞后的通货膨胀率不会改进也不会以任何形式改变这个结论。然而明显地，根据(13)式，通货膨胀率的持续增长(π 增大)不影响实际产出。

这并不是说(11)式的带滞后分布变量的形式不可能更好地符合经验。令实际通货膨胀率满足一阶自回归分析：

$$\Delta P_t = \rho\Delta P_{t-1} + \epsilon_t$$

或

$$P_t = (1+\rho)P_{t-1} - \rho P_{t-2} + \epsilon_t \tag{14}$$

其中 $0<\rho<1$，ϵ 的分布同上。

然后联合(11)和(14)：

$$y_t = \theta\beta\Delta P_t - \theta\beta\rho\Delta P_{t-1} - \theta\beta\pi + y_{pt}\,。\tag{15}$$

用经济计量学的说法，“长期”斜率或者替代率是通货膨胀系数之和，或 $\theta\beta(1-\rho)$，如果(14)式是稳定的，它不等于零。

总之，可以研究菲利普斯曲线表现出长期滞后和无滞后效果的情形。在每一种情况下，以方便的办法计算或模拟出的“长期”产出—通货膨胀关系和追求通货膨胀政策的实际效果没有关系。

正如在消费和投资例子中一样，用(13)和(15)式去预测政策变化效果的能力严重依赖于描述新政策的参数(在本例中是 π、σ^2 和 ρ)为个体所知悉的假设。在这个假设不是大致正确的时期(显然存在许多这样的时期，而且将继续存在），经验的菲利普斯曲线将遇到在样本期间可描述，但除了对非常近的将来外不可预测的“参数变动”。

6　政策思考

在以上部分中，我从总体上并且用例子论证了，存在充分的实证的和理论的理由相信形式为 $y_{t+1}=F(y_t, x_t, \theta, \epsilon_t)$（$F$ 已知，θ 固定，x_t 是“任意的”）的结构在实际经济中预测和政策评估方面是没有用的。对于短期预测，这些论点实际上被提出很久了，并且通过允许并测量参数变量 θ 中的“变化”已经获得了具有良好（和提高的）跟踪能力的模型了。然而，在推导出这些跟踪程序的适应性模型下，人们意识到长期政策模拟具有无穷方差，这导致了政策定量评估问题。

对这种情况的反应，现在极少是公开辩解的，但却以隐含的形式停留在最“实用的”提出经济建议的水平上，一个反应便是无视在多种政策下经济的长期行为问题，而是把重点放在获得被认为是将来极短暂的目标行为上。希望在于因政策变化而导致的 θ 的变化将缓慢地发生，因而根据跟踪模型进行的条件预测在一些时期内大致准确。这个希望是错误的而且是误导性的。第一，一些政策变化导致 θ 的立即变动：例如，开征显然是临时性的个人所得税将（参考 5.1 部分）导致税后收入消费倾向迅速上升和短期条件预测误差增大。① 第二，即使 θ 的诱导变化缓慢地进行，它们也应

① 由于 5.1 节提出的理由，这一观察较早产生于艾斯纳[8]和多尔德[7]，第 15 页。

当被引入短期的“目标函数”中，然而很少这样做。因此，经济计量学的菲利普斯曲线大约预测了当期通货膨胀的初始阶段，而不是通货膨胀将到达的曲线上的“逆向”变化。

哪种结构能立刻和第4节提出的理论思考及可操作的准确的政策评估相一致呢？虽然我们不愿意沉迷于“总体的”结构比具体的、经验证明的结构更有用的幻觉中；但是，小心使用一个临时的结构将方便余下的讨论。

正如在第4节所看到的，我们不能在未来扰动时$\{x_t\}$为任意序列的条件下富有意义地讨论个体的最优决策。作为一种替代性的刻画，令政策及其他扰动为系统状态的随机扰动函数，或（参数式地）

$$x_t = G(y_t, \lambda, \eta_t), \tag{16}$$

其中G已知，λ是固定参数变量，η_t是扰动变量。这样经济的其余部分满足

$$y_{t+1} = F(y_t, x_t, \theta(\lambda), \epsilon_t), \tag{17}$$

其中，正如显示的，行为参数θ随决定政策和其他“扰动”的参数λ而产生系统性的变化。在这种情况下，经济计量学问题归结为估计函数$\theta(\lambda)$。

在这种模型中，一项政策被看作参数λ的一个变化，或者在特殊时被看作产生政策变量值的方程的一个变化。政策的一个变化（在λ中）从两个途径影响系统的行为：第一，通过改变x_t的时间序列行为；第二，通过引起决定系统其余部分的行为参数$\theta(\lambda)$的改变。显然，可以预料后一种改变途径严重依赖于所发生的政策变化的方式。如果政策变化以一系列未经讨论或没有预先宣布的决策的形式出现，它只能逐步被决策个体所认识，然后可能主要作为较大的“噪音”的方差被个体认识。在这种情况下，到达新的$\theta(\lambda)$的运动，如果它大体以一种稳定的方式进行，它将是不规则的，而且不能用经济计量学预测。另一方面，如果政策变化像经充分讨论和被理解的规则变化一样进行，那么有一定的希望根据从$\theta(\lambda)$的过去资料得到的估计值预测所导致的结构性变化。

也许有必要强调这个有关条件预测的观点最初来自奈特，其现代形式则来自穆斯，不是归因于个体立刻预测影响他们的政策的真实结构的非自然力量。进一步讲，它宣称只有当个体和观察者对他们必须预测的扰动性质持共同看法时，个体的反应对外部观察者来说才是可预测的。

这个观点所涉及的在制定经济政策中“规则优于权威”的偏好不是像我希望的清楚地建立在总体规则（不论是什么意思）的某些可观察的优良性质的基础上。看来不存在理论性的论点排除（例如）在把经济决策权授予一些个人或集体的情况下可能比在经济政策按一些或所有的在(16)式意义下的假设规则制定的情况下使经济运行得更好（按一些标准）的可能性。问题是这种可能性不能被经验所证实。我们能采用的唯一科学的定量政策评估是比较各种政策规则的效果。

7　结论性评论

本文致力于解释和详尽阐述一个简单的三段论：假如经济计量学模型结构中包含经济个体的最优决策规则，并且，这个最优决策规则随着和决策者有关的序列结构的变化而变化,那么,任何政策变化将系统地改变经济计量学模型结构。

对短期预测问题,或经济计量学模型的跟踪能力问题,我们已经注意到这个结论只是偶尔才重要。相反,对于有关政策评估问题,它则是重要的;因为它意味着用现代宏观经济计量模型来比较两种政策规则的效果是无效的,不管这种模型在样本期间或事前短期预测中表现如何。

结论有几分破坏性:当前经济政策理论宣称的预测"任意的"未宣布的一系列政策决定的效果的能力看来不但当代的模型不具备,而且可以想象到的将来的模型也不具备。另一方面,正如消费例子所示,在不同结构的(16)和(17)式下的条件预测虽然在科学上很费精神,但却是完全可以运用的。

总之,如果政策的制定者想预测公众的反应,看来他们必须对公众公开一切。这个结论如果不符合现在的经济计量学实践,但看来和对民主决策的偏好很一致。

参考文献

1. Adie, Douglas K., "The Importance of Expectations for the Phillips Curve Relation," Research Paper No. 133, Department of Economics, Ohio University (undated).
2. Ando, Albert and Franco Modigliani, "The Life Cycle Hypothesis of Saving; Aggregate Implications and Tests," *American Economic Review*, v. 53 (1963), pp. 55 - 84.
3. Cooley, Thomas F. and Edward C. Prescott, "An Adaptive Regression Model,"International Economic Review, (June 1973), 364 - 371.
4. Cooley, Thomas F. and Edward C. Prescott, "Tests of the Adaptive Re-

gression Model," *Review of Economics and Statistics*, (April 1973), 248 -256.

5. Cooley, Thomas F. and Edward C. Prescott,"Estimation in the Presence of Sequential Parameter Variation,"*Econometrica*, forthcoming.
6. de Menil, George and Jared J. Enzler, "Prices and Wages in the FRBMIT-Penn Econometric Model,"in Otto Eckstein, ed. , *The Econometrics of Price Determination Conference* (Washington:Board of Governors of the Federal Reserve System and Social Science Research Council), 1972, pp. 277 - 308.
7. Dolde, Walter, "Capital Markets and the Relevant Horizon for Consumption Planning," Yale doctoral dissertation, 1973.
8. Eisner, Robert, "Fiscal and Monetary Policy Reconsidered," *American Economic Review*, v. 59 (1969), pp. 897 - 905.

9. Evans, Michael K. and Lawrence R. Klein, *The Wharton Econometric Forecasting Model*. 2nd, Enlarged Edition (Philadelphia: University of Pennsylvania Economics Research Unit), 1968.

10. Fisher, Franklin M. , "Discussion" in Otto Eckstein, ed. , *op. cit.* (reference [6]), pp. 113 - 115.
11. Friedman,Milton, *A Theory of the Consumption Function*. (Princeton: Princeton University Press), 1957.
12. Friedman, Milton,"Windfalls, the 'Horizon', and Related Concepts in the Permanent Income Hypothesis," in Carl F. Christ, *et. al.*, eds. , *Measurement in Economics* (Stanford:Stanford University Press), 1963, pp. 3 - 28.
13. Friedman, Milton, "The Role of Monetary Policy," *American Economic Review*, v. 58 (1968), pp. 1 - 17.
14. Gordon, Robert J. , "Wage-Price Controls and the Shifting Phillips Curve,"*Brookings Papers on Economic Activity*, 1972, no. 2, pp. 385 - 421.
15. Hall, Robert E. and Dale W. Jorgenson, "Tax Policy and Investment Be-

havior,"*American Economic Review*, v. 57 (1967), pp. 391 - 414.

16. Hirsch, Albert A., "Price Simulations with the OBE Econometric Model,"in Otto Eckstein, ed., *op. cit.* (reference [6]), pp. 237 - 276.
17. Hymans, Saul H., "Prices and Price Behavior in Three U. S. Econometric Models," in Otto Eckstein, ed., *op. cit.* (reference [6]), pp. 309 - 322.
18. Klein, Benjamin, "The Effect of Price Level Unpredictability on the Composition of Income Change," unpublished working paper, April, 1973.
19. Klein, Lawrence R. and Arthur S. Goldberger, *An Econometric Model of the United States, 1929 - 1952.* (Amsterdam: North Holland), 1955.
20. Klein, Lawrence R., *An Essay on the Theory of Economic Prediction.* (Helsinki: Yrjo Jahnsson Lectures), 1968.
21. Knight, Frank H., *Risk, Uncertainty and Profit.* (Boston: Houghton - Mifflin), 1921.
22. Lucas, Robert E., Jr. and Leonard A. Rapping, "Real Wages, Employment, and Inflation," *Journal of Political Economy*, v. 77 (1969), pp. 721 - 754.
23. Lucas, Robert E., Jr., "Econometric Testing of the Natural Rate Hypothesis,"in Otto Eckstein, ed., *op. cit.* (reference [6]), pp. 50 - 59.
24. Lucas, Robert E., Jr., "Some International Evidence on Output-Inflation Trade - Offs,"*American Economic Review*, v. 63 (1973).
25. Marschak, Jacob, "Economic Measurements for Policy and Prediction," in William C. Hood and Tjalling G. Koopmans, eds., *Studies in Econometric Method*, Cowles Commission Monograph 14 (New York: Wiley), 1953, pp. 1 - 26.
26. Mayer, Thomas, "Tests of the Permanent Income Theory with Continuous Budgets,"*Journal of Money, Credit, and Banking*, v. 4 (1972) pp. 757 - 778.
27. Modigliani, Franco and Richard Brumberg, "Utility Analysis and the Consumption Function: An Interpretation of Cross-Section Data," in K. K. Kurihara, ed., *PostKeynesian Economics.* (New Brunswick: Rut-

gers University Press), 1954.

28. Muth, John F., "Optimal Properties of Exponentially Weighted Forecasts," *Journal of the American Statistical Association*, v. 55 (1960), pp. 299 – 306.

29. Muth, John F., "Rational Expectations and the Theory of Price Movements," *Econometrica*, v. 29 (1961), pp. 315 – 335.

30. Phelps, Edmund S., " Money Wage Dynamics and Labor Market Equilibrium," *Journal of Political Economy*, v. 76 (1968), pp. 687 – 711.

31. Phelps, Edmund S., *et al.*, *The New Microeconomics in Employment and Inflation Theory*. (New York: Norton), 1970.

32. Phillips, A. W., "The Relation Between Unemployment and the Rate of Change of Money Wage Rates in the United Kingdom, 1861 – 1957," *Economica*, v. 25 (1958), pp. 283 – 299.

33. Samuelson, Paul A. and Robert M. Solow, "Analytical Aspects of Anti-Inflation Policy," *American Economic Review*, v. 50 (1960), pp. 177 – 194.

34. Sargent, Thomas J., "A Note on the 'Accelerationist' Controversy," *Journal of Money, Credit, and Banking*, v. 3 (1971), pp. 721 – 725.

35. Tinbergen, Jan, *On the Theory of Economic Policy*. (Amsterdam: North Holland), 1952.

36. Tinbergen, Jan, *Economic Policy: Principles and Design*. (Amsterdam: North Holland), 1956.

产出—通货膨胀交替的一些国际证据*

本文报告了根据18个国家1951—1967年年度时间序列对实际产出—通货膨胀交替的经验研究结果。从平均实际产出水平在通货膨胀率随时间而变化的情况下保持不变，或者说存在一个实际产出的“自然率”的观点对这些资料进行研究。也就是说，我们集中讨论以下问题：(1)自然率理论能否导出在全部或大部分样本国家中从经济计量学的角度来看有令人满意的表现的产出—通货膨胀关系的表达式；(2)这个理论对这个关系的可检验的限制条件是什么；(3)这些限制是否和最近的经验相符？

由于“自然率理论”一词是指模型的各种的综合及字面上的发展，①概述一下本文所用到的具体说法的关键部分也许是有用的。第一个基本假设是名义产出由经济的总需求部分决定，经过除法成为实际产出，价格水平主要依赖于劳动力和产品供给者的行为。第二个假设是，由于供给者对影响他们决定的一些价格信息的缺乏，导致短期供给行为的部分“刚性”。第三个假设是，在给定经济

* 经许可，重印自《美国经济评论》63(1973年6月)，第326—334页。

① 最有用而一般的说法是米尔顿·弗里德曼(1968年)和埃德蒙·费尔普斯提出的。特殊的说明性例子由唐纳德·戈登和阿伦·海因斯和卢卡斯(1972年4月)提出的。

的随机特征条件下，对这些相关的、不可观察的价格的推测是最优的（或“合理的”）。

正如我曾在别处提到的（1972 年），沿着这些轨道发展起来的理论将不会对估计的菲利普斯曲线或这个交替关系的其他单个方程表达式的系数给以可检验的限制。例如，它们不会隐含货币工资变化通过一个单位系数和价格水平变化联系在一起，或者“长期”（在通常的分布滞后的意义下）菲利普斯曲线必须是垂直的。它们将（正如我们将在下文所见到的）供给参数和刻画需求变动的随机性质的参数联系起来。自然率理论的含义以这种形式出现的事实引出了用一个诸如在本研究中使用的、展示出总需求的多样性的样本来检验它的尝试。

在下一节，用上面提到的要素建立一个简单的总体模型。根据这个模型得出的结果将在第二节提出，然后是讨论和结论。

1 一个经济模型

这节提出的模型的总体结构可以简单地描述一下。首先，总体价格—数量的观察值被认为是总需求和总供给表的交点。前者是在货币市场出清的假设下画出的，并且代表隐含于标准的 IS－LM 图形中的产出—价格水平关系。一般认为导致它移动的是通常的需求—移动变量集合：货币和财政政策以及出口需求的变化。供给表是在出清的劳动力市场的假设下画出的；因而它的斜率反映了劳动力和产品市场的“刚性”。

这个基本上由卢卡斯和伦纳德·拉平（1969 年）提出的模型

结构将通过一个附加的特别假设而被大大简化:总需求曲线是单位弹性的。[①] 在这种情况下,名义产出水平可以被看作产品市场的一个"外生的"变量,解释名义收入分解为实际产出和价格的全部任务被放在总供给一方。在1.1节,一个设计出来为这个目的服务的模型将被提出。在1.2节,得出整个(需求和供给)模型的解。

1.1 总供给

自然率理论的所有公式都假定了理性个体,他们在无法从总体价格运动中区分出相对价格的经济环境里只根据相对价格作出决定。显然,将个体置于这种不完全信息条件下能构造出来的模型数目是没有限制的;关键是找到带有这个特点的可行计划。下面提出一个这样的模型。

我们设想供给者处于大量分散的、竞争的市场中。在每个时期产品需求不均匀地分配给各市场,引起相对价格和总体价格水平的运动。因此,单个供给者想象的情形和外部观察者看到的总体情况大不相同。相应地,我们将努力分开这两种观点,首先转向单个供给者面临的情形。

每个市场中的供给数量将被认为是对所有市场都相同的正常的(或长期的)部分和对所有市场各不相同的周期性部分的乘积。令 Z 表示市场,并用 y_{nt} 和 y_{ct} 表示这些部分的对数,Z 市场中的供给是:

① 一个从IS-LM结构推导出价格—产出关系的过程是弗雷德里克·雷恩斯给出的。当然,这个模型并没有预示单位弹性,虽然它与此相容。由于单位弹性假设在目前研究中是基本的简化因素,我将在下面的评论中放松它的可能结果。

$$y_t(Z) = y_{nt} + y_{ct}(Z) \tag{1}$$

长期部分反映资本积累和人口变化，满足趋势线：

$$y_{nt} = \alpha + \beta t \tag{2}$$

周期性部分随着觉察到的相对价格和它本身的滞后值而变化：

$$y_{ct}(Z) = \gamma[P_t(Z) - E(P_t | I_t(Z))] + \lambda y_{c,t-1}(Z) \tag{3}$$

其中 $P_t(Z)$ 是 Z 市场中 t 期的实际价格，$E(P_t | I_t(Z))$ 是在 Z 市场 t 期可获得的信息 $I_t(Z)$ 条件下当期总体价格水平的均值。① 由于 y_{ct} 是对趋势的偏离，$|\lambda| < 1$。

在 Z 市场 t 期供给者可获得的信息有两个来源。第一个是，交易者进入时期 t 具有过去阶段的需求变动、名义供给 y_{nt} 以及过去偏差 $y_{c,t-1}, y_{c,t-2}, \cdots$ 的知识。虽然这些信息不足以实现对当期总体价格水平 P_t 的对数值的准确推断，它确实决定了对所有市场中的交易者都相同的 P_t 的“以前的”分布。我们假设这个分布已知为正态分布，均值为 $\overline{P}_t$（以已知的方式依赖于以前的历史）和常数方差 σ^2。

第二个来源是，我们假设实际价格偏离（几何的）整个经济的平均水平的数量分布独立于 P_t。特别是，令 Z 市场中的价格偏离平均值 P_t 的百分比离差表示为 Z（因此市场用它们的价格对平均

① 一个随实际价格和预期价格的比率而变化的劳动供给函数是由卢卡斯和拉平（1969 年）提出并用经验证明的。对实际就业的滞后影响也被表示出来了。在我们 1972 年的论文中，在回答艾伯特·里斯的批评中，我们发现持续的失业不能用价格预期行为充分解释。这两种效应——预期的和持续效应——将通过企业传递给商品市场。另外，它们都由于企业的投机行为而扩大（正如保罗·陶布曼和莫里斯·威尔金森所分析的）。

对于供给者的行为基本上像(3)式给出的那样一种一般均衡模型，参见我 1972 年论文。

值的偏离值来表示)，这里 Z 是正态分布，独立于 P_t，期望为零，方差为 τ^2。于是，Z 市场观察到的价格 $P_t(Z)$(对数形式)是独立的正态分布的变量之和：

$$P_t(Z)=P_t+Z \tag{4}$$

和未观察到的(对 Z 市场 t 期的供给者)P_t 的估计有关的信息 $I_t(Z)$包括观察到的价格 $P_t(Z)$和总结在$\overline{P}_t$ 中的历史。

为了利用这个信息，供给者在 $P_t(Z)$和$\overline{P}_t$ 给定的条件下用(4)来计算 P_t 的分布。这个分布是正态的(通过直接计算)且均值为：

$$\begin{aligned}E(P_t \mid I_t(Z)) &= E(P_t \mid P_t(Z),\overline{P}_t)\\ &=(1-\theta)P_t(Z)+\theta\overline{P}_t\end{aligned} \tag{5}$$

其中 $\theta=\tau^2/(\sigma^2+\tau^2)$，且方差为 $\theta\sigma^2$。联合(1)、(3)和(5)得到市场 Z 的供给函数：

$$y_t(Z)=y_{nt}+\theta\gamma[P_t(Z)-\overline{P}_t]+\lambda y_{c,t-1}(Z) \tag{6}$$

对所有市场求平均(对 Z 的分布积分)得出总供给函数：

$$y_t=y_{nt}+\theta\gamma(P_t-\overline{P}_t)+\lambda[y_{t-1}-y_{n,t-1}] \tag{7}$$

总供给函数(7)的**斜率**由于**相对**价格变化，随总的单个价格方差和 $\sigma^2+\tau^2$ 构成部分 θ 而变化。在 τ^2 相对较小的情况下，单个价格变化实际上反映了总体价格变化，供给曲线几乎是垂直的。在另一个极端，当总体价格稳定(σ^2 相对较小)时，供给曲线的斜率接近极限值 γ。①

① 这个预测的供给弹性和价格序列中某一成份的方差之间的关系类似于消费需求的收入弹性和弗里德曼(1957 年)观察到的持久的和临时的收入部分的方差之间的联系。正如将在第 2 节所见到的，它在经验检验方面也有很相同的方式。

1.2 模型的完成和求解

以上论述中一个中心假设是，供给行为是以没观察到的当期价格水平 P_t 的正确分布为基础。进一步说，有必要决定正确的分布是什么，这一步要求通过包含总需求一方来完成模型。

正如早些时候所提出的，这将通过假设一个形式如下的产品需求函数来完成：

$$y_t + P_t = x_t \tag{8}$$

其中 x_t 是一个外生的更换变量——等于可观察的名义 GNP 的对数值。进一步，令 $\{\Delta x_t\}$ 为一系列独立的，均值为 δ，方差为 σ_x^2 的正态分布变量。①

这样，经济的相关历史包括（最多）y_{nt}（它确定日历时间），需求变换 $x_t, x_{t-1}, \cdots$，和过去实际产出 $y_{t-1}, y_{t-2}, \cdots$。由于模型在对数形式下是线性的，有理由推测价格解有以下形式：②

$$P_t = \pi_0 + \pi_1 x_t + \pi_2 x_{t-1} + \pi_3 x_{t-2} + \cdots \\ + \eta_1 y_{t-1} + \eta_2 y_{t-2} + \cdots + \xi_0 y_{nt} \tag{9}$$

这样，$\overline{P_t}$ 是建立在除了 x_t（当期需求水平）外的所有信息基础之上的 P_t 的期望，或者：

$$\overline{P_t} = \overline{P_0} + \pi_1 (x_{t-1} + \delta) + \pi_2 x_{t-1}$$

---

① 对经济的"扰动"的特殊特征对这个理论来说并不重要，但为了讨论理性预期整体形式，显然需要一些明了的随机性描述。独立性在这几部分是为了简化，部分是因为对样本中大部分国家独立性大致成立。扰动的自相关效应由于可以被容易地消除，应给下面找到的解加入更高阶的滞后项。

② 这个求解方法是卢卡斯（1972 年）采用的，后者又是以约翰·穆斯的思想为基础。

$$+\pi_3 x_{t-2}+\cdots+\eta_1 y_{t-1}$$

$$+\eta_2 y_{t-2}+\cdots+\xi_0 y_{nt} \tag{10}$$

为了解出未知参数 π_i、η_j 和 ξ_0，我们首先从(7)和(8)式消去 y_t 或令需求数量和供给数量相等。然后代入(9)和(10)的右边以代替 P_t 和$\overline{P}_t$，得到$\{x_t\}$、$\{y_t\}$和 y_{nt}的一个恒等式，利用它可得到参数值。价格和产出的最终解为：①

$$P_t=\frac{\theta\gamma\delta}{1+\theta\gamma}-\lambda\beta+\frac{1}{1+\theta\gamma}x_t$$

$$+\frac{\theta\gamma}{1+\theta\gamma}x_{t-1}-\lambda y_{t-1}-(1-\lambda)y_{nt}$$

$$y_t=-\frac{\theta\gamma\delta}{1+\theta\gamma}+\lambda\beta+\frac{\theta\gamma}{1+\theta\gamma}\Delta x_t$$

$$+\lambda y_{t-1}+(1-\lambda)y_{nt}$$

根据 ΔP_t 和 y_{ct}的定义，并令 $\pi=\theta\gamma/(1+\theta\gamma)$，解为：

$$y_{ct}=-\pi\delta+\pi\Delta x_t+\lambda y_{c,t-1} \tag{11}$$

$$\Delta P_t=-\beta+(1-\pi)\Delta x_t$$

$$+\pi\Delta x_{t-1}-\lambda\Delta y_{c,t-1} \tag{12}$$

我们检查这些解的内部一致性。显然，P_t 是以$\overline{P}_t$ 为均值的正态分布。P_t 的条件方差具有常数的(正如所假设的)方差 $1/(1+\theta\gamma)^2\sigma_x^2$。这样，那些在 1.1 节被假定为供给者“知道的”价格行为

① 如果采用形式为 $y_t=\xi P_t+x_t$ 的需求函数，这些解将具有不同表达形式的系数的同样形式。然而如果 $\xi\neq1$，x_t 是没有观察到的扰动，大体上不等于观察到的名义收入。在这种情况下，模型仍然预测序列 y_{ct}和 ΔP_t 的时间序列结构(矩和滞后矩)，因而原则上是可检验的。我曾发现沿着这些线索的经验性试验富有启发性，但仅仅因为所用序列太短而无法获得具有任何可靠性的结果。

特征在这个经济中确实如此。

回顾一下，方程(11)和(12)是通货膨胀率和实际产出(作为对趋势的百分比离差)的均衡值。它们给出了受 x_t 变化影响的总需求表和受决定预期的变量(滞后价格)影响的总供给表的交点。为了避免引入额外的、错误的“预期参数”，不能在一期一期的基础上解出这些交点；相应地，我们采用一种获得价格和产出的均衡“路径”的方法。否则，对(11)和(12)的解释将完全是传统的。

毫无奇怪，由(11)和(12)式表示的通货膨胀和实际产出的周期性部分的解表现了名义产出的当期及过去变化的分布滞后。名义增长率 Δx_t 的变化对实际产出具有立即效果和呈几何级数消减的滞后效果。对价格的立即效果等于 1 减去对实际产出效果，其余效应在随后期间出现。我们特别注意到这种滞后模式很可能产生通货膨胀和低于平均实际产出相同步的时期。虽然这些时期的出现是由于供给变动，但这些变动是需求变化的滞后感觉的结果，而不是供给者的成本结构的自动变化造成的。

除了这些特点之外，这个模型确实断言存在产出的自然率：需求扩张的平均比率 δ 在(11)式中带有与当期比率的系数数量相等、方向相反的系数。因此，名义收入增长的平均比率变化对平均的实际产出没有影响。另一方面，未被预料到的需求变动确实具有产出效应，效应大小由参数 π 给出。由于这个效应依靠“欺骗”供给者(在 1.1 节的含义下)，可以预料，需求变动的方差越小，π 越大。下面我们将这个含义清楚地展开。

从用 θ 和 γ 给 π 下的定义以及用 σ^2 和 τ^2 给 θ 下的定义，可得：

$$\pi=\frac{\tau^2\gamma}{\sigma^2+\tau^2(1+\gamma)}$$

联合上面得到的 σ^2 的表达式，有：

$$\pi=\frac{\tau^2\gamma}{(1-\pi)^2\sigma_x^2+\tau^2(1+\gamma)} \tag{13}$$

对固定的 τ^2 和 γ，当 $\sigma_x^2=0$ 时 π 取值 $\gamma/(1+\gamma)$，并且当 σ_x^2 趋于无穷时 π 单调地趋于零。

产出对趋势的平均偏离 $E(y_{ct})$ 在不同的需求政策下保持不变，这个预言当然不满足检验：对拟合趋势线的偏差平均值为零。相应地，我们必须将自然率假设（在这种情况下）检验建立在(13)式基础上：一个可观察的方差和斜率参数的关系式。

2 检验结果

检验上面提出的假设涉及两个步骤。首先，在每个国家中(11)和(12)式应该具备良好运行特征。特别是，在需求波动是 ΔP_t 和 y_{ct} 偏离的主要原因这个假设下，拟合必须是"好的"。π 和 λ 的估计值必须介于 0 和 1 之间。最后，由于(11)和(12)涉及 5 个斜率参数，但只有两个理论性参数，即从拟合的(11)式得到的 π 和 λ 的估计值在解释 ΔP_t 的偏离中起良好的作用。

本研究的主要目的不是"解释"在特定国家中产出和价格水平运动，而是想看看产出—通货膨胀"交替"的条件是否以自然率理论所预测的方式在不同国家中变化。为了达到这个目的，我们将利用理论性的关系式(13)以及 π 和 σ_x^2 的估计值。在不同国家中 τ^2 和 γ 相对稳定这个假设下，π 的估计值应该随 Δx_t 的样本方差增大而下降。

表 1　描述统计量 1952—1967 年

	均　值	均　值	方　差	方　差	方　差
国　　家	Δy_t	ΔP_t	y_{ct}	ΔP_t	Δx_t
阿 根 廷	.026	.220	.00096	.01998	.01555
奥 地 利	.048	.038	.00104	.00113	.00124
比 利 时	.034	.021	.00075	.00033	.00072
加 拿 大	.043	.024	.00109	.00018	.00139
丹　　麦	.039	.041	.00082	.00038	.00084
西　　德	.056	.026	.00147	.00026	.00073
危地马拉	.046	.004	.00111	.00079	.00096
洪都拉斯	.044	.012	.00042	.00084	.00109
爱 尔 兰	.025	.038	.00139	.00060	.00111
意 大 利	.053	.032	.00022	.00044	.00040
荷　　兰	.047	.036	.00055	.00043	.00101
挪　　威	.038	.034	.00092	.00033	.00098
巴 拉 圭	.054	.157	.00488	.03192	.03450
波多黎各	.058	.024	.00205	.00021	.00077
瑞　　典	.039	.036	.00030	.00043	.00041
英　　国	.028	.034	.00022	.00037	.00014
美　　国	.036	.019	.00105	.00007	.00064
委内瑞拉	.060	.016	.00175	.00068	.00127

样本中 18 个国家的描述性统计在表 1 中给出。[①] 显然，在平均实际增长率和平均通货膨胀率之间不存在联系：这个事实看来

① 有关实际的和名义的 GNP 的原始数据来自收集了许多国家的序列并按统一标准排列的《国民账户统计年报》。对国家的选择一点都不是随机的：所采用的 18 个国家都是可获得连续序列的国家。因而这个样本可通过采用单个国家的数据显著地扩大。为了获得检验中所用的变量，实际的和名义产出的对数 y_t 和 x_t 是数据序列的对数。价格水平的对数值是差 $x_t - y_t$；y_{ct}是对样本期间最小二乘法拟合得到的趋势线 $y_t = a + bt$ 的残差。表 1 给出的矩是根据这些序列进行的最大似然估计值。表 2 给出的估计值是通过普通最小二乘法得到的。

和传统的和自然率的“交替”的观点都相符。由于我们的兴趣是比较在名义收入的不同时间模式下实际产出和价格行为，这些统计资料有些令人失望。基本上观察到两种类型的名义收入行为：阿根廷和巴拉圭的多变的扩张政策，以及其余16个国家的相对平稳和温和的扩张政策。但如果样本只提供两个“点”，它们确实被远远地分开了：在高通货膨胀国家中的需求方差的估计值是价格稳定国家的10倍以上。

表2的前三栏总结了方程(11)在解释 y_{ct} 的运动方面的表现。π 的估计值都落在0和1之间；除了阿根廷和波多黎各外，λ 的估计值也是这样。R^2 表明对许多，也许是大部分国家来说，重要的产出—决定变量已经被排除在模型之外。通货膨胀率方程(12)式的 R^2 由表2第(4)栏给出。总的来说，它们比方程(11)的 R^2 小，并且毫不奇怪地，从(12)式估计的系数(没有被列出)趋于表现不稳定。表2第(5)栏给出了当从(11)式估计得到的系数值被赋予(12)式时，(12)式所解释的 ΔP_t 的部分方差(“—”表示负值)。①

表2　各国最终统计值1953—1967年

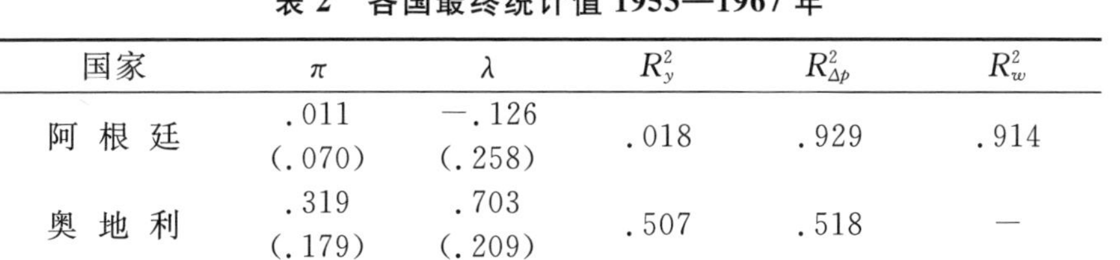

国家	π	λ	R_y^2	$R_{\Delta p}^2$	R_w^2
阿根廷	.011 (.070)	—.126 (.258)	.018	.929	.914
奥地利	.319 (.179)	.703 (.209)	.507	.518	—

① 当这些系数被赋予(12)式时，解释能力的损失可以通过近似的卡—平方检验正式地加以估计。通过这个方法，损失在0.05水平上显著的只有巴拉圭。然而正如表2所示，这个检验在某种程度上具有欺骗性：对几个国家(12)式最小二乘法估计是如此差以至于很少丧失解释能力，检验无意义地“通过”。

（续表）

国　　家	π	λ	R_y^2	$R_{\Delta p}^2$	R_w^2
比 利 时	.502 (.100)	.741 (.093)	.875	.772	.661
加 拿 大	.759 (.064)	.736 (.075)	.936	.418	—
丹　　麦	.571 (.118)	.679 (.110)	.812	.498	.282
西　　德	.820 (.136)	.784 (.110)	.881	.130	—
危地马拉	.674 (.301)	.695 (.274)	.356	.016	—
洪都拉斯	.287 (.152)	.414 (.250)	.274	.521	.358
爱 尔 兰	.430 (.121)	.858 (.111)	.847	.499	.192
意 大 利	.622 (.134)	.042 (.183)	.746	.934	.914
荷　　兰	.531 (.111)	.571 (.149)	.711	.627	.580
挪　　威	.530 (.088)	.841 (.096)	.893	.633	.427
巴 拉 圭	.022 (.079)	.742 (.201)	.568	.941	.751
波多黎各	.689 (.121)	1.029 (.072)	.939	.419	—
瑞　　典	.287 (.166)	.584 (.186)	.525	.648	.405
英　　国	.665 (.290)	.178 (.209)	.394	.266	.115
美　　国	.910 (.086)	.887 (.070)	.945	.571	.464
委内瑞拉	.514 (.183)	.937 (.148)	.755	.425	—

考虑到作为跨国的收入和价格决定模型的表现，(11)—(12)

系统通过了正常的显著性检验。另一方面,拟合优度统计值明显地比我们对年度时间序列模型所期望的差。

与这些某种程度上是混合性的结果相反,对各国的 π 的估计值行为令人惊奇地符合自然率假说。对于 16 个价格稳定的国家,π 分布在 0.287 到 0.910 之间;对两个价格不稳定的国家,这个估计值小于前者的 1/10! 为了更清楚地展示这个量级效应(Order-of-magnitude effect),检查一下美国和阿根廷的全部结果。对美国来说,(11)和(12)的拟合方程是:

$$y_{ct}=-.049+(.910)\Delta x_t+(.887)y_{c,t-1}$$

$$\Delta P_t=-.028+(.119)\Delta x_t+(.758)\Delta x_{t-1}-(.637)\Delta y_{c,t-1}$$

阿根廷的相应结果为:

$$y_{ct}=-.006+(.011)\Delta x_t-(.126)y_{c,t-1}$$

$$\Delta P_t=-.047+(1.140)\Delta x_t-(.083)\Delta x_{t-1}+(.102)\Delta y_{c,t-1}$$

在一个像美国这样的价格稳定的国家中,提高名义收入的政策趋向于对实际产出有一个较大的初始影响,同时对通货膨胀率有一个小的正向的初始影响。因此,只要保持未使用,明显的短期交替是令人满意的。相反,在一个像阿根廷这样价格不稳定的国家,名义收入变化带来相等的暂时的价格波动,而对实际产出没有可观察的影响。这些结果当然和存在相当稳定的菲利普斯曲线不相符。在另一方面,它们符合这个观点,即当且仅当成功地“欺骗”劳动力和产品的供给者,使他们认为相对价格朝有利于他们的方向移动时,通货膨胀才会刺激实际产出增长。

3 结论性的评论

上文报告的检验所强调的基本观点极其简单，然而在包含它的相当特殊的模型中，这个观点可能显得模糊不清。在这节中，我试图用一种虽然不是准确得足以建立起经济计量学的基础，但却更直接地描述它们的基本特征的方式重述这个观点。

被实证地比较的主张是指总需求政策的效果，它可能朝相同方向移动通货膨胀率和产出（相对于趋势而言），或表述成使失业和通货膨胀率朝相反方向移动。传统的解释这个观察到的相关运动的菲利普斯曲线认为，交替的条件产生于相对稳定的经济结构特征，而和所追求的总需求政策的性质无关。对同样的观察到的交替的另一种解释是，价格变化和产出之间正向联系的出现是因为供给者把总体价格运动误解为相对价格运动。它依据以下观点，首先，平均通货膨胀率变化不会提高平均产出，其次，平均价格的方差越大，观察到的交替越不“令人满意”。

这些主张的最自然的跨国比较看来是直接检查平均通货膨胀率和相对于“正常的”或“充分就业”的平均产出的联系。不幸的是，看来不存在衡量正常产出的令人满意的办法。我曾使用的偏离拟合趋势法将正常产出定义为平均产出。对失业序列的使用遇到同样的困难，因为必须选择一个比率（显然是正的）定义为充分就业。

因此，虽然这个问题围绕着平均通货膨胀率和产出比率的关系求解，但却不可能通过检查样本平均值来解决。幸运的是，如图

1 所示，存在稳定的交替也意味着在通货膨胀和产出比率的方差之间也存在关系。由于稳定的交替，引起价格较大变化的政策必然也引起实际产出相应的变化。如果这些样本方差不是趋于一起运动（如表 1 所示，它们不是的），人们只能推论，对于交替的频繁利用或滥用将使交替趋于消失。

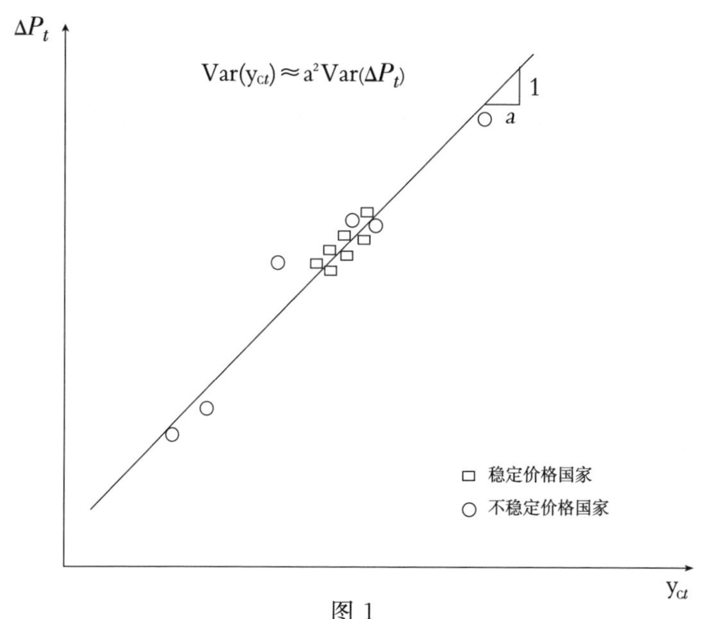

图 1

如果产出—通货膨胀联系是完全同步的，那么这个简单的讨论引出一个正常检验。然而，事实上涉及滞后效应，这使得对方差的直接比较，正如刚才提到的，在短期时间序列中变困难了。与此相应，有必要赋予数据特殊的简单结构。正如我们所见到的，这个结构只是比较好地解释了产出和通货膨胀运动，但却好得足以抓住自然率理论所预测的主要现象：需求的方差越大，菲利普斯交替的条件越不适宜。

参考文献

M. Friedman, *A Theory of the Consumption Function*, Princeton 1957.

M. Friedman, "The Role of Monetary Policy," *Amer. Econ. Rev.*, Mar. 1968, *58*, 1－17.

D. F. Gordon and A. Hynes, "On the Theory of Price Dynamics," in E. S. Phelps et al., *Micro-economics of Inflation and Employment Theory*, New York 1969.

R. E. Lucas, Jr., "Expectations and the Neutrality of Money," *J. Econ. Theor.*, Apr. 1972, *4*, 103－124.

R. E. Lucas, Jr., "Econometric Testing of the Natural Rate Hypothesis," *Conference on the Econometrics of Price Determination*, Washington 1972, 50－59.

R. E. Lucas, Jr., and L. A. Rapping, "Real Wages, Employment and the Price Level," *J. Polit. Econ.*, Sept./Oct. 1969, *77*, 721－754.

R. E. Lucas, Jr., and L. A. Rapping, "Unemployment in the Great Depression: Is There a Full Explanation?", *J. Polit. Econ.*, Jan./Feb. 1972, *80*, 186－191.

J. F. Muth, "Rational Expectations and the Theory of Price Movements," *Econometrica*, July 1961, *29*, 315－335.

E. S. Phelps, introductory chapter in E. S. Phelps et al., *Micro-economics of Inflation and Employment Theory*, New York 1969.

F. Raines, "Macroeconomic Demand and Supply: an Integrative Approach," Washington Univ. working paper, Apr. 1971.

A. Rees, "On Equilibrium in Labor Markets," *J. Polit. Econ.*, Mar./Apr. 1970, *78*, 306－310.

P. Taubman and M. Wilkinson, "User Cost, Capital Utilization and Investment Theory," *Int. Econ. Rev.*, June 1970, *11*, 209－315.

United Nations, Department of Economic and Social Affairs, United Nations Statistical Office, *Yearbook of National Accounts Statistics*, *66 and 68*, New York 1958.

勘 误

[编者按：以下作者的评论登在《美国经济评论》66(1976)：985上]。尼尔·华莱士曾指出我发表在1973年6月《美国经济评论》上的论文所描述的检验中有一个严重的概念性错误。由于我决定用产出的对数偏离趋势(y_{ct})的偏差而不是偏离(y_t)的对数的偏差来讨论估计，因而使观点难以理解，但通过检查(10)和(11)式所描述的两个方程 y_t 和 P_t，观点是清楚的。利用恒等式 $y_t+P_t=x_t$，两个方程中任何一个都可通过另一个得到。

第2节给出的国家内结果的许多讨论被我认为正在估计两个方程模型的错误想法弄模糊了；实际上只有一个方程。由于来不及对此进行修改，我只是说明这个错误影响表2及其解释的主要方式。首先，开头为 R_y^2 和 $R_{\Delta p}^2$ 的栏在模型解释实际产出对通货膨胀率运动能力方面没什么作用。R_y^2 衡量了按照水平形式估计的模型中一个方程解释产出的能力。$R_{\Delta p}^2$ 衡量了按照一阶差分形式估计的同一方程解释通货膨胀的能力。按照这个观点(即正确的)，两者相比较没什么意思。其次，注释9讨论的检验和开头为 R_w^2 栏不附带"跨方程"理论性限制；因为系统中只有一个方程，不存在这种限制。

对我的模型中"两个"方程之间关系的正确理解对解释国家内结果显然是重要的，正如上面一段所展示的，所需的修改远不止概念性的修改。但是，我得到的主要结论则无需改变。看起来和经验相符但没有被特别深刻地正确解释的国家内结果看来也被同样正确解释了。跨国结果是自然率假设所持有的唯一证据，不受任何影响。

生产能力、加班以及经验的生产函数*

1 导言

现在，描述竞争性行业对产品需求周期性波动的反应有两个主要理论，一个以新古典生产函数为基础，另一个以固定要素比率假设为基础。在导言部分，概述一下每个理论对产出、投入和相对价格周期性运动的含义，以及两种理论所遇到的难以克服的(很熟悉的)经验例子。① 在本文的其余部分，清楚地提出一个替代理论，它符合与前两种理论相对立的证据。

为了以最简单的形式概述两个理论，考虑一个具有许多用劳动和资本两种投入生产唯一产品的企业的竞争性行业。生产满足常数规模报酬：

$$y_t = f(x_t), \tag{1}$$

其中 y_t 是 t 期每单位资本产出，x_t 是每单位资本的劳动(人力—小时)。在当期，资本固定在期初的水平上，因而对每个企业当期

---

* 经许可，重印自《美国经济评论》60(1970)：23—27。

我要感谢我的同事 L. A. 拉平，迈伦·约瑟夫，T. W. 麦圭尔和温·温克勒的评论和建议。我还要感谢阿尔温得·杰恩的帮助和国家科学基金会的支持。

① 这个评论由费尔普斯提出并且类似于[9]中费尔普斯的一些观察。

的短期决策问题是：选择满足(1)的劳动和产出，最大化每单位资本的利润，

$$p_t y_t - w_t x_t。 \tag{2}$$

工资率 w_t 和产出价格 p_t 被企业视为参数。当选定一个具体生产函数时，求解这个最大化问题得出短期产出供给和劳动需求理论。

如果生产函数是新古典的(对任何 $x>0$，$f'(x)>0$，$f''(x)<0$)，就是到下面众所周知的含义：(a)边际成本曲线光滑而且向上倾斜，因而需求移动导致产出和价格相同方向的变化；(b)实际工资 $w/p=f'(x)$ 反周期移动(和 x 负相关)；(c)(1)式经验估计应得到大致等于劳动份额的产出—劳动弹性 $xf'(x)/f(x)$。

当 f 表现为固定要素比率时，通过对数量(2)求最大化得到另一个理论：①

$$y_t = \min[x_t, 1]。 \tag{3}$$

这个理论的基本含义是：(a)达到生产能力产出水平之前，边际成本曲线是平坦的，因而需求增加将首先导致产出的扩张，然后是价格上涨；(b)由于仅当 $x_t=1$ 时资本才能获得报酬 1，这个等式在周期高峰阶段得以保持；(c)劳动的份额和实际工资率两者应该反周期地运动；(d)在最佳政策下，$y_t=x_t$，因此(1)式的经验性估计应该产生单位产出—劳动投入弹性。

从生产函数的直接估计所得到的证据显然有利于固定比率理论。下面表 1 列出了(1)式为柯布—道格拉斯函数时的六个估计

① 公式(3)假定选定资本和劳动以使每单位的任何一种投入的最高产出都是 1。

值和附加的潜在趋势项。① 在每种情况中，估计的产出劳动投入弹性和1相差不大。如果一个“好的”生产函数标准是弹性接近劳动的份额，这些结果必须被抛弃（如许多其他人对所怀疑的类似结果所做的）。然而按照通常的经济计量学标准，这些结果很好，它们显示出在样本广泛的多样性和不同时期中令人满意的一致性。也许寻找一个能解释这个规律的理论将更为有趣。

表1　估计的生产函数

样本	时期	L/K 常数	L/K 弹性	L/K 趋势	$\hat{P}$	DWS	R^2
肯德里克	1891—1953年	—.221 (.017)	1.141 (.079)	.0058 (.0003)	.730 (.094)	2.23	.978
肯德里克	1891—1925年	—.395 (.047)	1.035 (.167)	.0084 (.0011)	.533 (.145)	2.23	.793
肯德里克	1931—1953年	—2.909 (.710)	.973 (.060)	.0193 (.0009)	.345 (.200)	1.78	.993
OBE	1930—1965年	—.314 (.018)	1.039 (.027)	.0123 (.0003)	.571 (.110)	1.82	.967
季度(OHS)	1948年-Ⅱ—1965年-Ⅳ	.420 (.046)	.992 (.041)	.0027 (.0002)	.579 (.115)	2.13	.996
季度(DB)	1948年-Ⅱ—1965年-Ⅳ	.402 (.049)	.974 (.048)	.0026 (.0002)	.580 (.115)	2.10	.990

① 表1,1—3行的结果是根据肯德里克[5]的美国年度时间序列。4行是根据OBE的年度资料。5行和6行使用OBE季度资料。它们的区别仅仅是资本变量，5行用one-hoss-shay(OHS)积累投资假设，6行则用下降余额(DB)。这些序列被详细描述在本文的早期手稿[7]中(可以向作者索取)。估计值通过利用[3]中托宾提出的适合在残差一阶自相关假设下使用的两步法而得到。统计量 R^2 是1减去第二步误差平方和，除以自变量相对其均值的平均离差和(不是第二步计算出的 R^2)。

实际工资周期性运动方面的证据和两个理论都不相符。因而博德金总结了他对有关这方面证据的最新评论和推论："……利用美国数据所进行的大部分分析支持……实际工资和劳动力的周期使用是正相关的观点"。[①] 我自己的一些检验相似地显示了实际工资和劳动—资本比率的运动之间微弱的联系。[②]

关于固定比率假设(3)式的证据的第三个来源，通过检查连续的周期高峰阶段的修正了趋势的资本—产出比得到。由于约束 $y_t \leqslant 1$ 对资本获得正报酬来说是必须的，观察到的峰值 y_t 应该(大致)经常达到。该项预测与 y_t 的水平相矛盾，在第二次世界大战期间及其后几年中得到的相对于趋势的 y_t 的水平大大超出了之前或之后任何年度的值。[③]

总之，美国的时间序列资料，不论是实际工资运动还是对生产函数的直接估计，没有证据表明劳动报酬递减。另一方面，固定要素比例的假设不能解释战时每单位资本流量的固定产出及反周期的实际工资运动的缺乏。

2　一个替代模型

前面部分所总结的证据及其对两个标准生产理论的含义对从事

---

① 引用出自[2]第 7 部分。博德金用失业率作为周期的指标，并且用价格指数的变化来使货币工资贬值。应当指出，博德金根据战前美国制造业季度资料得出的结论(正如他表明的)看来是这儿提到结果的一个例外。

② 这个检验根据 170 页注释(2)所述的资料在[7]中报告。

③ 单位资本产出在 1944—1946 年的每个年度都超过它的长期(1890—1954 年)趋势的 20%，在其余年度则没有(利用肯德里克[5]中的资料)。

经济周期实证研究的学生来说是熟悉的。普遍认为重新解决这些困难的最有希望的途径是把资本利用率变化引入理论。这可以在两个层次上完成。首先,一些研究者通过将衡量资本存量"修改"为利用率变化而获得"改进的"经验生产函数(即,获得更接近劳动份额的劳动弹性)。其次,有人试图给企业的成本结构重新建立公式来解释为什么很多时候低于资本充分利用率水平是最优的。为了解释上述的观察结果,一个合适的理论必须清楚地同时做到两点。

在本文中,我们将继续由马里斯发展起来并进行某些详细研究的观点,其观点是把利用(utilization)定义为每期(天,周)设备被使用的小时数。① 对固定资本存量,利用率依赖于当企业从最具吸引力的工作时间到较差吸引力的工作时间时工资率的提高。当然,在资本利用率变动的几种可采用的解释中,这个观点和长期运动关系最大。在"正常"一周的 168 个小时中许多资本被使用或占用大约 40 小时的基本理由是人们不喜欢晚上和周末工作,本世纪以来在这种意义上的利用缓慢下降的原因是,人们为了提高健康水平而选择少工作。② 每周工作时间和加班工作两者都先于周期的事实,说明在理解资本利用率的周期性变化方面工人的偏好也是重要的。为了判断是否如此,在本节的后面提出一个联系偏好和利用度的显性模型。③

① 参见[8]。本文使用的利用的观点基本上是马里斯的,尽管我们关注另外一组不同的含义。替代公式参见陶布曼和威尔金森[11]以及约翰森[4]和索洛[10]的"油灰—黏土(putty-clay)"理论。

② 参见[6]中刘易斯的讨论。

③ 上面已向马里斯的帮助表示感谢。以下也正是在阿尔奇安[1]的含义下区别产出率和产量的。

我们想到把时间划分为一个个时期，每个时期相当于单位长度的观察期(例如，季度)。资本存量在整个期间固定在期初水平上，产出在期末出售(或加入存货)。时期中的时间被看作单位间隔，并按照从对工人最有吸引力到最小吸引力排列各点。从企业的角度，这些偏好可以总结为对于在时间 s 的工作而产生的竞争性工资表 $w(s)$，$0\leqslant s\leqslant 1$。工资表具有向上倾斜的斜率，反映观察到的为加班、夜晚和周末工作而支付的酬金。

根据“瞬时的”生产函数，单位资本产出流量 $y(s)$ 在瞬间 s 依赖于在 s 每单位资本工作的工人数 $x(s)$。整个生产期间单位资本产出量是：

$$y=\int_0^1 y(s)ds=\int_0^1 f(x(s))ds。\tag{4}$$

与此相似，每单位资本的总人力—小时是：

$$x=\int_0^1 x(s)ds,\tag{5}$$

以及每单位资本雇员报酬是：

$$wx=\int_0^1 w(s)x(s)ds。\tag{6}$$

这样经验生产函数就是满足连续观察值 y_t 和 x_t(表达式(4)和(5)的左边)的曲线。观察到的货币工资率的时间序列是 $(wx)_t$ 的观察值除以 x_t(表达式(6)和(5))。如果工资率曲线 $w(s)$ 是平的，这些变量将显示出像前面部分讨论的相互联系。这部分的问题是，当 $w(s)$ 具有我们所观察到的向上倾斜的斜率时这些变量的联系。

显然，如果工资表 $w(s)$ 从一期到另一期“随意地”变动，这些变量之间将不存在系统性的关系。与此相应，假设在时期 t 的 $w(s)$ 是一个基本工资 w_t 乘上在各期保持稳定的附加项 $\phi(s)$。[①] 在这个假设下，最优计划用工的企业（或在短期成本曲线上）求解：

$$\max_{x(s)\geqslant 0}\int_0^1 f(x(s))ds$$

满足：

$$\int_0^1 \phi(s)x(s)ds\leqslant c \tag{7}$$

（即，在给定每单位资本总变动成本 cw_t 条件下，求每单位资本产出的最大化。）

我们首先在固定要素化例假设(3)下考虑这个问题，或

$$f(x(s))=\min[x(s),1], \tag{8}$$

且：

$$\phi(s)\text{严格上升。} \tag{9}$$

根据[13]定理 2″，存在一个解 $x^0(s)$。显然，对一些 $0\leqslant u\leqslant 1$，$x^0(s)$ 在区间 $[0,u]$ 取值 1，在 $(u,1]$ 取值 0。由于 $\phi(s)$ 上升，u 单独决定于：

$$\int_0^u \phi(s)ds\leqslant c\text{，当 } u<1 \text{ 等式成立。} \tag{10}$$

这个模型的短期产品市场含义正像在标准的新古典模型中的含义一样。从(10)可得总变动成本 $w_t c(u)$ 为 u 和 w_t 的方程，其中 $c(u)$ 严格凸且满足：

---

① 有证据表明实际上一些奖金率——主要是加班的——被选定为基本工资的比例。大约有四分之一的晚班工人得到按[12, p. 95]确定的百分比的奖金。当然对这个问题的进一步分析深入到函数 $\phi(s)$ 背后的劳动供给者的偏好函数。

$$c(0)=0, c(1)=\int_0^1 \phi(s)ds, c'(u)=\phi(u) \tag{11}$$

根据(4)，单位资本产出是 $y=\int_0^u ds=u$，因此 $w_t\phi(s)$ 是边际成本函数。

根据(5)，每单位资本总人力一小时也等于 u(和 y)，因此预测观察到的产出—劳动投入弹性为1。在单位人力—小时产出在周期中固定的条件下，实际工资和劳动份额是同一变量。它们相同的值由货币报酬 $(w_t/u)\int_0^u \phi(s)ds$ 和产出的价格(或边际成本) $w_t\phi(u)$ 的比率给出。给定 u(它也是周期的一个指标)导出这个比率为：

$$\frac{1}{u}\left[1-\frac{w}{p}\left(1+\frac{u\phi'(u)}{\phi(u)}\right)\right]。$$

由于 w/p 等于劳动份额，它介于0和1之间。另一方面，$1+u\phi'(u)\phi(u)$ 超过1。因此实际工资率的周期性运动不符合这个理论。[①] 总之，刚刚概括的理论和前面部分所提到的所有经验证据相一致。

正如下面所示，当用新古典生产函数替代固定比例假设时，企业的短期成本结构基本上不变。代替(8)式，我们要求 f 二阶可导且满足：

① 在弹性 $u\phi'(u)/\phi(u)$ 被认为不可观察的条件下，这是正确的。根据以上理论，$\log(w/p)$ 对 $\log(x)$ 回归得到劳动份额(大约是1.5)的倒数减去 $1+u\phi'(u)/\phi(u)$ 的估计值。因此，$\log(x)$ 的一个系数为0表明 $\phi(u)$ 弹性为0.5。这个数字没有太超出加班的1倍半或夜班8%差别[12, p. 86]。但为了建立一个仔细的检验，需要实际构造函数 $\phi(s)$，并决定和0.5相比合适的弧弹性。

$$f(0)=0, f'(x)>0, f'(\infty)=0, f''(x)<0。\tag{12}$$

[13]中的定理2″保证存在一个最优工作计划 $x^0(s)$。f 严格凹以及由 $x(s)\geqslant 0$ 和(7)所定义的函数集合凸性确保最优解是唯一的。由于 f 严格上升,(7)式在 $x^0(s)$ 等式成立,并且进一步存在一个正数 λ,使得对所有 $0\leqslant s\leqslant 1$,

$$f'(x^0(s))\leqslant \lambda\phi(s),\tag{13}$$

如果 $x^0(s)>0$,等式成立。为了得到企业的成本函数,那么必须解(7)和(13)得出 λ 和 $x^0(s)$。

求(13)的反函数得到作为 $\lambda\phi(s)$ 的函数的在 s 的最优劳动力。这样由于在 $x^0(s)$ 目标函数的值是单位资本产出 y,我们有:

$$y=\int_0^1 f[\overline{x}(\lambda\phi(s))]ds。$$

这反过来可求出 $\lambda=\lambda(y)$,其中

$$\lambda(0)>0, \lambda(\infty)=0, \lambda'(y)<0。\tag{14}$$

然后代入(7)得到作为产出函数的总变动成本:

$$w_t c(y)=w_t\int_0^1 \overline{x}[\lambda(y)\phi(s)]\phi(s)ds。\tag{15}$$

通过微分并应用(13)式,证实了一个熟悉的事实,边际成本是:

$$w_t c'(y)=\frac{w_t}{\lambda(y)}。$$

这样,就像在固定比率情况一样,模型的短期产品市场含义和导言中讨论的标准的新古典模型的含义一样。

这个模型隐含一个稳定的经验的“生产函数”,可通过将最优工作计划(它依赖于产出)代入(5)式得到:

$$x=\int_0^1 x[\lambda(y)\phi(s)]ds。\tag{16}$$

当给定劳动投入沿着这条曲线时，产出很容易算出，但关于 dy/dx，除了符号外我们不能确定什么。特别是，弹性 $(x/y)(dy/dx)$ 可能落在 1 的任何一边，且和劳动份额无必然联系。因此，理论和以上所述的周期性现象相一致，说得虚一些，它和任何稳定的生产函数以及实际工资和劳动份额的周期性模式都相一致。

3 结论

本文主要观点是检验两个不同的边际，沿着边际企业可以提高它的被观察到的劳动—资本比率。第一个也是最熟悉的边际涉及在通常意义下的劳动—资本替代：在每一时点，可以花更多的劳动在固定资本存量上。第二个相当于提高所谓的资本使用的密集程度：使用资本的生产期间的比例被提高了。沿着两个边际都遇到边际成本上升：第一种情况，是由于产出的报酬递减；第二种是由于当延长工作时间到工人认为没有吸引力时所增加的额外工资。这两种降低金钱报酬的原因，不论是单独还是联合，具有和第 1 节中简单的新古典理论一样的短期产品市场含义。然而，和标准模型相反，上面提到的模型和观察到的产出和实际工资的周期性模式相一致。首先，和新古典理论相同，这些模型预测在每单位资本量产出和每单位资本量人力—小时之间有稳定的关系。即使瞬时生产函数是新古典的，相对于后者前者的弹性不必显示递减报酬。因而，理论的两种形式都和第 1 节报告的生产函数估计相一致。其次，这里所提出的模型都不要求每人力—小时的平均实际报酬（实际工资率的通常度量）是反周期模式。因此，这个理论

的工资含义和博德金[2]及其他人的结果相一致。

参考文献

1. Armen Alchian,"Costs and Outputs,"in Moses Abramovitz, ed. ,*The Allocation of Economic Resources:Essays in Honor of B. F. Haley*(Stanford Univ. Press,1959).
2. Ronald G. Bodkin,"Real Wages and Cyclical Variations in Employment:A Reconsideration,"*Canadian J. of Econ.*, Aug. ,1969.
3. J. Durbin,"Estmation of Parameters in Time Series Regression Models," *J. of the Royal Statis. Soc.* ,Series B,1960.
4. Leif Johansen,"Substitution Versus Fixed Production Coefficients in the Theory of Economic Growth:A Synthesis,"*Econometrica*,Apr. 1959,pp. 157 - 176.
5. John W. Kendrick,*Productivity Trends in the United States* (Princeton Univ. Press,1961).
6. H. G. Lewis,"Hours of Work and Hours of Leisure,"*I. R. R. A.* ,1956, pp. 196 - 207.
7. Robert E. Lucas, Jr. , "Capacity, Overtime and Investment,"unpublished Carnegie-Mellon research memorandum,Aug. ,1969.
8. Robin Marris,*The Economics of Capital Utilisation* (Cambridge Univ. Press,1964).
9. Edmund S. Phelps,introductory chapter in E. S. Phelps *et al.* , *The New Microeconomics in Employment and Inflation Theory* (W. W. Norton, 1969).
10. Robert M. Solow,"Substitution and Fixed Proportions in the Theory of Capital,"*Rev. of Econ. Studies*,June,1962,pp. 207 - 218.
11. Paul Taubman and Maurice Wilkinson,"User Cost,Capital Utilization and Investment Theory,"*Int. Econ. Rev.* (forthcoming).

12. U. S. Dept. of Labor, Bur. of Labor Statis. , *Wages and Related Benefits* (Part ii), Bul. No. 1530 - 1587. (Washington, 1968).

13. Menahem E. Yaari, "On the Existence of an Optimal Plan in a Continuous Time Allocation Process," *Econometrica*, Oct. , 1964, pp. 576 - 590.

均衡的求职与失业*

1 导言

大萧条过后30年，经济学家们集中精力提一个明显的问题：为什么工人宁愿选择（在一些条件下）失业也不愿在较低的工资率下就业？这个问题引起很大注意力之后不久，各种模型被提了出来说明工人可能如何合理地在他们觉察到工资率暂时低于正常水平时，选择其他活动而不是去工作。① 当可替代的活动是寻找工

---

* 经许可，重印自《经济理论杂志》7(1974年2月)：第188—209页。

我们感谢E. S. 费尔普斯有益的一般评论，特别是他指出在初稿图2的讨论中的一个错误。

① 一系列有关这些情况被收集在费尔普斯等人的书中[10]。其中心思想至少可追溯到希克斯[5]。

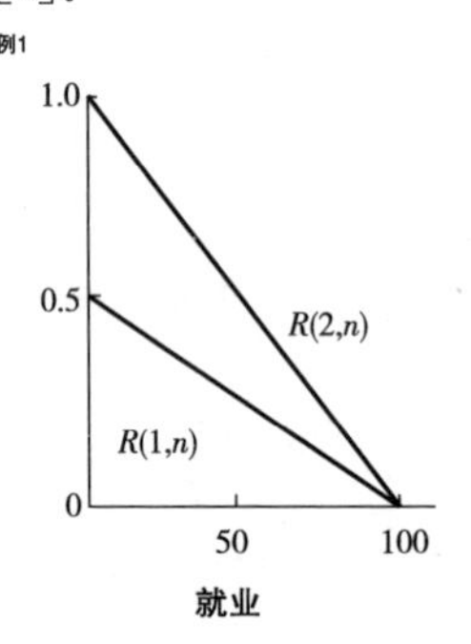

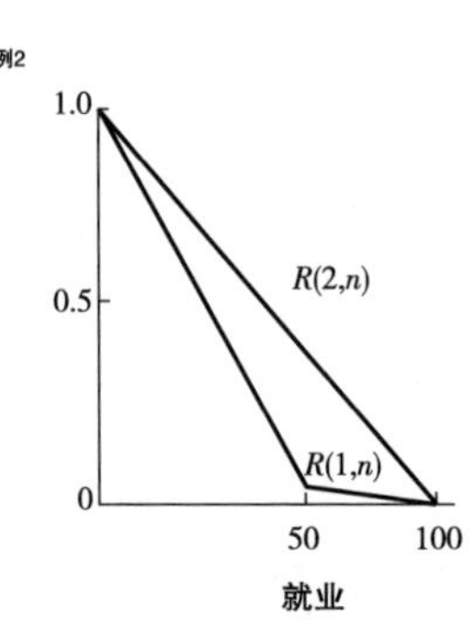

（接下页）

作时，一类特别有趣的模型产生了：工人面临按他认为的某种概率分布的工资报价；他的选择是接受报价或再次选择①（显然，有趣的是，这些选择相互排斥：你肯定不能在同一时间求职和工作）。

大部分为这些有关求职行为的文献作出贡献的人赞同某种形式的弗里德曼—费尔普斯观点，即存在一个自然失业率，它既不能、也不应该（或可能两者皆有）被货币和财政政策所降低（平均地）。②然而当讨论这个自然率的文献认为它可能有一个竞争均衡的属性时，并没有理论模型包含一个非零的均衡失业率的决定以

（接上页）

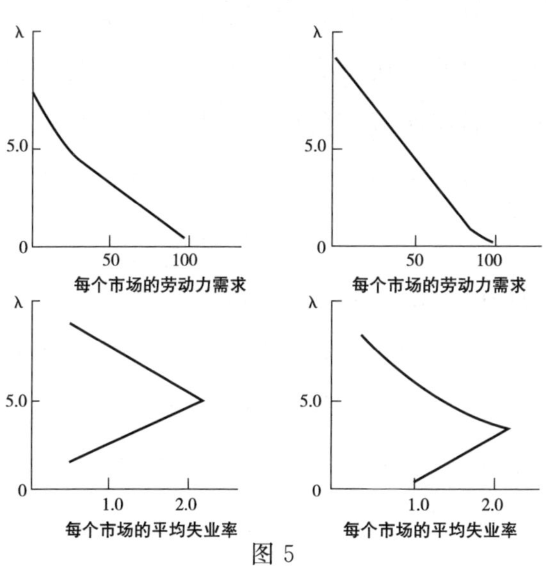

图 5

① 例如在莫滕森和戈登—海因斯[10]中的一些章节，麦考尔的[8]和斯蒂格勒的[13]中。也许有必要强调积极寻找工作是工作的唯一替代行为的模型并没有全部包括失业被认为是“合理的”选择的模型。

② 除了上面提到的参考书以外，还可参见弗里德曼[4]。

及对其性质的研究。[1] 规范地讲，这意味着不存在能规划和分析诸如费尔普斯[11，第4章]和托宾[14]曾提出的重要福利事项的框架。从经验上讲，它意味着（例如）不存在为什么从一个发达的资本主义经济到另外一个发达的资本主义经济平均失业率变化如此之大的理论性的描述。

显然，不能指望通过研究面临按给定概率分布的工资报价的单个个体的最优求职行为来解决这些问题。问题是这些市场均衡，并且必须在一个联立决定就业行为和工资的理论背景中达到均衡。正如将深入本文的主体的读者将要发现的，这个问题比听起来要困难。在导言的剩余部分，我们试图说明为什么。

为了使同一类劳动力的工资率在同一时点不相同，劳动力显然必须在不同空间的市场中交换（否则，工资率将在很短以至于不用考虑经济利益的期间因竞价而趋于相等）。根据上文，决定工人决策问题的工资率分布必须和他在这些不同市场中寻找的可能收益的信息相联系。另一方面，工资率在市场间的分布显然受劳动供给者动机的影响。总之，最优劳动供给行为和它所根据的工资分布必须在一个市场（与个人相对应）行为模型中被联立决定。

虽然很类似于在单一市场中用供给和需求表决定价格和数量的问题，这个联立性问题分析起来却更加困难，这里至少有两个原因。首先，由于空间移动费时，劳动力市场求职必须在动态环境下研究。其次，在每一时点上这个过程的产出将是一个概率分布，而

---

① 卢卡斯[7]提供了一个就业随总需求变动的均衡。然而，在这个模型中“失业”作为一种行为和“闲暇”或其他非工作替代行为没有什么区别。

不是简单的一个数。这样模型的解是一个随机过程。

本文的剩余部分致力于建一个完整的这类"求职模型"。为简单起见,处理将是抽象的和说明性的。理论和观察到的劳动力市场行为之间联系的讨论和本文的结论不同,并将简要地论述。

2 模型的结构

我们考虑一个经济,其中生产和产品销售是在大量不同空间的市场中进行的。① 每个市场中产品需求被独立于市场(因此总需求是常数)但在单个市场中自相关的冲击所移动。满足当期需求的产出在当期生产出来,并以劳动作为唯一投入。每个产品市场是竞争的。

常数量的劳动力在期初按某些方式分配给各个市场。在每个市场,劳动力在使市场出清的实际货币工资上竞争地配置给各企业。每个工人或者在这个工资率工作,或者离开,在工作的情况下他将留在这个市场直到下一时期。如果离开,本期他没有收入,但他进入了下期以某些方式分配给各市场的失业工人"群"中。按照这种方式,新的劳动力分布被决定,新的需求被"导出",这个过程不断进行。

在这个过程中,假设所有的个体在他们的目标及可利用信息明确的条件下最优地行动。对企业,这不过意味着雇用工人,直至其边际价值产品等于工资率。对工人,作出工作或求职的决定使

① 参见[10]中费尔普斯导言一章中对"孤岛经济"的描述,这是当前模型的直接原型。

得预期的收入流量现值最大化。在进行这个计算时，假设工人知道影响他们现在所在市场的变量值（例如，需求和劳动力）并且知道决定市场未来状态的真实概率分布以及其他人现在及未来的状态。也就是说，预期被假设为合理的。①

合理预期这个假定的经济学解释是，个体有时就像在当前环境中一样行事并因此建立了有关影响他们的概率分布的经验。为了使这有意义，这些分布在时间上必须保持稳定。准确地说，这意味着我们将只考虑需求和劳动力的稳定分布以及在这些稳定分布下的行为规则。虽然倾向于这些稳定分布的序列将被分析使用，但看来这些并没有相对应的观察到的行为。

现在我们更详细地概括一下以下部分的任务。在下一节，我们研究在单个市场中，把离开这个市场的工人预期报酬作为参数条件的均衡就业和工资的决定。在第 4 节，决定这个市场中需求和劳动力的稳定联合分布。在第 5 节，我们汇总各市场的劳动力得到整个经济的总劳动力，它是参数预期报酬的函数。这个关系作为劳动的总需求函数；给定一个固定总劳动力，均衡的预期报酬按通常的方式决定。最后，第 6 节讨论这个均衡所具有的特定种类的稳定性，结论性评论在第 7 节给出。

3　单个市场均衡

在本节和下一节，我们研究在单个市场中工资和就业的决定，

---

①　在卢卡斯和普雷斯科特[6]和穆斯[9]的意义下。

用特定的给定参数代表经济的其余部分对这个市场的影响。这种冲击有三种形式：第一，产品需求以外生决定的随机方式变动；第二，外界经济给工人提供替代性的就业；第三，新的工人从经济的其余部分进来，增加了当地的劳动力。我们依次讨论每一种影响。

单个市场行为就像马歇尔式的行业一样，面临一个需求函数 $p=D(s,Q)$，其中 p 是价格，Q 是行业产出，s 是交易前知道的一个随机更换变量。产出由 m 个同样企业供给，每个企业具有只依赖于劳动投入的生产函数 $\varphi(n)$。行业是竞争的，因此企业的利润（和现值）最大化政策是雇用工人直至劳动产品边际价值 $p\varphi'(n)$ 等于工资。当产品市场出清，函数 $R(s,n)$ 定义为：

$$R(s,n)=D(s,m\varphi(n))\varphi'(n)$$

给出当需求处于状态 s 就业为 n 时劳动产品边际价值。由于 R 完全概括了劳动市场需求一方，我们将抛开函数 D 和 φ，直接给 R 限制条件，如下面所示。

函数 $R(s,n)$ 是正的、可微分的，并且有界；它的一阶导数满足：

$$R_s(s,n)>0, \quad R_n(s,n)<0。 \tag{1}$$

对每个固定 n，

$$\lim_{s\to 0}R(s,n)=0。 \tag{2}$$

对每个固定 w，$0<w\leqslant R(s,0)$，由 $R(s,\hat{n}(s,w))=w$ 定义的函数 $\hat{n}(s,w)$ 满足：

$$\lim_{s\to\infty}\hat{n}(s,w)=\hat{n}(w)<\infty。 \tag{3}$$

更换变量 s 满足马尔可夫过程：

$$F(s',s)=Pr\{s_{t+1}\leqslant s'\mid s_t=s\}。$$

对固定 s,F 是定义在 $s'>0$ 上的累积分布函数,具有连续的严格正的密度 $f(s',s)$。对固定 s',F 是在 $s>0$ 上 s 的严格递减函数;更进一步说,如果 g 连续,

$$\lim_{s\to 0}\int g(s')f(s',s)ds'=\lim_{s\to 0}g(s), \tag{4}$$

且如果 g 也是正的且非递减,

$$\lim_{s\to\infty}\int g(s')f(s',s)ds'\leqslant\lim_{s\to\infty}g(s) \tag{5}$$

假设由 F 定义的过程具有唯一的稳定分布。[①]

假定需求变量 s 独立于各市场,市场的数量巨大。[②] 进一步讲,经济的总劳动力固定。因此,一旦劳动力在市场间稳定地分布,预期的寻找工作的现值就是一个常数,比如 λ。在本节及下一节,我们把 λ 看作一个给定参数;它的均衡值将在第 5 节决定。

在期初,每个市场具有一个固定的劳动力 y,这是那个市场当期就业的上界。所有当期被雇用的工人保留到下期;当期未被雇用的工人则离开。新的工人以随机方式进入,其确切的性质依赖于所假定的求职过程。在本文中,我们赋予这个过程的结果以一个特殊性质,即失业工人分配给各市场是按照使机会成本 λ 等于在每个接收工人市场中的预期收入的方式进行。保证这个结果的

① 作为一个满足所有这些条件包括(4)和(5)的马尔可夫过程的例子,令(ϵ_t)为一系列独立的正态分布变量,令 $0<r<1$,并令 s_t 满足

$$\ln(s_{t+1})=a+r\ln(s_t)+\epsilon_t。$$

② 巨大意味着或者是市场的连续或者是可数无穷的。这样经济学上需求变换独立的假设意味总需求被认为不随时间而变化。

准确到达率将在下面确定。[①]

总之，一个特定市场的状态完全由它的需求状况 s，它期初劳动力 y 和寻找的预期收入 λ 所描述。这三个变量中，只有 s 和 y 随市场变化；与此相应，我们用 (s,y) 作为市场指标（例如，表示为"市场 (s,y)"）。然后，对市场 (s,y)，我们寻找作为市场状态函数的工资和就业 $w(s,y,\lambda)$ 和 $n(s,y,\lambda)$。均衡必须满足市场出清条件：

$$w(s,y,\lambda)=R(s,n(s,y,\lambda)) \tag{6}$$

和劳动供给约束：

$$n(s,y,\lambda)\leqslant y。 \tag{7}$$

其他均衡条件可通过考虑工人作出的现值最大化的寻找工作决定而得到。

为了研究这个选择，令 $v(s,y,\lambda)$ 为期初在 (s,y) 中的工人工资流的预期现值。一般而言，$v(s,y,\lambda)$ 等于当期工资加上从下期开始的以后各期的工资流按一个常数因子 β，$0<\beta<1$ 折现为现值的预期现值。形式上，

$$v(s,y,\lambda)=w(s,y,\lambda)+\beta E\{v(s',y',\lambda)\}$$

其中，预期是以工人当期可获得信息：(s,y,λ) 条件，在考虑到下期状态 (s',y') 的分布（还未确定）的条件下作出的。右边项的值将随 (s,y) 变化；如下所示，分别考虑三种情况是方便的。

情况 A　一些（或全部）工人离开；一些（或没人）留下。

在这种情况下，离开的工人获得求职的预期收入。留下的工人由于可以选择离开，因而不会少挣收入，但又由于离开的工人可

① 在方程(19)中。

选择留下，因而不会多挣收入。因此，

$$v(s,y,\lambda)=\lambda。\tag{8a}$$

情况 B1　所有工人留下；下期没有其他工人到来。

在这种情况下，当期就业量是总的劳动力 y，根据(6)，当期工资是 $R(s,y)$。由于当期劳动力保留到下期，下期的状态是(s',y)，s'由 $f(s',s)$随机给出。因而

$$v(s,y,\lambda)=R(s,y)+\beta\int v(s',y,\lambda)f(s',s)ds'。\tag{8b1}$$

情况 B2　所有工人留下；下期另外一些工人到来。

在这种情况下，到来的工人和所有寻找工作的人一样，有预期现值(折现为现值)λ。因此，对他们及留在(s,y)的工人，$\beta E\{v(s',y',\lambda)\}$具有相同的值 λ，且

$$v(s,y,\lambda)=R(s,y)+\lambda。\tag{8b2}$$

显然，这三种情况把平面(s,y)的正值部分分为三个互不包含且完全的子集合。①

现在，比较情况 B1 和 B2，我们注意到如果没有新工人准备到来(情况 B1)，在将来劳动力为 y 的条件下在(s,y)中的预期租金是非正的，或 $\beta\int v(s',y,\lambda)f(s',s)ds'\leqslant\lambda$。因此，(8b1)和(8b2)可以合并为：

$$v(s,y,\lambda)=R(s,y)+\min\left[\lambda,\beta\int v(s',y,\lambda)f(s',s)ds'\right]。\tag{8b}$$

最后，比较情况 A 和 B，我们注意到在每种情况下留下的工

① 这个正象限的划分参见图 3(在这里我们还没有足够的信息画出它)。

人都拒绝选择寻找职业，因而 $v(s,y,\lambda)\geqslant\lambda$。这样，(8a)和(8b)可以合并起来得到一个唯一的对所有情况都正确的方程：

$$v(s,y,\lambda)=\max\{\lambda,R(s,y)+\min[\lambda,\beta\int v(s',y,\lambda)f(s',s)ds']\}。\qquad(8)$$

和(8)有关的事实为：

命题1　方程(8)具有唯一解 $v(s,y,\lambda)$。函数 v 在(s,y,λ)连续，对 s 和 λ 非递减，对 y 非递增，且满足：对任意 λ_1、λ_2，

$$|v(s,y,\lambda_1)-v(s,y,\lambda_2)|<(1/\beta)|\lambda_1-\lambda_2|\qquad(9)$$

对每个 y、λ，

$$\lim_{s\to 0}v(s,y,\lambda)=\lambda\qquad(10)$$

而且对足够大的 s，

$$v(s,y,\lambda)\leqslant R(s,y)/(1-\beta)。\qquad(11)$$

证明　令 T_λ 为把(s,y)上的有界连续函数 u 映射到同样空间的算子，T_λ 定义为：

$$T_\lambda u(s,y)=\max\{\lambda,R(s,y)+\min[\lambda,\beta\int u(s',y)f(s',s)ds']\}。$$

算子 T_λ 是单调的：对所有(s,y)，$u\geqslant v$ 意味着 $T_\lambda u\geqslant T_\lambda v$。对任意常数 c 和函数 u，$T_\lambda(u+c)\leqslant T_\lambda u+\beta c$。通过对布莱克韦尔[1]定理5略作修改，这两个性质意味着 T_λ 是收缩映射。因此，方程(8) $T_\lambda v=v$ 具有唯一连续解，而且对任意连续 u，$\lim\limits_{n\to\infty}T_\lambda u=v$。

如果 $u(s,y)$对 s 是上升的，而对 y 是下降的，利用(1)，$T_\lambda u$ 也是这样。因此，$v=\lim T_\lambda^n u$ 对 s 非递减而对 y 非递增。

令 $\lambda_1>\lambda_2$。显然，对所有 (s,y)，$T_{\lambda_1}v(s,y,\lambda_2)\geqslant v(s,y,\lambda_2)$。由于算子 T_{λ_1} 是单调的，我们有：

$$v(s,y,\lambda_1)=\lim_{n\to\infty}T_{\lambda_1}^n v(s,y,\lambda_2)\geqslant v(s,y,\lambda_2)。$$

因此 v 对 λ 非递减。

为了证明(9)，令 $\lambda_1>\lambda_2$ 且定义 $u(s,y)=v(s,y,\lambda_2)+(\lambda_1-\lambda_2)/\beta$。然后从 T_{λ_1} 的定义及 $v(s,y,\lambda_2)$ 的定义，我们有，由 $\beta<1$，

$$T_{\lambda_1}u(s,y)=v(s,y,\lambda_2)+\lambda_1-\lambda_2<u(s,y)。$$

然后根据 T_{λ_1} 的单调性，

$$\begin{aligned}v(s,y,\lambda_1)&=\lim_{n\to\infty}T_{\lambda_1}^n u(s,y)<u(s,y)\\&=v(s,y,\lambda_2)+(\lambda_1-\lambda_2)/\beta。\end{aligned}$$

要证明(10)，令 $v_0=0$ 并且重复应用 T_λ，在每步都利用(2)和(4)

要证明(11)，令 $v_0=0$ 并且重复应用 T_λ，在每步都利用(5)。

这就证明了命题 1。

决定了价值函数 v，我们转向均衡就业和工资以及新到者均衡行为的决定。为了决定就业，令 $\tilde{n}(s,\lambda)$ 为如果不存在劳动力约束，在具有需求 s 的市场中将产生的就业。因此，$\tilde{n}$ 是以下方程的解：

$$R(s,\tilde{n}(s,\lambda))+\min\left[\lambda,\beta\int v(s',\tilde{n}(s,\lambda),\lambda)f(s',s)ds'\right]=\lambda。$$

由于 R 是正的，当左边第二项是 λ 时解不存在，因此我们可以简化为：

$$R(s,\tilde{n}(s,\lambda))+\beta\int v(s',\tilde{n}(s,\lambda),\lambda)f(s',s)ds'=\lambda。\qquad(12)$$

这样，显然均衡就业是

$$n(s,y,\lambda)=\min[\tilde{n}(s,\lambda),y], \tag{13}$$

均衡工资可利用(6)得到。我们归纳为

命题 2　对每个固定的(s,y,λ),存在唯一的由(6),(8),(12)和(13)隐含定义的均衡就业和工资函数$n(s,y,\lambda)$和$w(s,y,\lambda)$。这些函数在(s,y,λ)连续而且满足单调性:①

$$n_s\geqslant 0,n_y\geqslant 0,n_\lambda\leqslant 0, \tag{14}$$

$$w_s\geqslant 0,w_y\leqslant 0,w_\lambda\geqslant 0。 \tag{15}$$

同样,对每个固定(y,λ),

$$\lim_{s\to 0}n(s,y,\lambda)=0 \tag{16}$$

而且

$$\lim_{s\to\infty}n(s,y,\lambda)=\min[\bar{n}(\lambda),y], \tag{17}$$

其中$\bar{n}(\lambda)$有限界,随λ变化。

命题 2 的证明借助于参照图 1,它展示了作为n的函数的(12)式左边。

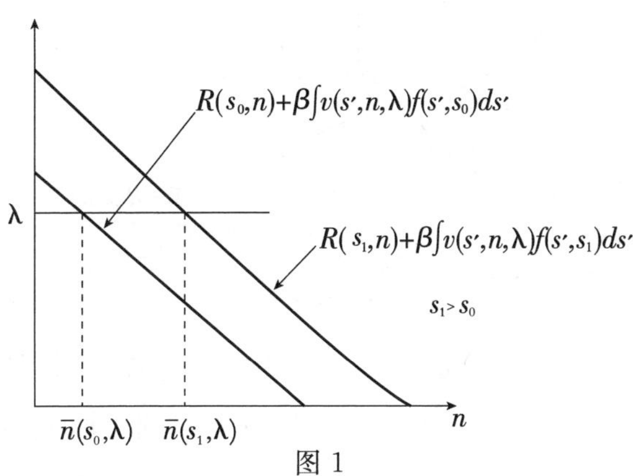

图 1

① 认识到单调性仅意味着它们在几乎所有地方存在,我们用通常的记号来记偏导数。

根据(1)和命题1,图1中的曲线向下倾斜,而且当 s 增大时向右移动。当 λ 增大,根据命题1,这些曲线向上移动,但根据(9)式,移动的数量小于 λ 增加量。这样,利用(13)式,(14)式被证明了;(15)可根据(14)和(6)式得出。

应用(2)式、(4)式和(10)式,证明了(16)式。

应用(3)式、(5)式和(11)式,证明了(17)式。

这节的结果可以在一张简明的劳动供给—需求图上展示出来。需求曲线简单地是边际生产条件(6),它随产品需求状况 s 而变化。曲线SS是隐含在(6)式和(12)式中 n 和 w 的关系:它是工资—就业组合点构成,刻画出在就业不受劳动力数量 y 限制条件下需求转换。黑体曲线是在劳动力 y 限制下劳动供给曲线。曲线SS随机会成本增加而上移。

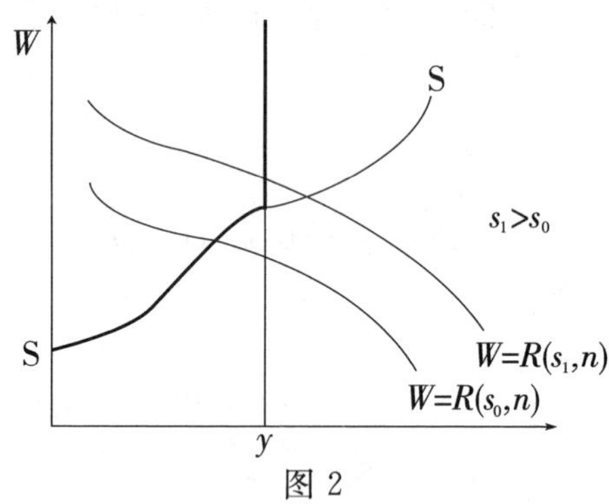

图2

我们认为SS不会是平的,如果工人保持一个固定的“保留工资”,高于它,工人就业,低于它则不就业,那么才会是这样的。这不会发生的理由是当需求变化,工资和价格变化传递了有关未来工资前景和当期收入的信息。因而,当需求左移就业下降时,在 (s, y) 中的未来前景在两个方面受到影响:第一,本期较低的需求增加了下期也是低需求的可能性;第二,本期较低的就业水平预示下期较低的劳动水平。这些影响的方向相反,也就是说,在任何区间,曲线 SS 或向上倾斜(如图 2 所示)或向下倾斜。

4 劳动力的均衡分布

上面关于单个市场中均衡就业的讨论隐含将市场下期劳动力和它当期需求及劳动力(s,y)联系起来的随机规律。在本节,我们使这个规律展现出来,然后提出它对需求和劳动力的稳定联合分布的含义。

在上节,我们假定所有移向市场的失业工人都有非负预期租金。根据以上对情况 B1 和情况 B2 的讨论,显然一个市场吸引新工人只有当 $n(s,y,\lambda)=y$ 且

$$\beta\int v(s',y,\lambda)f(s',s)ds\geqslant\lambda。\tag{18}$$

如果求职者被充分导向市场,那么每个满足(18)式的市场将正好接收 a 个进入者使得 $y+a$ 满足(18)式等号成立。方程(8)即使在某种较弱的要求即求职过程降低平均租金的条件下仍然正确。特别是,令 x 为正的随机变量,具有严格正密度 ϕ,联合分布函数 Φ,和均值 1。我们假设每个满足(18)式的市场(s,y)接收 $a(s,y,\lambda)x$ 个新工人,其中函数 $a(s,y,\lambda)$隐含地定义为:如果(s,y,λ)满足(18)式,则

$$\beta\iint v(s',y+a(s,y,\lambda)x,\lambda)f(s',s)\phi(x)ds'dx=\lambda \tag{19}$$

否则[①]

$$a(s,y,\lambda)=0 \tag{19a}$$

来自(s,y)的可能转移展示在图3。如果(s,y)在Ⅰ部分，当期就业及下期劳动力是$n(s,\lambda)$，$y-n(s,\lambda)$的工人进入失业群。Ⅱ部分中的市场既不向失业群输送工人也不从失业群接收工人，而是保持它们的当期劳动力到下期。Ⅲ部分中的市场雇用所有的劳动力并为下期接收由(19)式确定的新工人。

根据分析，来自(s,y)的转移被描述为：[②]

$$\begin{aligned}&\Pr\{s_{t+1}\leqslant s',y_{t+1}\leqslant y'\mid s_t=s,y_t=y\}\\&=F(s',s)\Pr\{n(s,y,\lambda)+a(s,y,\lambda)x\leqslant y'\}\\&=F(s',s)\Phi\left(\frac{y'-n(s,y,\lambda)}{a(s,y,\lambda)}\right)。\end{aligned}$$

这些转移概率定义一个分布函数$\Psi(s,y)$上的算子如下：假设在某一时点，需求和劳动力按联合分布函数Ψ分布；那么，下期需求—劳动力分布是：

---

① 至少在缺乏对求职过程的物理描述时（例如，求职者就像从飞机上看见的点那样按照随机方式在市场间走动的假说），求职假说(19)式的任意性看来不可避免。我们自己描述后一种过程的努力很快由于没有其他经济学洞察力而变得复杂了。

假设(19)式看来大致抓住了下面这种过程。失业工人获知（通过广告、交谈等等），哪个市场需要工人（在图3Ⅲ部分中）以及其中哪个需求量最大。所有工人在这个层次移向一个市场。由于求职没有人协调，在实际“短缺”和新工人到来之间存在随机因素。

② 我们使用约定：当$a(s,y,\lambda)=0$，用$a(s,y,\lambda)$去除一个正（负）数得到$+(-)\infty$。一个联合分布函数取值在$+\infty$是1；取值在$-\infty$是0。

$$P\Psi(s',y')=\iint F(s',s)\Phi\left(\frac{y'-n(s,y,\lambda)}{a(s,y,\lambda)}\right)\Psi(ds,dy)。\quad (20)$$

我们希望表明(s,y)过程具有唯一稳定分布,或证明

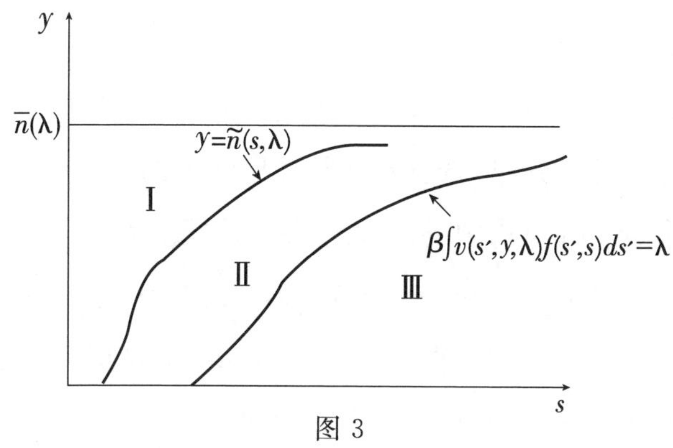

图 3

命题 3　P 由(11)式定义,$P\Psi=\Psi$ 具有唯一解 Ψ^*(对每个固定 λ)而且对所有 Ψ,$\lim_{n\to\infty}P^n\Psi=\Psi^*$。进一步讲,$\Psi^*$ 具有在$(s>0,y\geqslant0)$上严格正的连续密度 Ψ^*。

命题 3 的证明采用费勒[3,第 264—268 页]或杜布[2,第 190—221 页]的方法。关键是证明:

引理 1　对任意初始分布 Ψ,序列$\{P^n\Psi\}$是随机有界的。

及

引理 2　对任意在$(s>0,y\geqslant0)$上的非退化长方形 R 和任意初始分布 Ψ,存在一些 m 使得对所有 $n>m$,分布 $P^n\Psi$ 在 R 上取正概率。

两个引理中的第二个确定整个集合$(s>0,y>0)$是遍历集而且不包含周期性移动子集;第一个确保大部分概率集中在$(s>0,y\geqslant0)$的有界子集中。这些事实一起导出命题 3。

引理 1 证明:对由 $P^n\Psi$ 分配的概率,我们用记号 $\Pr\{(s_n,y_n)$

$\in A\}$。对任意 $\epsilon>0$ 和初始分布 Ψ,我们希望找到$(\bar{s},\bar{y})$使得:对 n

$$(P^n\Psi)(\bar{s},\bar{y})=\Pr\{s_n\leqslant\bar{s},y_n\leqslant\bar{y}\}\geqslant1-\epsilon$$

显然证明对某些 m,对 $n\geqslant m$ 这个不等式成立就足够了。

我们有

$$\Pr\{s_n\leqslant\bar{s},y_n\leqslant\bar{y}\}\geqslant1-\Pr\{s_n\geqslant\bar{s}\}-\Pr\{y_n\geqslant\bar{y}\}。$$

由于$\{s_n\}$具有稳定分布,选择$\bar{s}$ 使得对足够大的 n,$\Pr\{s_n\geqslant\bar{s}\}\leqslant\epsilon/2$。令$\bar{n}(\lambda)$为命题 2(17)式中的就业边界。选择$\bar{y}$ 使得

$$\Pr\{x\geqslant(\bar{y}-\bar{n}(\lambda))/a(\bar{s},0,\lambda)\}$$
$$=1-\Phi[(\bar{y}-\bar{n}(\lambda))/a(\bar{s},0,\lambda)]\leqslant\epsilon/2。$$

然后由于 $a(s,y,\lambda)$对 s 上升而对 y 下降

$$\Pr\{y_n\geqslant\bar{y}\}\leqslant\Pr\{\bar{n}(\lambda)+a(\bar{s},0,\lambda)x\geqslant\bar{y}\}\leqslant\epsilon/2$$

这就完成了引理 1 的证明。

引理 2 的证明:我们将表明如果分布最初集中在任意点(s_0,y_0),$\underline{s}<\bar{s}$ 且$\underline{y}<\bar{y}$ 那么对所有 $n\geqslant3\Pr\{\underline{s}\leqslant s_n\leqslant\bar{s},y\leqslant\underline{y}_n<\bar{y}\}>0$。令$\tilde{y}$ 满足 $\beta\int v(s',\tilde{y},\lambda)f(s',\underline{s})ds'=\lambda$(因此$(\underline{s},\tilde{y})$在图 3 较低曲线上),并且令$\tilde{s}$ 满足$\tilde{y}=\tilde{n}(\tilde{s},\lambda)$(因此$(\tilde{s},\tilde{y})$在图 3 较高的曲线上)。这样由于 $f(s',s)$是严格正的,对任何(s_0,y_0)

$$\Pr\{n(s_1,y_1)\leqslant\tilde{y},s_1\leqslant\tilde{s}|(s_0,y_0)\}>0$$

因而

$$\Pr\{y_2\leqslant\tilde{y},\underline{s}\leqslant s_2\leqslant\bar{s}\}>0。$$

这样由于 $\phi(x)$是严格正的,

$$\Pr\{y\leqslant y_3\leqslant\bar{y},\underline{s}\leqslant s_3\leqslant\bar{s}\}>0。$$

显然,对任意比 3 大的数字,上面的描述都正确,因此证明完毕。

这样对每个固定 λ，(s,y) 过程具有唯一稳定分布，用它的联合分布函数 $\Psi(s,y,\lambda)$ 或它的密度 $\psi(s,y,\lambda)$ 描述。在这节的剩余部分，我们研究当参数 λ 变化时作为 (s,λ) 的函数的 Ψ 的均值行为。这个研究结果是

命题 4 令 $\psi(s,y,\lambda)$ 为命题 3 中找到的稳定密度，并令 $g(s,y)$ 是连续的，如果积分

$$h(\lambda)=\iint g(s,y)\psi(s,y,\lambda)dsdy$$

存在，它是 λ 的连续函数。

证明从这儿开始，总可以选择一个封闭的长方形 R，使对或者很小或者很大的 S 值，闭集 $\widetilde{R}$ 包含点 (s,y)，因此对任意 λ_0，λ_1 和 $\delta>0$，

$$\iint_{\widetilde{R}}|g(s,y)||\psi(s,y,\lambda_1)-\psi(s,y,\lambda_0)|dsdy\leqslant\delta$$

我们注意到只需要表明上面积分在 R 上的积分值随 $|\lambda_1-\lambda_0|$ 趋于零。我们主要依靠图 3 来完成。

当 λ 上升（比如从 λ_0 到 λ_1），图 3 中的曲线都向下移动（根据命题 1 和 2）。这意味着 $\Phi(s,y,\lambda_1)$ 落在 $\Psi(s,y,\lambda_0)$ 左边的每一处（在 y 轴上）（即，高的 λ 值和低劳动力水平相联系）。现在由于函数 $\tilde{n}(s,\lambda)$ 和 $v(s,y,\lambda)$ 连续，在 R 上的两条曲线之间有一个最大的绝对垂直距离 $c(\lambda_0,\lambda_1)$。进一步，c 随 $\lambda_1-\lambda_0$ 趋于零。

根据证明命题 3 的讨论，发现联合分布函数 $\Psi(s,y,\lambda_0,c)$ 隐含着图 3 中两条曲线有常数距离。显然，这个联合分布函数落在 $\Psi(s,y,\lambda_1)$ 的左边，因此 $\Psi(s,y,\lambda_1)$ 和 $\Psi(s,y,\lambda_0)$ 的水平距离是以 $\Psi(s,y,\lambda_0,c)$ 和 $\Psi(s,y,\lambda_0)$ 的水平距离为界。但 $\Psi(s,y,\lambda_0,c)=\Psi(s,y-c,\lambda_0)$，因此后者距离就是 c，它随 $\lambda_1-\lambda_0$ 趋于零。

由于 Ψ 具有连续密度，这个连续性足以保证 $h(\lambda)$ 的连续性。

5　整个经济均衡

命题 1—4 描述了在一个代表性市场中，把求职的预期报酬 λ 看作给定参数时，就业、劳动力和工资的稳定分布的决定过程。从整个经济范围来看，劳动力的规模是固定的，“价格”λ 进行调整使市场出清。

对给定 λ，上面描述的系统总体上表现为其成员在预期现值 λ 下供给有弹性的职业。劳动力的区域（由 (s,y) 标记）分配在这种情况下和在任何一个市场中 (s,y) 的稳定分布一样（这来自我们关于市场数量巨大且需求变动在市场间独立的假设）。于是在报酬 λ 下，这个职业总的劳动力需求（每个市场）是：

$$\iint y\Psi(s,y,\lambda)dsdy。 \tag{21}$$

对每个固定 λ，考虑到对每个固定 λ 就业有界（命题 2，方程(17)），$a(s,y,\lambda)$ 有界和随机变量 x 有有限均值的事实，积分(21)收敛。根据命题 4，表达式(21)是 λ 的连续函数。正如在第 4 节看到的，λ 增加使分布函数 $\Psi(s,y,\lambda)$ 向左移（沿 y 轴），因此(21)是 λ 的递减函数。当 $\lambda\to 0$，由于 R 是 n 的正的严格递减函数，$E(y;\lambda)\to\infty$；当 $\lambda\to\infty$，$E(y;\lambda)\to 0$。因此需求函数如图 4 所示。

现在 μ 表示每个市场供给的固定劳动力。这个垂直的供给函数和刚得到的需求函数一起给出均衡的 λ：下列方程的解

$$\iint y\Psi(s,y,\lambda)dsdy=\mu。 \tag{22}$$

我们总结为

命题 5 对每个市场劳动力 μ 的所有值，存在一个 λ 的唯一正的均衡值。

因此，命题 1—3 和 5 提供了一个在经济的所有市场中工资、就业和劳动力均衡值的完整描述。[①] 根据命题 3，在图 3 的区域 Ⅰ 总是存在一些市场，其劳动力超出均衡就业水平 $\tilde{n}(s,\lambda)$。这意味着劳动市场的均衡必然伴随正的失业。

图 4 中所画的均衡的数字计算在本文附录给出。

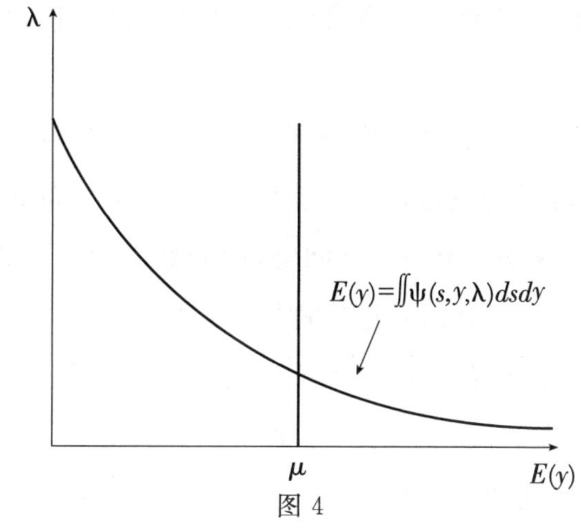

图 4

① 由于本文的内容在于分析一种特别定义的均衡，同样也在于促成并解释这种均衡的特别定义，因此我们将定义与结果混在了一起，这种混同的方式也许会使读者难分辨。一种不同的程序将会以下列方式开始（节略）：

定义：所研究的一种经济**均衡**由一个五维的非负、连续函数 $n(s,y)$，$\bar{n}(s,y)$，$w(s,y)$，$v(s,y)$，$a(s,y)$，一个条件密度函数 $\Psi(s,y)$，以及一个非负数 λ 构成，因此，(6)、(8)、(12)、(13)、(19)、(20)与(22)式得到满足。

于是命题 1—3 和 5 的内容是，一种唯一的均衡在该定义的意义上是存在的。当然，这些命题也包含着对于描绘这一均衡特征而言是有用的信息。

6　均衡的稳定性

从这个模型经济得到的均衡，提供了在总体水平和单个市场水平上所有有关变量的时间路径的完整描述。由于提供这种描述通常被认为是“稳定性理论”（例如在萨谬尔森[12]的意义下）的任务，有人可能会问这后一种理论对这个模型是否适用。假定在决定是否一种均衡在某一时点大致刻画了经济，并在将来继续做到这一点这种稳定的最基本意义上人们提出稳定问题，答案就是“是”。

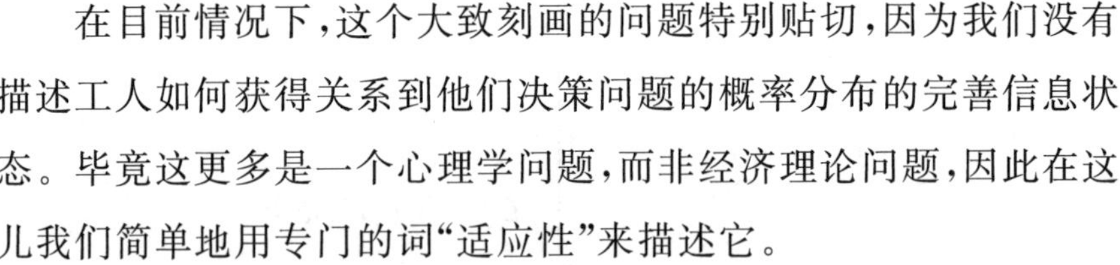

在目前情况下，这个大致刻画的问题特别贴切，因为我们没有描述工人如何获得关系到他们决策问题的概率分布的完善信息状态。毕竟这更多是一个心理学问题，而非经济理论问题，因此在这儿我们简单地用专门的词“适应性”来描述它。

分布 F 和 Φ 是有关我们所研究的市场的外生变量；似乎通过观察在一些合理的模式下的频率而得到这些分布，这些合理的模式，“贝叶斯”或其他模式具有在足够长的时间后“真实的”概率变为“已知的”性质。另一方面，分布 $\Psi(s,y,\lambda)$ 依赖于工人的行为，因此当工人感觉变化，认识到的“真实的”Ψ 也变化。这总的来说会产生难以克服的分析性困难，但在目前的情况下它不会，因为唯一的和工人决策有关的 Ψ 特征是参数 λ。我们必须描述当工人觉察到的 λ 和均衡值 λ^*（比如）不同时，经济如何运行，以及在这种情况下感觉如何被调整。

特别是，设 $\lambda>\lambda^*$。这时进入待业群中的工人数量超过了在

平均报酬 λ 能被分配就业的数量。你可以用许多方式修改再配置机制，但是请特别假定随机变量 x 的均值变化使得被再配置工人总数等于待业人群的规模。这样，求职者和保持就业的工人将对他们的工资预期感到失望(平均地)。这可能将导致他们向下修正他们感觉到的 λ，这过程相对交易时间 t 来说是缓慢的。因此我们设

$$d\lambda/dt=g(\lambda-\lambda^*),$$

其中 g 是减函数，最小为 0。显然(根据图 4)，均衡是稳定的。同样显然，这个稳定结果和对有规律重复冲击的动态反应无关。①

7 结论性评论

虽然上面提出的模型不存在(假设)总体动态，但显然我们所描述的机制和现在熟悉的用预期对经验菲利普斯曲线的解释相一致。因而，总需求的一个未被预料到的变化($E(s'\mid s)$变化)将使失业和工资朝相反方向移动。当然如果总需求变化是一个重复发生的事件，就像在现实中那样，这个事实将被工人考虑进他们面临的最大化问题并导致不同的均衡函数 $w(s,y)$和 $n(s,y)$。我们把这个并非无足轻重的发展留给将来研究。

从这个模型所能得到的实证的和规范的含义正如它显示的是比较静态性质。作为前者的例子，假设离开自己的市场去寻找工作要支付一次性费用，那么(12)右边变为 $\lambda-c$ 而不是 λ。这将使

① 因为戈登与海因斯在[10]中所阐述的理由。

图3中曲线 $y=\tilde{n}(s,\lambda)$ 上移并使图4中“需求曲线”下移。其结果是失业下降而且均衡的工资现值 λ 下降(这个例子也表明总体上较低的平均失业率和工人较高福利并无联系)。虽然几乎不能在这个抽象水平上展示它,但这种改变工作的实际的或觉察到的成本的不同有助于解释所观察到的在不同职业和国家中平均失业率的不同。

我们也可以研究托宾的规范理论[14,第8页]即“[求职的]外部影响是熟悉的拥挤理论。一个决定加入或留在一个行列的工人考虑找到工作的可能性,而不是他的决定对其他人所面临的可能性的影响”。现在你可以把通常理解的拥挤加入到我们所提出的求职模型中(比如,假设寻找工作的工人行走在一条拥挤的路上)。[①] 但显然这类拥挤不是均衡求职模型的必然组成部分。在我们的方案中,求职的工人给他的同伴带来的损害和一种任意产品销售者给他的同伴销售者带来的损害完全是同一种类的:从寻找工作得到的均衡预期报酬 λ 起到了任何其他均衡价格向供给者指示从增加一单位供给所得到的恰当社会回报的作用。

当然,在实际劳动市场中是否存在重要的外部影响的问题有待解决。无论结果如何,即使是从通常的(在经济较发达地区)标准的配置效率的观点来讨论失业也肯定是一个大进步。在本文中我们注意力放在展示能在其中进行这些讨论的总体框架并开始提

① 费尔普斯[11,第4章,第103—105页]也讨论了拥挤问题,但所采用的方式是使人明白,这些问题产生于非工资性工作配给(即非均衡价格),与通常均衡意义上的外部性相反。

出合适的分析方法。

附录：例子

用数字分析几个例子以决定作为市场参数 λ 的函数的劳动力需求和失业率。为了计算这些解，有必要假设一个有限数量的市场需求状态并只许劳动力取整数值。另外，我们设 x 具有集中在1的退化分布。

求解的方法用第3节定义的算子 T_λ 来决定价值函数 $v(s,y,\lambda)$。初始的近似值是 $v_0(s,y,\lambda)=\lambda$。第 n 个近似值是 $T_\lambda v_{n-1}(s,y,\lambda)$。利用假定的折现系数 $\beta=0.9$，迅速收敛到 T_λ 的唯一不动点 $v(s,y,\lambda)$。然后解方程(12)来决定 $\tilde{n}(s,\lambda)$，方程(19)和(19a)被用来决定 $a(s,y,\lambda)$。给定 $x=1$，下期劳动力是

$$y'=\min[\tilde{n}(s,\lambda),y]+a(s,y,\lambda)。\tag{23}$$

劳动力是有界的，这和前面的假设一起预示可能市场状态 (s,y) 是有限数量的。因此，一个市场的随机过程是具有某个转移矩阵如 P 的有限马尔可夫链。这个矩阵由(23)和 s-过程的转移概率矩阵决定，它的 (ij) 元素表示给定当期状态 i 那么在下期发生状态 j 的概率。

令 u 为定义在可能市场状态上的函数(由一个向量代表)。利用费勒[3，第264—268页]的分析，考虑到由 P 隐含的稳定分布，u 的预期值可以决定如下：

$$\lim_{n\to\infty} P^n u$$

有限向量所有元素都等于 u 的预期值。这是我们通常计算每个市

场平均劳动力

$$\sum_{s,y} y\psi(s,y,\lambda);$$

和每个市场平均失业

$$\sum_{s,y} a(s,y,\lambda)\psi(s,y,\lambda)$$

的过程。①

所考虑的两个例子具有图 5 所画的边际收益曲线。只有两个需求状态：$s=1$ 或 $s=2$。s 过程的转移概率矩阵是

$$\begin{bmatrix} .9 & .1 \\ .1 & .9 \end{bmatrix},$$

因此需求有很强的持久性。折现系数是 0.9。

正如理论所预测的，图 5 所画的劳动需求曲线向下倾斜。另一方面，图 5 所画的失业水平不是单调的，具有最大值。一般地讲，我们发现需求持久性低和高时失业率低。在前一种情况下，重新配置工人收效甚微，而在后一种情况下，重新配置不常发生。正如预期的，假定持久程度固定，需求变动性越大，则失业水平越高。这个结论是合理的，因为当需求条件变化时有更多的工人要被再安置。

参考文献

1. D. Blackwell, Discounted dynamic programming, *Ann. Math. Statist.* 36 (1965), 266 - 235.
2. J. L. Doob, "Stochastic Process," Wiley, New York, 1953.

① 用于这些计算的电脑程序是有求必供的。

3. W. Feller, "An Introduction to Probability Theory and Its Applications," Vol. ii, Wiley, New York, 1966.

4. M. Friedman, The role of monetary policy, *Amer. Econ. Rev.* 58(1968), 1 -17.

5. J. R. Hicks, "Value and Capital," Clarendon Press, Oxford, England, 1939.

6. R. E. Lucas, Jr. and E. C. Prescott, Investment under uncertainty, *Econometrica* 39(1971), 659 - 681.

7. R. E. Lucas, Jr., Expectations and the neutrality of money, *J. Economic Theory* 4(1972), 103 - 124.

8. J. McCall, The economics of information and optimal stopping rules, *J. Business*(1965), 300 - 317.

9. J. F. Muth, Rational expectations and the theory of price movements, *Econometrica* 29(1961).

10. E. S. Phelps *et al*. "Microeconomic Foundations of Employment and Inflation Theory," Norton, New York, 1969.

11. E. S Phelps, "Inflation Policy and Unemployment," Norton, New York, 1972.

12. P. A. Samuelson, "Foundations of Economic Analysis," Harvard University Press, Cambridge, 1947.

13. G. J. Stigler, The economics of information, *J. Political Economy* 69 (1961), 213 - 235.

14. J. Tobin, Inflation and unemployment, *Amer. Econ. Rev.* 62(1972), 1 - 18.

经济周期均衡模型*

本文给出了一个有关经济周期的理论范例。所建模型中，实际产出以一个无法用已有生产要素变动加以解释的趋势作连续周期性的运动。其中产生这些变动的机制，包括非系统性财政金融振动、信息时滞效应以及一加速器效应。而同时伴随这些产出的运动还有(i)价格的准周期运动；(ii)用于投资的部分产出的准周期运动；(iii)在某些特定情况下，名义利率的准周期运动。

1 引言

本文发展了一种探索性的经济周期理论，该理论揭示出非系统货币震动与加速器效应的相互作用将会直接带来实际产出的“周期”运动。价格、投资与产出比率甚至伴随这些产出运动的名义利率都会呈现准周期运动。与传统宏观经济模型相比，我们下面研究的模型有三个显著的特点：在任一时点上的价格与数量取

---

* 经芝加哥大学出版社准许，本文重印自《政治经济学杂志》83 号(1979 年 12 月)，第 1113—1144 页，1975 年版权，属芝加哥大学出版社。

我要感谢罗伯特·巴罗，费希尔·布莱克，爱德华·普雷斯科特以及托马斯·萨金特，他们对初稿提出了有益的评论。

于竞争性均衡；当事人在能得到信息的情况下，其预期是理性的；信息不完全，换句话说，当事人不仅对未来不可知，而且也不可能完全了解目前的经济状态。

从表面上看，揭示经济周期竞争均衡性的本身似乎显得有点离奇，或者说这充其量只是一个具有美学动机的理论推导练习，但恰恰相反，实际上这确是一个完全基于现实的推导。为了适量地估算所假设的反周期政策（比如货币增长规律或财政稳定器问题），就要设想当事人在面临他从未观察过的环境下如何行动。为成功地做到这点，我们就必须了解当事人以前的决策方式，以及知道当假定政策有某种改变时，用什么方法可以判断出当事人决策的变动。由于我们是依据经验规则、修正规则、想象以及未指明的体制障碍来描述当事人过去的行为，这使得该任务变得非常困难，甚至不可能。例如，有谁知道投资税额减免是如何影响“想象”的呢？①

在我们以下谈到的所有模型中，实际产出的波动都是由突发的货币—财政震动引发的。首要的理论任务——亦即宏观经济学的中心任务——是寻求一种分析框架，在这一架框中，会发生货币—财政振动引发实际产出波动的情况，但这种振动又不会同时意味着存在持久、反复、未发掘的盈利机会。文章的第 2 节建立了一个新古典货币增长模型，用以说明为什么那些将交易视为是在单一、集中市场中进行的总量模型不能解决我们的问题。同时，这种抽象的环境在便于分析的同时，也为使周期行为具有合理性而

① 卢卡斯(1973b)对这一论点进行了更全面的探讨。

将过多的信息置于当事人处置权之下。

3—5 节中，我们通过把生产和交易看成是在物质和信息方面均不完全沟通的许多市场上进行的，来对总量模型进行修正。这种分析方法首先由菲利普斯(1969 年)提出，以后，我本人(1972、1973 年)、卢卡斯与普雷斯科特(1974 年)以及巴罗(1975 年)对此进行了应用，正如卢卡斯(1972 年)所指出的，这一新古典信息结构的修正，导出了一个对纯名义扰动的真实反应。

在卢卡斯(1972 年)、萨金特(1973 年)及萨金特和华莱士(1973 年)的文章中，均指出了这些实物运动，但却都没有说明是什么原因使得最初扰动效应的持续时间不会超过货币振动持续时间。在本文的研究中，我们给出了两种原因，一是信息滞后，它使得即使是过去的一些相关变量也不能完全为人所知；另一是实物资本，由此引入了一个众所周知的加速器效应。

在 3—5 节提出的模型中，当事人行为是通过一对将决策与期望收益相联系的资产需求函数来加以描述的，其中偏好、技术与需求行为之间的联系并不明显。在第 6 节里，我们将详细讨论由当事人通过将有关信息与收益预期相联系而解决的推断问题。

第 7—9 节中，我们将研究均衡必须满足的某些条件，其新颖之处主要在于解释了蕴含在当事人理性预期形成中，有关“结构”及“约简形式”参数之间的理论联系。“约简形式”通常依赖于“结构”，而“约简形式”又决定价格的随机行为，进而也影响了最优预测准则的形式及“结构方程”(决策准则)。

在 10—12 节中，我们描述了建立在有关模型参数三组假设基础上模型所产生的“周期”性质。第 10 节将第 2 节中的模型以特例形式重新列示了出来。第 11 节给出了资本不起任何作用的纯货币周期。第 12 节描述了“货币过度投资”周期。[①] 正是最后的说明,才揭示了引言第一段所提到的定性问题。

在本文的第 11 节和 12 节中,周期发生在由整个经济证券市场而抽象出来的框架中。由于模型信息靠当事人进行交易的当地价格来传递的局部性,所以这种抽象是严格的。在第 13 节我们简单讨论了一下整个经济范围利率的信息作用。

第 14、15 节简略地涉及了有关模型检验及政策实施问题。第 16 节是全文的总结。

2 新古典货币增长模型

尽管本文主要关心的是产出与价格的趋势性波动,但是从讨论相当标准的、无干扰的新古典增长模型这一更为熟悉的基础开始是有益的。这将允许固定概念,并早些处理某些附带问题。

特别是,考虑单一产出经济,其中产出被分别划分为私人消费(以 C_t 表示)、政府实际消费(以 G_t 表示)和下期的资本(以 K_t 表示),生产函数为 f,且:

$$C_t+G_t+K_{t+1}=f(K_t,N_t)+(1-\delta)K_t \tag{1}$$

其中,N_t 表示就业,函数 f 有一般生产函数通常具有的单调性及弯曲特征且是一次齐次性;δ 是折旧率。

设同样的居民户人口不变,且居民户拥有全部的生产要素。

① 这一术语源自哈伯勒(1960 年)对周期理论进行的有益的分类。

对厂商而言，任意时期 $t(t\geqslant 0)$，劳动力工资为 W_t，资本租金为 U_t，产品出售(给住户和政府)的价格为 P_t，所有三个市场均为竞争市场，厂商追求当期利润最大化，因此，在均衡状态下，有：

$$f_K(K_t,N_t)=\frac{U_t}{P_t},\tag{2}$$

$$f_N(K_t,N_t)=\frac{W_t}{P_t}。\tag{3}$$

居民户劳动力供给均无弹性，供给量为 N。这一事实与(2)(3)一道即可确定产出、工资和实际租金价格，每一个都是 K_t 的函数。居民户除了拥有资本存量，还持有货币余额存量 M_t，以及选择期末余额 M_{t+1}，①这样在给定要素市场均衡条件下，居民户的预算约束为：

$$P_t(C_t+K_{t+1})+M_{t+1}\leqslant P_tf(K_t,N)+P_t(1-\delta)K_t+M_t\tag{4}$$

居民户的目标是追求主观折现的当期总效用最大化，其中各期效用取决于消费及当期持有的实际货币余额 M_{t+1}/P_t。

模型的最终建立还有赖于对政府财政和货币供给行为的设定。假设政府的全部消费均是通过一恒定的货币扩张率 μ 而筹资的，则 G_t 可用下式给出。

$$P_tG_t=M_{t+1}-M_t=\mu M_t\tag{5}$$

只要确定出居民户对两种资产累积形式的需求，系统的动态行为就可以确定下来。从某些方面来看，确定居民户资产需求最

---

① 在本文及本文的其余部分都仅有一种名义资产，且该资产是政府唯一提供的，我将其称为“货币”。以后每当出现这一用法时我就不再对其进行描述了。但也有可能会把这一资产叫做“债券”或“政府债”。就是说这里的分析并不能解决货币金融扰动的相对重要性问题，尽管可以不太费力地对这一分析进行修改使之做到这一点。

好的方法是在确定住户偏好函数的基础上，通过求解居民户无限期的最大化问题来完成。然而，为了以后分析的方便，这里我将采用另一种不同的方法：即对这些需求进行直接设定。① 因此，令下期资本 K_{t+1} 和货币的需求均取决于预期的一期资本和货币收益率 r_{kt} 和 r_{mt}，以及居民户初始资产状况 K_t 和 M_t/P_t 四个变量。给定资产需求，消费也随之可由(4)式确定。

再次为了后面的工作，我们假定两种关系均为对数线性形式。对于一个变量的对数，使用小写字母，因此 K_t 是指资本的对数，依此类推。于是(由于 $\log(1+\mu)\approx\mu$)(5)式中的第二个等式可改为：

$$m_{t+1}-m_t=\mu。\tag{6}$$

假设两类资产需求函数为

$$k_{t+1}=\alpha_0+\alpha_1 r_{kt}-\alpha_2 r_{mt}+\alpha_3 k_t,\tag{7}$$

$$m_{t+1}-p_t=\beta_0-\beta_1 r_{kt1}+\beta_2 r_{mt}+\beta_3 k_t。\tag{8}$$

弹性 α_1、α_2、α_3 及 β_1、β_2、β_3 均被假定为正值；$\alpha_1>\alpha_2$；$\beta_2>\beta_1$；α_3 与 β_3 小于 1。为了完整起见，期初实际余额的对数值，m_t-p_t，应该同时出现在方程(7)(8)的右边(因为它们出现在预算限制[4]中)。为了更加集中考察对收益 r_{kt} 及 r_{mt} 的货币变动影响效应，在这里及以后的各节，我将忽略这一"实际余额效应"②。

---

① 这样就必须进行分析了，但正如这里所使用的，对于一个参数的"确定性等值"方法来说，优点是显而易见的：即由当事人进行的预测及选择问题被分离开了(尽管我们都知道这种分离是人为的)，而每一个问题对决策规则的影响都清晰可见(见第 238 页注释①)。

② 人们可以很容易在(7)式和(8)式右边各加一项"$\alpha_4(m_t-p_t)$"并可推出一些结论。这样就可以引出一些可能有趣的稳定性问题，这些问题我不太明白，我不希望将它们与以后提到的周期的复杂性混淆起来。

一期实际资本回报率是下期实际租金价格 $f_K(K_{t+1},N)$ 减去折旧率，用一个资本对数线性函数近似地描述这一关系，有

$$r_{kt}=\delta_0-\delta_1 K_{t+1},\quad \delta_1>0。\tag{9}$$

货币回报率是通货紧缩的百分比率：

$$r_{mt}=p_t-p_{t+1}。\tag{10}$$

由于这两个回报率均有赖于变量的未来值，因此，二者是在对交易者决策产生影响时的“预期”。在目前确定性情况下，有理由认为这些预期是正确的(或是合理的)。这一假设使得系统(6)－(10)紧密相关。

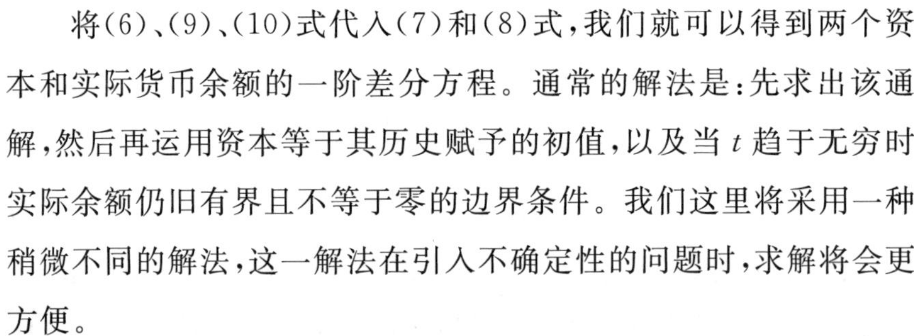

将(6)、(9)、(10)式代入(7)和(8)式，我们就可以得到两个资本和实际货币余额的一阶差分方程。通常的解法是：先求出该通解，然后再运用资本等于其历史赋予的初值，以及当 t 趋于无穷时实际余额仍旧有界且不等于零的边界条件。我们这里将采用一种稍微不同的解法，这一解法在引入不确定性的问题时，求解将会更方便。

给定经济结构(参数 $\alpha_i,\beta_j,\delta_k$，与 μ)，(k_t,m_t) 完全描述了时期 t 开始时系统的状态。这自然导致将一个解定义为另一函数集，该函数集将均衡的决策与价格与这两个状态变量相联系。由于系统是线性的，自然会推出这些解函数的存在形式为：

$$k_{t+1}=\pi_{10}+\pi_{11}k_t+\pi_{12}m_t,\tag{11}$$

$$p_t=\pi_{20}+\pi_{21}k_t+\pi_{22}m_t。\tag{12}$$

求解意味着寻找数字 π_{10}，……，π_{22}，以便使(6)—(12)与(k_t,m_t)的形式保持恒等。

将(6)式及(9)—(12)式代入(7)式和(8)式，产生了所要求的

(k_t, m_t)形式的恒等式；令对应系数相等可推得有关未知参量 π_{ij}S 的六个方程式：

$$\pi_{10} = \alpha_0 + \alpha_1\delta_0 - \alpha_1\delta_1\pi_{10} + \alpha_2\pi_{21}\pi_{10} + \alpha_2\pi_{22}\mu, \tag{13}$$

$$\pi_{11} = -\alpha_1\delta_1\pi_{11} - \alpha_2\pi_{21}(1-\pi_{11}) + \alpha_3, \tag{14}$$

$$\pi_{12} = -\alpha_1\delta_1\pi_{12} + \alpha_2\pi_{21}\pi_{12}, \tag{15}$$

$$\mu - \pi_{20} = \beta_0 - \beta_1\delta_0 + \beta_1\delta_1\pi_{10} - \beta_2\pi_{21}\pi_{10} - \beta_2\pi_{22}, \tag{16}$$

$$-\pi_{21} = \beta_1\delta_1\pi_{11} + \beta_2\pi_{21}(1-\pi_{11}) + \beta_3, \tag{17}$$

$$1 - \pi_{22} = \beta_1\delta_1\pi_{12} - \beta_2\pi_{21}\pi_{12}。 \tag{18}$$

方程(14)、(17)仅包含了 π_{11} 和 π_{12}；其图解法见附录 A。正如在图 A1 所看到的，有两对解，其中一对解 $\pi_{11}>1$，且 $\pi_{21}>0$，不具备任何经济意义，将其舍弃，[①]而另一对是所要的解，它满足

$$\frac{\alpha_3}{1+\alpha_1\delta_1} < \pi_{11} < 1, \tag{19}$$

$$\pi_{21} < 0。 \tag{20}$$

由方程(15)和(18)推得一个解为

$$\pi_{12} = 0 \tag{21}$$

$$\pi_{22} = 1 \tag{22}$$

由于 $\pi_{21}<0$，因此除了这一经典解以外，再无其他任何解，最后参数 π_{10} 和 π_{20} 也随之可由方程(13)及(16)求出。

代入这些解值，方程(11)则成为关于资本存量的稳定一阶差分方程。这时资本将单调趋向于其稳定值 $\pi_{10}/(1-\pi_{11})$。给定资本及货币运动轨迹后，价格行为可由方程(12)给出。

---

① 舍去一个不定的根当然是一个正当的步骤，这可由描述当事人最大化问题的模型的转换条件加以证明(如，见布罗克(1973 年))。

首先要注意该系统中货币是“中性”的意义，由(21)和(22)式可知，货币余额水平的一次性变动将导致当期及未来各期价格水平同比例变动，这并没有什么实际效应。另一方面，显然由(13)式可知货币增长率μ的变动会产生一些实际效应：μ值越高，π_{10}值越大，因此较大的资本总是在其时间路径与上四位于稳定点。如同托宾(1915年)及其他人所指出的那样，这一效应是通过货币的实际收益而起作用的。由方程(10)及(12)，得到货币的实际收益，

$$r_{mt}=\pi_{21}(k_t-k_{t+1})-\mu,$$

或者在稳定条件下，它就是货币扩张率的负值。[①] 其次，注意决定系统动态行为的产出、私人消费、政府消费以及就业等流量的作用。对模型的分析首先是将模型简化为描述资产及其价格运动的方程组，并进行求解，然后再转向流量均衡。与许多抽象理论一样，这一结论后面各节将继续成立。因此在下文有关经济周期的讨论中，对于就业、消费、政府支出及实际产出这些至关重要的因素我将很少涉及。虽然这也许会导致下文许多不同的调子，但我想将其还原为标准语不过是一项直截了当的练习。

特别是，读者可以验证，将闲暇偏好及变动的劳动力供给引入本节模型是轻而易举的，这对(7)、(8)式的形式没有影响。这一修正对经济周期理论来说显然是必不可少的，并将在下文进行考虑。

① 卢卡斯(1972年)或萨金特(1973年)都没谈及这一通货膨胀的非中性问题，这是因为他们的文章都排除了资本的形成。这样就使托宾(1973年)或许还有其他人感到疑惑，金融紊乱怎么会确定性地出现在模型中而引入不确定性时良好的预见怎么会消失。答案正相反。卢卡斯(1972年)和萨金特(1973年前)认为不确定性的引入不会排除长期以来熟悉的新古典主义的非中性，不确定性引入的本身不会导致新的新古典主义非中性。

最后，与传统宏观经济模型形成鲜明对比的是，上述模型的解在有关货币行为假设有较大变动时依然有效。例如，假设 $m_{t+1}-m_t$ 为一均值，为 μ_0，方差为 σ^2 的相互独立的正态随机变量序列。如果将(9)式和(10)式重新解释为整个 t 期可获得信息条件下的期望回报率，则(11)和(12)式存在一与上面所求解具有相同系数 π_{ij} 的解。鉴于预料到与未预料到的货币变化的区别经常受到强调，这一事实好像是一悖论。它源于这样的事实：在竞争的市场中，现行价格是交易者信息集的一部分。因此，了解(12)式系数与现行实际资本 k_t 的交易者交易之前本人就了解 m_t，而不管 m_t 被宣布与否，或被预期与否。

3　周期模型：引言

从以上讨论的货币增长模型中可以看到，仅将“噪声”引入货币政策之中进行分析，并不足以将所观察的经济周期间出现的名义变量及真实变量的反应类型归纳出来。原因是在一个所有交易均发生在单一竞争市场的经济中，交易者手中拥有太多曾使他们受愚弄而改变真实决策变量的信息。

为了避开分析上的困难，而又不走得太远，以免对总量行为作一简单的描述，我将采用费尔普斯(1969 年)提出的方法，这种方法此后在将交易视为发生在不同的市场或“岛屿”的模式中被卢卡斯(1972，1973 年)以及卢卡斯与普雷斯科特(1974 年)加以运用。这样一种系统在本节加以描述并在本文剩下部分加以分析。

在一个时期的开始，交易者以某种方式分布在一个连续的市场上，每一个市场所拥有的资本量取决于上期的交易。交易者持有货币存量；另外政府购买将以一种在市场与市场间，时期与时期间随机变动的方式不断导入新的货币。每一市场中，生产、交换以及资本积累的形成同上一节所描述的几乎完全一样，唯一的区别是收益 r_{kt} 和 r_{mt} 均为条件预期而非已知数。交易一旦完成，当事人随机选择新市场，实现新的货币振动，该过程连续不断。[①]

尽管资本所有者可以继续向前移动，但假定特定市场资本积累直至下一个时期都保持不变。资本的现金收益则在交易完成之后由股东获得。这种一期“流动”的规模被认为与货币存量成正比(尽管事实上这并不能完全成立)，并在以下分析中加以忽略。投资资金的筹措是完全“内部化”的，不存在整个经济范围的资本资金市场。[②]

这一经济中，一切交换都是在价格出清的竞争市场发生的。无论是在给定目标与预期下的传统最优意义上，还是在穆斯有关可得到的信息被最优运用于预期形成过程中(1961 年，穆斯)意义上，交易者行为都是理性的。为了使后一个假设具有可操作性，我们将整个分析限制在一个特殊的环境下，即假设相关分布已稳定在其稳定值上，并且能为“交易者所知晓”。

如上一节一样，此时模型中的核心部分也是资产需求方程(7)和(8)，但由于资本存量及信息的变动，这些方程随市场的不同而

① 在岛屿概念之后并不是想要看看海里的事物或者对生活进行无目的评论。它只是用一种简单的方法获得这样一个事实，即经济活动可以为当事人提供一连串模糊不清的、无法预期的机会，而这些机会是不会待在那儿等着你去收集信息的。就本人的目的而言，看来就以下事实进行抽象是可靠的、明智的：事实上通过购买其他信息就可以把这一状况稍微缓解一下。

② 见 13 节对经济范围的证券市场引入后的可能后果的讨论。

不同。分析的目的也同上文一样，是获得有关状态变量及其相关价格运动的解，该解类似于方程组(11)和(12)的解。而由引入相对与总体"噪声"所产生的主要区别将体现在当事人对预期收益 r_{kt} 及 r_{mt} 的计算中，此时，这些收益为基于有限信息而非完全预见情况下的均值。

按照与通常工作顺序相反的工作顺序可以很容易地发掘出这些内容。下一节描述了有关经济的信息结构并规范性地描述了模型的解。第 5 节则重新论述了资产需求方程，并对两个预期收益重新进行了界定，而由当事人解决的推断问题在第 6 节进行了分析，进而完成对整个模型的论述。

4　有效解及注释

为了更加清楚地描述上述经济系统，我们假设交易发生在独立市场连续系统 z 内，其中 z 为一方位指数，且 $0<z<1$，这一系统为新增货币随机流(以政府支出形式出现)所驱动，其中货币流随时间以及市场的不同而不同。假设所有市场中货币增量的平均百分数为 x_t，$x_t \sim N(\mu,\sigma^2)$。市场 z 中货币增量偏离平均增量的部分为 $\theta_t(z)$这里，

$$\theta_t(z)=\rho\theta_{t-1}(z)+\epsilon_t(z) \quad (0<\rho<1) \tag{23}$$

且 $\epsilon_t(z)\approx N(0,\sigma_\epsilon^2)$，假设对任意的 s,t,z、$\epsilon_t(z)$和 x_s 相互独立，除非 $s=t,z=z'$，否则 $\epsilon_t(z)$与 $\epsilon_s(z)$也相互独立，则对于任一固定方位 z 的稳定分布$[x_t,\theta_t(z)]$是均值为$(\mu,0)$、协方差矩阵为

$\begin{pmatrix}\sigma^2 & 0 \\ 0 & \sigma_\theta^2\end{pmatrix}$的正态分布，其中 $\sigma_\theta^2=\sigma_\epsilon^2/(1-\rho^2)$。对当事人来说，震动 $\epsilon_t(z)$、$\theta_t(z)$及 x_t 均为不可观测到的未知数，但它们的分布却是恒定且已知的。①

由于这些震动作为影响经济的唯一因素，因而可以认为资本存量也随时间及市场不同而变化。令 $k_t(z)$表示在时间 t，市场 z 中期初资本的对数值，k_t 表示所有市场中 $k_t(z)$的平均值，$u_t(z)=k_t(z)-k_t$ 表示市场 z 中资本的偏离度，这三个变量将由一随机过程所决定。另外，假设 $u_t(z)$的稳态分布为 $N(0,\sigma_u^2)$。可以预料持续相关的震动 $\theta_t(z)$将影响资本运动，因此 $\sigma_{u\theta}=E[\theta_t(z),u_t(z)]$非零。尽管 $k_t(z)$和 k_t 不能为当事人直接观测到，但我们假设这些分布实情均可为当事人所了解。

同样，由于扰动的原因，某一交易期不同市场上个人对货币需求量是不同的。考虑存在大量当事人，且每一个当事人随机选择下一期的市场。则在所有市场中，当事人货币余额分布均是一样的。不失一般性，下面仅考虑对数线性结构，则此时影响这一分布变动的因素只有一个，即分布均值的对数值，记为 m_t（参见第 2 节），这一均值服从下列随机走动。

$$m_{t+1}=m_t+x_t。\tag{24}$$

假设当事人直接观测不到 m_t。方程组(23)及(24)全面地描述了本经济系统中不同市场间货币流量以及当事人之间货币分布

---

① 假设不可观测的分布是“已知的”，但不必认为这一假设是当事人考虑环境方式的文字描述。它只是假设当事人用最可能的方法使用可获得信息的一种方便的形式。

的所有相关信息。

按照以上的描述，经济系统的总体（或平均）态势可由资本存量 k_t，货币 m_t 以及政府按计划支出的 x_t 描述；单个市场 z 的状况可由其相对于平均数的资本状况，即 $u_t(z)=k_t(z)-k_t$，以及由其相对平均数的政府支出 $\theta_t(z)$ 描述。

由于当事人扩散于该体系中，他们无法直接观测到这些变量，但每一时期他们按照市场出清价格 $p_t(z)$ 用商品交换货币。当事人个人所观测到的历史价格 $p_t(z)$、$p_{t-1}(z')$、$p_{t-2}(z'')$……构成他对他所处的经济系统以及市场 z 现状的信息源，同样这一历史价格也构成其有关未来价格的信息源。[①] 由于交易者遵循不同的途径，因此每个交易者将会拥有不同的信息，所以对整个经济信息来说，一般需要以各当事人的信息占有分布来加以描述。使问题进一步复杂化的是这一整体信息状况不仅会影响到价格，而且其本身也会成为被推测的对象——当事人将会对其他当事人的预期进行预期。下面两条进一步的约定将有助于简化以上复杂问题的描述：第一，假设每一当事人均将其所观测到的历史价格（p_{t-1}，p_{t-2}……）归结为他对总体状态变量现值（k_t，m_t）的无偏估计（$\hat{k}_t$、$\hat{m}_t$）；[②]其次，这些估计均是由交易者以简单平均法先于每一期交易作出的，因此，大量地（$\hat{k}_t$、$\hat{m}_t$）描述了所有当事人的预期。令这些预期为有关实际总体状况的正态分布，其协方差矩阵为：

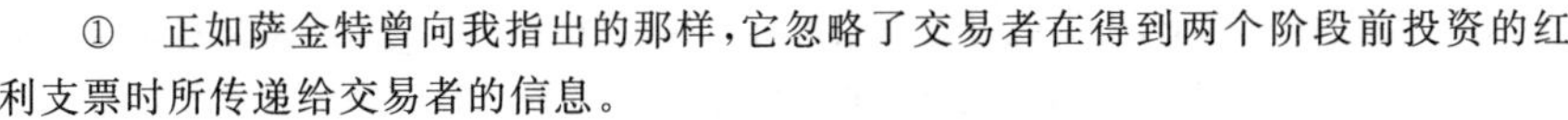

① 正如萨金特曾向我指出的那样，它忽略了交易者在得到两个阶段前投资的红利支票时所传递给交易者的信息。

② 假设不可观测的分布是“已知的”，但不必认为这一假设是当事人考虑环境方式的文字描述。它只是假设当事人用最可能的方法使用可获得信息的一种方便的形式。

$$\begin{bmatrix} \sigma_k^2 & \sigma_{mk} \\ \sigma_{mk} & \sigma_m^2 \end{bmatrix}。$$

这样，某一特定市场 z 可完全由 $\hat{k}_t$、$\hat{m}_t$、k_t、m_t、x_t、$\theta_t(z)$、$u_t(z)$7个变量描绘出来。尽管当事人了解他们自己的预期($\hat{k}_t$、$\hat{m}_t$)，但他们不了解这一特定市场状况。然而他们却可以在自己预期($\hat{k}_t$、$\hat{m}_t$)的基础上，对相关变量(k_t、m_t、x_t、$\theta_t(z)$、$u_t(z)$)形成良好看法。特别是，他们会正确地认为由这些变量(k_t、m_t、x_t、$\theta_t(z)$、$u_t(z)$)所构成的随机向量服从于正态分布，其均值为($\hat{k}_t$、$\hat{m}_t$、μ、0、0)协方差矩阵为：

$$\Sigma = \begin{bmatrix} \sigma_k^2 & \sigma_{km} & 0 & 0 & 0 \\ \sigma_{km} & \sigma_m^2 & 0 & 0 & 0 \\ 0 & 0 & \sigma^2 & 0 & 0 \\ 0 & 0 & 0 & \sigma_\theta^2 & \sigma_{u\theta}^2 \\ 0 & 0 & 0 & \sigma_{u\theta}^2 & \sigma_u^2 \end{bmatrix} \tag{25}$$

至此，我们已给出了有关实际经济状态以及当事人对这一状态的推断二者的描述。

和第2节一样，我们分析的目的是为了研究和界定该系统在不同态势间的均衡运动，与第2节相同的还有，在当前状态给定的情况下，人们既可将均衡视为有关价格与资产运动函数的集合，也可以将均衡视为资产与价格时径的集合。对于前者，令在均衡状况下有以下形式：①

---

① 稍微凭点直觉，人们就可以预先指明一些参数解(例如，因为具有相同的总量 $m_t+x_t+\theta$ 的两个市场可以看成是相同的，因此有 $\pi_{14}=\pi_{15}$ 和 $\pi_{24}=\pi_{25}$)。所以加入一些额外的参数是没有坏处的，并且由于直觉不同，人们也可以形式上拓展出这样的事实。第9节做了这一工作。

$$k_{t+1}(z)=\pi_{10}+\pi_{11}\hat{k}_t+\pi_{12}\hat{m}_t+\pi_{13}[k_t+u_t(z)]$$
$$+\pi_{14}m_t+\pi_{15}[x_t+\theta_t(z)], \tag{26}$$

$$p_t(z)=\pi_{20}+\pi_{21}\hat{k}_t+\pi_{22}\hat{m}_t+\pi_{23}[k_t+u_t(z)]$$
$$+\pi_{24}m_t+\pi_{25}[x_t+\theta_t(z)]。 \tag{27}$$

下文中,我们将给出系数 π_{ij} 必须满足的条件集,同时给出这些条件的内涵。

5 资产需求函数

每一市场中现期流量均衡恰如第 2 节一样已经确定。因此我将重点放在资产需求函数(7)和(8)的分析上,这里需要强调的是该函数的市场特征,而其他性质则认为均保持不变。

$$k_{t+1}(z)=\alpha_0+\alpha_1 r_{kt}(z)-\alpha_2 r_{mt}(z)+\alpha_3 k_t(z), \tag{28}$$

$$m_t^d(z)-p_t(z)=\beta_0-\beta_1 r_{kt}(z)+\beta_2 r_{mt}(z)+\beta_3 k_t(z)。 \tag{29}$$

参数 α_i、β_j 的约束条件同第 2 节。另外,除了(28)、(29),货币供给服从(23)和(24)式以及

$$m_t^d(z)=m_t+x_t+\theta_t(z) \tag{30}$$

成立。

从概念上讲,两种资产所得收益(r_{mt} 与 r_{kt})与第 2 节的一样。然而,在当前不确定的情况下,它们的取值为条件均值,货币回报率为预期通货紧缩率。由于交易者随机选择下期市场,在市场 z 及时间 t 上,这一预期为:

$$r_{mt}(z)=p_t(z)-\overline{p}_{t+1}^e(z), \tag{31}$$

其中,$p_t(z)$、$\overline{p}_{t+1}^e(z)$分别是在时期 t、市场 z 可获得信息条件

下所观测到的当期价格及下期平均价格水平的期望值。

如前文所述，资本回报率为实际租金价格的预期，由于市场 z 中资本积累将进入下一期，名义租金将与下期当地市场价格成正比。另一方面，由于红利将被用在其他地方，因此，适当的缩减指数就是一种期望平均价格。除了这些价格效应以外，像第 2 节一样，收益递减“消极效应”也将出现。然而，考虑到收益递减在经济周期中的次要作用，我们这里将忽略这一效应并给出：

$$r_{kt}(z)=p_{t+1}^{e}(z)-\overline{p}_{t+1}^{e}(z), \tag{32}$$

其中，$\overline{p}_{t+1}^{e}(z)$为基于现期有信息的下期当地价格预期的 。

6 预期的形成

由于需求方程(28)与(29)中的回报率不能直接被观测到，当事人则必会利用已有的信息对其(或者是包含回报率在内的预期价格)进行推测，这一问题构成我们这一节分析的主题。

有关当事人信息集及其偏好均已在第 4 节中描述过了。当事人了解有关(26)－(27)解的系数，并认为状态向量$[k_t$、m_t、x_t、$\theta_t(z)$、$u_t(z)]$的联合分布为一均值为$(\hat{k}_t,\hat{m}_t,\mu,0,0)$，协方差矩阵为$\Sigma$的正态分布并由(25)式给定。因此，在交易之前，他们观察均衡价格，该均衡价格是载有额外信息的不可观察状态向量的一个函数。基于这一新的信息，当事人又可以反过来构造出用于预测的关于状态向量的后验分布。我们将这一后验分布的均值，记为$[\hat{k}_t,\widetilde{m}_t,\widetilde{x}_t,\widetilde{\theta}_t(z),\widetilde{u}_t(z)]$。

根据(27)式,交易前交易者对价格的预期为:

$$\hat{p}_t = \pi_{20} + \pi_{21}\hat{k}_t + \pi_{22}\hat{m}_t + \pi_{23}\hat{k}_t + \pi_{24}\hat{m}_t + \pi_{25}\mu。$$

同样根据(2)式,实际价格为:

$$p_t(z) = \hat{p}_t + \pi_{23}(k_t - \hat{k}_t) + \pi_{23}u_t(z) + \pi_{24}(m_t - \hat{m}_t) + \pi_{25}(x_t - \mu) + \pi_{25}\theta_t(z)。 \quad (33)$$

这样,从当事人的观点来看,$[k_t, m_t, x_t, \theta_t(z)]$和 $p_t(z) - \hat{p}_t$ 均为一协方差矩阵为$\sum$且满足(33)式的正态随机向量,经过简单的计算可推得条件预期为:①

$$\tilde{k}_t = \hat{k}_t + \sigma_{\mathrm{P}}^{-2}(\pi_{23}\sigma_k^2 + \pi_{24}\sigma_{mk})[p_t(z) - \hat{p}_t], \quad (34)$$

$$\tilde{m}_t = \hat{m}_t + \sigma_{\mathrm{p}}^{-2}(\pi_{23}\sigma_{mk} + \pi_{24}\sigma_m^2)[p_t(z) - \hat{p}_t], \quad (35)$$

$$\tilde{x}_t = \mu + \sigma_{\mathrm{p}}^{-2}\pi_{25}\sigma^2[p_t(z) - \hat{p}_t], \quad (36)$$

$$\tilde{\theta}_t(z) = \sigma_{\mathrm{p}}^{-2}(\pi_{23}\sigma_{u\theta} + \pi_{25}\sigma_\theta^2)[p_t(z) - \hat{p}_t], \quad (37)$$

$$\tilde{u}_t(z) = \sigma_{\mathrm{p}}^{-2}(\pi_{23}\sigma_u^2 + \pi_{25}\sigma_{u\theta})[p_t(z) - \hat{p}_t], \quad (38)$$

其中,

$$\sigma_{\mathrm{p}}^{-2} = \pi_{23}^2\sigma_k^2 + 2\pi_{23}\pi_{24}\sigma_{mk} + \pi_{24}^2\sigma_m^2 + \pi_{25}^2\sigma^2 + \pi_{23}^2\sigma_u^2 + 2\pi_{23}\pi_{25}\sigma_{u\theta} + \pi_{25}^2\sigma_\theta^2 \quad (39)$$

为实际价格关于其先验期望的方差。

可以看出,每一后验(条件)期望实际上是先验期望通过修正一蕴含在市场价格中的新信息 $p_t(z) - \hat{p}_t$ 而得到的。在每一种情况下,附于(34)—(38)式中新信息 $p_t(z) - \hat{p}_t$ 是关于 $p_t(z) - \hat{p}_t$ 问题中简单的振动回归系数。因此,例如在(36)式中,$\sigma_p^{-2}\pi_{25}\sigma^2$ 是

① 例如,见格雷比尔(1961 年,定理 3.10,第 63 页)。

$p_t(z)-\hat{p}_t$ 与 $x_t-\mu$ 的协方差除以价格的方差。

至此，交易双方都用由(36)—(38)式所作的估计更新自己对经济状态总体情况所作的估计($\hat{k}_t,\hat{m}_t$)，并形成与资产需求决策有关的收益的无偏期望 $r_{kt}(z)$及 $r_{mt}(z)$。以 $E_z(\cdot)$表示时期 t 市场 z 形成的一个预期，这样，由(26)式得到：

$$\hat{k}_{t+1}(z)=E_z(\pi_{10}+\pi_{11}\hat{k}_t+\pi_{12}\hat{m}_t+\pi_{13}k_t+\pi_{14}m_t+\pi_{15}x_t)$$
$$=\pi_{10}+\pi_{11}\hat{k}_t+\pi_{12}\hat{m}_t+\pi_{13}\tilde{k}_t+\pi_{14}\tilde{m}_t+\pi_{15}\tilde{x}_t,$$

其中 $\hat{k}_{t+1}(z)$表示基于市场 z 有关信息所造成的 k_{t+1} 的后验估计。代入(34)、(35)、(36)及(33)式，且对所有市场 z 取平均；可推出 k_{t+1}的平均估计：

$$\hat{k}_{t+1}=\pi_{10}+(\pi_{11}+\pi_{13})\hat{k}_t+(\pi_{12}+\pi_{14})\hat{m}_t+\pi_{15}\mu$$
$$+B_1[\pi_{23}(k_t-\hat{k}_t)+\pi_{24}(m_t-\hat{m}_t)+\pi_{25}(x_t-\mu)], \quad (40)$$

其中 B_1 是 $\sum$ 和 π_{ij} 的函数，参见附录 B。同理，

$$\hat{m}_{t+1}=\hat{m}_t+\mu+B_2[\pi_{23}(k_t-\hat{k}_t)$$
$$+\pi_{24}(m_t-\hat{m}_t)+\pi_{25}(x_t-\mu)], \quad (41)$$

其中 B_2 也由附录 B 给出。

由(31)和(32)式界定的预期收益也可采用同样的方法计算出来。例如，我们由价格解(27)式得到：

$$r_{mt}(z)=p_t(z)-\bar{p}^e_{t+1}(z)$$
$$=\pi_{20}+\pi_{21}\hat{k}_t+\pi_{22}\hat{m}_t+\pi_{23}[k_t+u_t(z)]$$
$$+\pi_{24}m_t+\pi_{25}[x_t+\theta_t(z)]$$
$$-E_z(\pi_{20}+\pi_{21}\hat{k}_{t+1}+\pi_{22}\hat{m}_{t+1}+\pi_{23}k_{t+1}$$
$$+\pi_{24}m_{t+1}+\pi_{25}x_{t+1}), \quad (42)$$

又由于 $E_z[\hat{k}_{t+1}]=E_z[k_{t+1}]$及 $E_z[\hat{m}_{t+1}]=E_z[m_{t+1}]$，运用资本解(26)式和货币法则(24)式，我们得到：

$$r_{mt}(z)=\pi_{21}\hat{k}_t+\pi_{22}\hat{m}_t+\pi_{23}[k_t+u_t(z)]$$
$$+\pi_{24}m_t+\pi_{25}[x_t-\theta_t(z)]$$
$$-(\pi_{21}+\pi_{23})E_z(\pi_{10}+\pi_{11}\hat{k}_t+\pi_{12}\hat{m}_t+\pi_{13}k_t$$
$$+\pi_{14}m_t+\pi_{15}x_t)$$
$$-(\pi_{22}+\pi_{24})E_z(m_t+x_t)-\pi_{25}\mu。 \tag{43}$$

运用估计式(35)—(37)以及(33)式，整理各项后得到：

$$r_{mt}(z)=(\pi_{21}+\pi_{23})[1-(\pi_{11}+\pi_{13})]\hat{k}_t$$
$$-(\pi_{21}+\pi_{23})(\pi_{12}+\pi_{14})\hat{m}_t+(1-A_1)$$
$$\times[\pi_{23}(k_t-\hat{k}_t)+\pi_{23}u_t(z)+\pi_{24}(m_t-\hat{m}_t)$$
$$+\pi_{25}(x_t-\mu)+\pi_{25}\theta_t(z)]+C_1, \tag{44}$$

其中 A_1 由附录 B 给出，C_1 为常数，下文中，此项将被忽略。同理，我们并可得出有关资本预期收益的表达式：

$$r_{kt}(z)=A_2[\pi_{23}(k-\hat{k}_t)+\pi_{23}u_t(z)+\pi_{24}(m_t-\hat{m}_t)$$
$$+\pi_{25}(x_t-\mu)+\pi_{25}\theta_t(z)], \tag{45}$$

其中 A_2 亦由附录 B 给出。

尽管模型解的数学定义两节以后才给出，但模型的表述到此完成。所给定的经济参数是资产需求函数的系数：α_0，……，α_3 及 β_0，……，β_3，参数 ρ 以及两个方差 σ^2 和 σ_ϵ^2。有关经济假设蕴含了一个将这些参数同解参数相联系的条件集：(26)及(27)式中的系数 π_{ij} 以及协方差矩阵 Σ 中的其余元素，有关斜率系数的含义将在下节给出，有关协方差矩阵的含义将在第 8 节中给出。

7　斜率系数的含义

将由(44)及(45)式给出的预期收益表达式代入资本需求函数(28)式中可推得 $k_{t+1}(z)$ 为一市场 z 当期状态变量的线性函数。这一函数关系的另一表述是由式(26)式给出。由于这两个关系式是等价的,因此,两函数的右边在 $\hat{k}_t,\hat{m}_t,k_t,m_t,\theta_t(z)$ 和 $u_t(z)$ 上必须完全一致,令对应函数相等,有:

$$\pi_{11}=-[\alpha_1A_2-\alpha_2(1-A_1)]\pi_{23}-\alpha_2(\pi_{21}+\pi_{23})(1-\pi_{11}-\pi_{13}),\tag{46}$$

$$\pi_{12}=-[\alpha_1A_2-\alpha_2(1-A_1)]\pi_{24}+\alpha_2(\pi_{21}+\pi_{23})(\pi_{12}+\pi_{14}),\tag{47}$$

$$\pi_{13}=[\alpha_1A_2-\alpha_2(1-A_1)]\pi_{23}+\alpha_3,\tag{48}$$

$$\pi_{14}=[\alpha_1A_2-\alpha_2(1-A_1)]\pi_{24},\tag{49}$$

$$\pi_{15}=[\alpha_1A_2-\alpha_2(1-A_1)]\pi_{25}。\tag{50}$$

而令货币需求等于供给,消去(29)及(30)式中的 $m_2^d(z)$,并代入式(44)及(45)式,可得出现价 $p_t(z)$ 的一个表达式;由于这一表达式与(27)式等价,因此,得到另外5个条件:

$$\pi_{21}=[\beta_1A_2-\beta_2(1-A_1)]\pi_{23}-\beta_2(\pi_{21}+\pi_{23})(1-\pi_{11}-\pi_{13}),\tag{51}$$

$$\pi_{22}=-[\beta_1A_2-\beta_2(1-A_1)]\pi_{24}+\beta_2(\pi_{21}+\pi_{23})(\pi_{12}+\pi_{14}),\tag{52}$$

$$\pi_{23}=[\beta_1A_2-\beta_2(1-A_1)]\pi_{23}-\beta_3,\tag{53}$$

$$\pi_{24}=[\beta_1A_2-\beta_2(1-A_1)]\pi_{24}+1,\tag{54}$$

$$\pi_{25}=[\beta_1 A_2-\beta_2(1-A_1)]\pi_{25}+1。\tag{55}$$

其中有关常数项 π_{10} 及 π_{20} 的两个额外条件将被省略。

至此,我们得到了包含 10 个未知系数 π_{ij} 及(通过 A_1 和 A_2)$\sum$ 中的 5 个未知元素:σ_k^2,σ_m^2,σ_{mk},$\sigma_{\mu\theta}$ 和 σ_u^2 的 10 个方程。

8 协方差的含义

预期的理性化意味着当事人进行预测时所使用的协方差矩阵 $\sum$ 本身就是周期实际的平稳协方差矩阵。对于外生给定的矩 σ^2 和 σ_θ^2,根据直接假设这一点是成立的。对于 $\sum$ 中的其他元素,包括了某些计算。

根据(26)式得到:

$$u_{t+1}(z)=k_{t+1}(z)-k_t=\pi_{13}u_t(z)+\pi_{15}\theta_t(z)。\tag{56}$$

当 $|\pi_{13}|<1$ 时,则由

$$\theta_{t+1}(z)=\rho\theta_t(z)+\epsilon_t,$$

推得平稳矩 σ_u^2 及 $\sigma_{u\theta}$ 为:

$$\sigma_u^2=\frac{\pi_{15}^2}{1-\pi_{13}^2}\frac{1+\rho\pi_{13}}{1-\rho\pi_{13}}\sigma_\theta^2,\tag{57}$$

$$\sigma_{u\theta}=\frac{\rho\pi_{15}}{1-\pi_{13}}\sigma_\theta^2,\tag{58}$$

$$|\pi_{13}|<1。$$

将解(26)式两边对 z 取平均值,则导出 k_{t+1} 的一个方程式。用式(40)减此方程得:

$$\hat{k}_{t+1}-k_{t+1}=(\pi_{13}-\pi_{23}B_1)(\hat{k}_t-k_t)$$

$$+(\pi_{14}-\pi_{24}B_1)(\hat{m}_t-m_t)$$

$$-(1-\pi_{25}B_2)(x_t-\mu), \tag{59}$$

$$\hat{m}_{t+1}-m_{t+1}=-\pi_{21}B_2(\hat{k}_t-k_t)+(1-\pi_{24}B_2)(\hat{m}_t-m_t)$$

$$-(1-\pi_{25}B_2)(x_t-\mu)。 \tag{60}$$

假如上述方程组(59)—(60)的确定部分(即通过使所有 t 期的 $x_u=\mu$ 而得到的系统)是平稳的,利用与前文一样的计算方法,就可推得关于矩 σ_k^2,σ_m^2 和 σ_{mk} 的 3 个线性方程。写成矩阵形式为:

$$\begin{bmatrix}\sigma_k^2\\ \sigma_{mk}\\ \sigma_m^2\end{bmatrix}=K_1\begin{bmatrix}\sigma_k^2\\ \sigma_{mk}\\ \sigma_m^2+\sigma^2\end{bmatrix}, \tag{61}$$

其中,3×3 阶矩阵 K_1 见附录 B。

9 数学解:初步

显然,至此相关的数学问题是:在给定 α_1,……,α_3 和β_1,……,β_3,σ^2,σ_ϵ^2及 ρ 的前提下,寻找满足(46)—(55)式,(57)、(58)和(61)式的条件,并使差分方程(56),(59),(60)式为稳定方程的解 π_{11},……,π_{15},……,π_{21},……,π_{25},σ_u^2,$\sigma_{u\theta}$,σ_k^2,σ_m^2 和 σ_{mk}。本节中,模型的规模会因其中一些系数已由另外一些系数解出而大大缩小。

首先,将(46)与(48)式,(51)与(53)式分别相加,得出和的形式 $\pi_{11}+\pi_{13}$ 及 $\pi_{12}+\pi_{23}$ 的两个方程。这两个方程实质上同第 2 节中求解 π_{11}和 π_{12}的两方程是一样的,其图解形式由附录 A 给出。

正如第 2 节那样存在两对解，其中有一对具有经济意义。将这对解值记为 $\pi_1=\pi_{11}+\pi_{13}$ 和 $-\pi_2=\pi_{21}+\pi_{23}$，由图 A1(参见附录 A)，我们可以看到这些解满足：

$$\alpha_3<\pi_1<1 \tag{62}$$

和

$$\frac{\beta_3}{1+\beta_2}<\pi_2<\beta_3\text{。} \tag{63}$$

其次，将(47)和(49)式相加，推得：

$$\pi_{12}+\pi_{14}=0\text{。} \tag{64}$$

同样，将(52)和(54)式相加得：

$$\pi_{22}+\pi_{24}=1 \tag{65}$$

这两个古典货币中性的结果的得出均不出所料。

第三，由(54)及(55)式，得到：

$$\pi_{25}=\pi_{24} \tag{66}$$

且由(49)、(50)及(66)式，我们得到：

$$\pi_{15}=\pi_{14}\text{。} \tag{67}$$

第四，由(53)及(54)式解出 π_{23} 为：

$$\pi_{23}=-\beta_3\pi_{24}\text{。} \tag{68}$$

然后，由(48)、(49)及(68)式，得到：

$$\pi_{13}=\alpha_3-\beta_3\pi_{14}\text{。} \tag{69}$$

再回过头来看一下(62)—(69)的有关表述，我们不难发现所有的斜率系数 π_{ij} 已由 π_{14}，π_{24} 以及现在已成“已知”数的 π_1 和 π_2 加以表述。将 π_{14}，π_{24} 分别记为 π_3 和 π_4。由这些参数 π_1，……，π_4 表示的(59)和(60)可变为：

$$\hat{k}_{t+1}-k_{t+1}=(\alpha_3-\beta_3\pi_3+\beta_4\pi_4B_1)(\hat{k}_t-k_t)$$
$$+(\pi_3-\pi_4B_1)(\hat{m}_t-m_t)$$
$$-(\pi_3-\pi_4B_1)(x_t-\mu), \tag{70}$$

$$\hat{m}_{t+1}-m_{t+1}=\beta_3\pi_4B_2(\hat{k}_t-k_t)$$
$$+(1-\pi_4B_2)(\hat{m}_t-m_t)$$
$$-(1-\pi_4B_2)(x_t-\mu)。 \tag{71}$$

而由(26)及(27)式可推出反映总量资本及价格运动水平的 k_t 和 p_t 为：

$$k_{t+1}=\pi_{10}+\pi_1k_t+(\pi_1-\alpha_3+\beta_3\pi_3)(\hat{k}_t-k_t)$$
$$-\pi_3(\hat{m}_t-m_t)+\pi_3x_t, \tag{72}$$

$$p_t=\pi_{20}+m_t-\pi_2k_t+(\beta_3\pi_4-\pi_2)(\hat{k}_t-k_t)$$
$$+(1-\pi_4)(\hat{m}_t-m_t)+\pi_4x_t。 \tag{73}$$

至此，包含在(46)—(55)10 个方程中的信息可归结为：

$$\pi_3=[\alpha_1A_2-\alpha_2(1-A_1)]\pi_4, \tag{74}$$

$$\pi_4=[\beta_1A_2-\beta_2(1-A_1)]\pi_4+1。 \tag{75}$$

其中，A_1、A_2、β_1 及 β_2 可同样用 π_1、π_2、π_3 和 π_4 加以表述，这些简化的表达式在附录 B 中给出。

现在求解均衡参数值的问题已被化简为：求解满足(74)、(75)、(57)、(58)和(61)式的 π_3、π_4、σ_u^2、$\sigma_{u\theta}$、σ_m^2、σ_{mk} 以及 σ_k^2。然而，协方差结构及其反应系数 π_3 和 π_4 相依存的事实使问题的求解很困难。只有在一些特例中可以得到结果。这些将在下文中进行详细讨论。

不过，至此这一动态系统的总体特征是相当清楚的。方程

(70)和(71)从对经济总体态势的想象及其实际状况 $\hat{k}_t - k_t$ 与 $\hat{m}_t - m_t$ 间差异的角度，描述了非系统震动 x_t 所带来的后果。这一两方程的自治系统将货币"错误信息"的一次波动转化为一扩展的分布时滞效应。方程(72)描述了作为确定部分总和的资本存量运动，资本存量运动分两部分：其本质与第 2 节发现的资本路径相同；关于这一路径的自相关偏差由震动以及(70)与(71)式的时滞效应共同决定。有关价格效应由方程(73)给出。

10　特例 1：集中化市场出清

正如第 2 节末所做的简要讨论那样，本特例中，影响经济的唯一外生扰动是货币振动，相关需求方差 σ_θ^2 为零。由于对于 θ 来说，不存在方差，因此所有的市场均是一样的，一个具有 $\sigma_\theta^2=0$ 的经济可视为一个整体，其中所有交易均发生在单一市场。

附录 C 给出了有关这一特例的代数表述。从中首先可以看到当 $\sigma_\theta^2=0$ 时，函数 A_2 为零。进而由(45)式可推知预期的资本实际收益不随货币震动而变动。由此可知 $\sigma_k^2=\sigma_{mk}=\sigma_m^2=0$ 是(61)式的解。其次，根据(74)及(75)式，系数 π_3 及 π_4 分别为 0 和 1。

将上述值代入(70)和(71)式，可得出均衡价格解与资本积累解。这一特例中，对所有市场及所有时期有 $k_t(z)=k_t=\hat{k}_t$，同样 $m_t=\hat{m}_t$。简言之，不存在错误信息。货币变动对资本的影响为零($\pi_3=0$)；对名义价格有一同比例效应($\pi_4=1$)。货币变动即使未预料到，也会通过价格运动传递给当事人，当事人的反应不过是对名义量的调整。

尽管这一特例本身并无什么特别的意义，但它确实起到了验证上一节有关理论的作用，不久我还将转入这一讨论。引入独立的信息化的不同市场虽不是朝着“现实主义”或者(显然)“优美性”迈出一步，但它却是进行分析的起点，这一起点以(某种形式)对于解释竞争经济中经济周期的出现和持续又是十分重要的。

11　特例2：纯货币周期[①]

这一特例中，资本存量对货币震动没有反应，由于资本中的周期变动看起来至少在因果水平上，在数量上并无多大的意义，因此，相对上一节特例而言，本特例可能更加具有实际意义。在数学上，这一特例可通过将原模型中投资预期收益弹性系数设置为零而导出。

如果 $\alpha_1=\alpha_2=0$，

那么由(74)式推得 $\pi_3=0$，且 $\sigma_k^2=\sigma_{mk}=0$(参见附录C)。对任一时期、任一市场而言，$k_t(z)=k_t=\hat{k}_t=\dfrac{\pi_{10}}{1-\pi_1}$。

函数 A_1 和 A_2 则分别等于 γ/π_4 和 $\rho(1-\gamma)$，其中：

$$\gamma=\frac{\sigma_m^2+\sigma^2}{\sigma_m^2+\sigma^2+\sigma_\theta^2}。$$

---

① 这实际上是卢卡斯(1972年)模型的参数表达法，只不过在现在这些表达式中，人们觉察到货币的变动带有分布(不是某一固定时期)滞后。设 $\sigma_m^2=0$ 给出了卢卡斯(1972年)模型的反例，比较这两种表达式可得出在参数明确给定的需求函数下而不是当事人偏好函数下的有关工作收益及成本的一个好想法(见第217页注释①)。

这样,由(75)式得:

$$\pi_4=\frac{1+\beta_2\gamma}{1+\beta_2-\beta_1\rho(1-\gamma)}。\tag{76}$$

令 σ_θ^2 的取值范围为 0 到无穷大,价格反应 π_4 的取值范围为从上限 1 到下限 $(1+\beta_2-\rho\beta_1)^{-1}$。用经济术语来说,当由名义总体扰动所引起的需求变动部分趋近于 1 时,均衡价格将与需求同比例变动,当此情况发生时,产出反应趋于 0,它们之间的比率(菲利普斯曲线的斜率)将趋于无穷大。

仍旧需要将 σ_m^2 视为 σ^2 的函数,对于这里所考虑的特例而言,(61)式采取下列形式:

$$\begin{aligned}\sigma_m^2&=(1-\gamma)^2(\sigma_m^2+\sigma^2)\\&=\left[\frac{\sigma_\theta^2}{\sigma_m^2+\sigma^2+\sigma_\theta^2}\right]^2(\sigma_m^2+\sigma^2)。\end{aligned}\tag{77}$$

作为 σ^2 的函数的 σ_m^2 与 $\sigma_m^2+\sigma^2$ 之图解形式如图 1 所示;当 $\sigma^2=0$ 时,σ_m^2为 0,且其导数趋近于$+\infty$;当 $\sigma^2=\frac{3}{4}\sigma_\theta^2$ 时,σ_m^2 取最大值$\frac{3}{4}\sigma_\theta^2$,当 σ^2 趋近于$+\infty$时,σ_m^2 趋近于 0。$\sigma_m^2+\sigma^2$ 的行为亦如图所示,当 σ^2 由 0 递增时,系数 γ^2 从 0 递增到 1,当 $\sigma^2=\frac{3}{4}\sigma_\theta^2$ 时,γ 等于$\frac{1}{2}$。

方差 σ_m^2 当然不是货币供给的方差(当 m_t 服从于随机走动时,货币供给不存在稳定值)。它只是实际货币供给与当事人对货币供给的平均预期水平之差值 $m_t-\hat{m}_t$ 的均方值。由于以前的信息对于推断现有态势具有可信性,因此当货币震动非常小时(σ^2 近乎于 0)，这一偏差也很小。由于现期价格运动为 m_t+x_t 运动提供了一个很好的指示器，因此，当 σ^2 非常大时，σ_m^2 照样很小。而当σ^2 与 σ_θ^2 处在同一数量级上时，这一偏差最大。因而，尽管货币噪声很小，但在经济上仍是足够有趣的，它将使当事人将其与相对需求运动相混淆。

为了导出蕴含在上述解中的有关的系统动态行为，重写(71)式[或(60)式]后我们得到：

$$m_{t+1}-\hat{m}_{t+1}=(1-\gamma)(m_t-\hat{m}_t+x_t-\mu) \tag{78}$$

(78)式蕴含在以上发现的解中。给定外生货币运动如同(24)式所给出的那样，(78)式描述了当事人关于相对于实际状态运动的各期经济运动状态的看法。

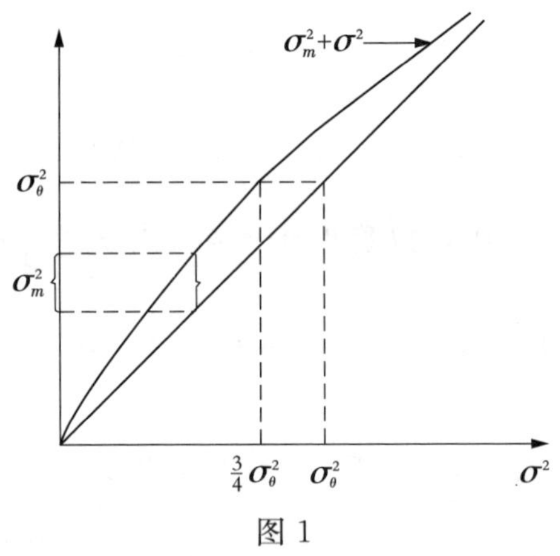

图 1

为了对包含在这一特解中的周期类型有一个更加具体的看法，有必要对一单一持续需求震动的反应进行模拟(即使该种形态的发生已经被假定为具有 0 的概率)。设想一种初始状态其中想象的与实际状态相同：$\hat{m}_0=m_0$，存在一初始需求震动：$x_0-\mu=S$，随后，货币按平均扩张率：$x_t=\mu=0$，$(t>1)$平稳增长。根据(78)

式,当事人最初会低估货币的实际振动,但在以后阶段这一估计又会以一指数增长形式赶上:

$$m_t-\hat{m}_t=(1-\gamma)^t S,\ t\geqslant 1。\tag{79}$$

就本特例而言,由(73)式可知,期初的震动将导致价格的上升,高出 0 期的预期量部分为 $\pi_4 S$,由于$\hat{m}_t$ 调整滞后,尽管以一指数递减量调整,价格将继续保持高于期望值,确切地讲就是:

$$p_t-\hat{p}_t=\pi_4(1-\gamma)^t S,\quad t\geqslant 0。$$

当然,尽管实际价格运动路径将会受到货币平均增长率变动的影响,但上述变动不受货币平均增长率变化影响。

至于平行于价格运动的流量、变量产出、就业和消费等的运动则可通过收入—支出等式(1),货币扩张与政府支出的联系(5),以及住户对劳动力供给和货物消费的偏好假设等因素推出。对于最后一个因素而言,纯粹为了简化起见,假设消费不随周期的变动而变动,因而,政府购买波动完全可由就业波动所吸纳。在所讨论的特例中,资本和投资也是常数。因此,由(1)式可导出就业方程:$g_t=\log(G_t)$,扩展此方程可近似得出:

$$n_t=\eta_0+\eta_1 g_t,\tag{80}$$

其中,n_t 为就业量的对数。弹性 η_1 为 G 对产出的平均比率除以产出 f 相对于劳动力投入的弹性(劳动力份额)。

由(5)式及(74)式可推出政府实际支出为:

$$g_t=x_t-p_t+m_t。\tag{81}$$

当资本固定不变时,联立(81)和(73)式得:

$$g_t=(1-\pi_4)(x_t-\hat{m}_t+m_t)+\text{constant}。\tag{82}$$

进而，联立(79)、(80)和(82)式则可导出由于震动 S 而导致就业偏离正常水平的时径为：

$$n_t - n^e = \eta_1(1-\pi_4)(1-\gamma)^t S, \quad t=0,1,2,... \tag{83}$$

同样，货币预期收益将与 $m_t - \hat{m}_t$ 同比例变动，其确切关系可由(44)式得出：

$$r_{mt} = \frac{(1-\gamma)(1+\beta_1\gamma)}{(1+\beta_2\gamma)}\pi_4(1-\gamma)^t S, \quad t \geqslant 0, \tag{84}$$

其中 r_{mt} 是对各市场加以平均的 $r_{mt}(z)$ 的变动部分。r_{mt} 中这种形态与利率中所观察的周期形态的关系并非是一个简单的问题，我们将在下文讨论(第 13 节)。

在纯货币模型人们注意到，期初震动的影响将会持续但决不会累积：其最大的效应必定出现在第一阶段。为了解释所观测到的渐近性周期波动，显然我们还必须将系统性震动引入模型或修改模型本身的内部结构。

12　特例 3：货币投资过度周期

前文已给出在 $\alpha_1 = \alpha_2 = 0$ 的情况下，系统(57)、(58)、(61)、(72)以及(73)式的唯一解。在本节则将导出在 α_1、α_2 为很小但为正数的情况下的近似解，并对解的性质进行讨论。有关这一扩展的详细内容将在附录 D 中讨论，下面简略给出其中主要的结果。

对于加速器系数 π_3，我们有：

$$\pi_3 = \left[\frac{1-\gamma}{1+\beta_2-\beta_1\rho(1-\gamma)}\right][\rho\alpha_1 - \alpha_2 + (\alpha_1\beta_2 - \alpha_2\beta_1)\gamma], \tag{85}$$

其中 γ 为前文中所定义的变动率。加速器效应为正，$\pi_3>0$ 的一个充分条件是 $\rho\alpha_1-\alpha_2>0$，显然由于 $\alpha_1>\alpha_2$，当 ρ 近似等于 1 时，这一条件成立(当 ρ 近似等于 0 时，这意味着相对需求变动是临时性的。由于新资本的安装只具有一期时滞，人们不会指望有一个加速数效应)。作为货币震动所带来的其他实际后果，投资的加速效应越大，由名义震动所引起的需求变动部分 γ 就越小。总之，为了诱使当事人改变投资率，必须使当事人做到：(1)对所设想的未来相关收益($\alpha_1>0$)有灵敏的反应；(2)确信现期相对需求是一个可以用来反映未来收益(ρ 值大)的一个很好的指标；(3)确信现期价格运动中包含了有关与现期相对需求(γ 值小)的信息。

我们很容易用文字来描述在货币运动的预期时滞中引入一个正值加速器系数 π_3 所产生的效应。由期初正向震动所引起的生产能力扩大阻碍了价格水平为适应由震动所引起的货币增量而作出向上调整。因此预期对于震动的调整也将大大慢于由(78)式所描绘的指数速率。有关这些预期的变动情况由(70)和(71)式给出，这些方程中的系数表达式(当 α_1 和 α_2 很小时有效)在附录 D 中给出。

这一系统的特征根近似等于 α_3 和 $1-\gamma$，二者都介于单位区间，因此，随着一次性震动，有关资本和货币的预期，将以一种无波动的方式返回“正常”水平。两个“交叉效应”可能都为正值：生产能力的低估($\hat{k}_t-k_t<0$)将导致对总需求的低估($\hat{m}_{t+1}-m_{t+1}<0$)，同样，$\hat{k}_{t+1}-k_t$ 随 $\hat{m}_{t+1}-m_t$ 的增加而增加。作为对脉冲式震动的反应，$\hat{k}_t-k_t$ 及 $\hat{m}_t-m_t$ 均与 S 同比例变动。这两个误差中的一个(而不是全部)在另一个变小的情况下，将继续沿着原有方向

运动(即误差可以累积)。最终,二者趋于零。

假设预期误差 $\hat{k}_t - k_t$ 及 $\hat{m}_t - m_t$ 的变动如上面所讨论的那样,实际资本存量随着所给定的初始震动 S 的变动而变动,这一变动由(72)式给出。初始效应为 $\pi_3 S$,同一方向上的继起效应将由 $\pi_3 \cdot (m_t - \hat{m}_t)$ 决定。抵消效应则从 $\hat{k}_t - k_t$ 中产生。由于 $\alpha_3 < \pi_1 < 1$,而且所有与这 3 个有影响的项趋近于 0,因此,k_t 最后将一定返回到它的正常水平上。

对于有关体现在实际状态变量及预期状态变量变动之中的就业变动结果如前一节一样得出。资本的存在使得这些计算变得更加复杂,同时也更加有趣。再次将消费设定为常数,由(1)式求解就业对数,进而展开,得到类似于(80)式的方程式:

$$n_t = \eta_0 + \eta_1 g_t + \eta_2 (k_{t+1} - k_t) + \eta_3 k_t 。\tag{86}$$

如前文一样,弹性 η_1 为 G 对产出的比率除以劳动力份额;η_2 为平均资本产出率除以劳动力份额,η_3 为资本份额除以劳动力份额。实际支出 g_t 可由(81)及(73)式导出:

$$g_t = \pi_2 k_t - (\beta_3 \pi_4 - \pi_2)(\hat{k}_t - k_t) + (1 - \pi_4)(x_t - \hat{m}_t + m_t) 。\tag{87}$$

联立(86)和(87)式就可导出就业时径。

在就业上,振动(η, g_t)的直接"乘数"效应所引起的作用几乎和上一节中的一样:存在一个由 x_t 变动所引起的初始效应,随后产生由信息时滞所引起的附加效应。出现在本节中的新效应为加速器效应:$\eta_2(k_{t+1} - k_t)$,这一效应即使在 π_3 很小时也可能相对大些。更进一步由于资本回复正常,因而即使不存在一个向下的震动，$\pi_2(k_{t+1}-k_t)$最终也一定会给就业带来负的影响可能使就业水平低于它的正常水平。

同上一节一样，货币及资本预期收益率的运动是准周期型的。[①] 这些事实可通过(44)及(45)验证，这里不再给出严格的表述。

13 利率的作用

利率运动的准周期形式近年来或许比经济周期中其他“典型化事实”更令理论界或实际部门感兴趣。如同(84)式，或从更一般的意义上说如(44)和(45)式所显示的，两种预期收益的准周期运动表明这一事实也可以用上面构建的模型来解释。虽然要获得满意的答案超出了本文的范围，但这一问题在本文中还是值得探讨的。

从形式上说，与理论上已约定俗成的只考虑债券这一单一筹资形式相对照，上面的模型只考虑了内部股本筹资。这种差异显然是由于不确定性的存在：即获取不确定收益不是债券的唯一形式。我们还可以将私人债券作为筹资的又一途径。如果债券交易和货物交易一样均被区域化(即当事人只在单一市场上进行交易)，这一点就容易做到，而且我们还能推测出债券收益会像(44)

① 弗里德曼(1971年第327页)看到资本的平均边际生产率的周期变动有一些微小的、数量上的重要意义，所以资本的预期平均收益的变化一定起次要的周期作用。这一事实，正如弗里德曼在同一文章中的另一处所指出的那样，与预期的平均实际收益所起的重要的周期性作用完全一致。

和(45)式所期望的那样运动,考察整个经济范围单一的标准债券市场情况是件有趣的事,从整体上说这些债券会出清,但对每一固定市场 z 却不行。由于均衡利率(或债券价格)会仅依赖于总体状态变量,进而其数值会传送某些不受区域干扰的总体信息给当事人,因此这一修正会包括经济信息结构较大的改变。

为了考察这一效应,我们回到第 6 节中一些由当事人解决的推断问题上,并假设当事人也观察到了一个关于 $\hat{k}_t-k_t$,$\hat{m}_t-m_t$ 和 x_t 的已知线性函数的值。正像第 11 节中纯货币模型一样,当资本运动不重要时,极端的情况发生了,在这种情况下,利率把经济中总体状态完全传递给了当事人,整个消除了周期的实际部分。[①] 由于加速效应的出现,看来总体债券市场的存在将减弱周期运动,但不能消除周期运动,并且不会改变周期运动的定性和特征。尽管这一问题很重要而且仍未解决,但我们这里不再做进一步的分析。

利率问题说明了一种有趣的分析张力,这种张力存在于所有不完全信息的周期理论之中。很容易假定当事人与市场机构忽略或浪费信息:其结果是导致一种严重低估当事人随环境变化而改变其决策规划之能力的理论(例如,诸如构成主要经济计量预测基础的模型)。同样容易假设“有效”证券市场能够把所有信息迅速传递给所有交易者:其结果是导出一个静态的总量均衡模型。主张人们在理解经济周期时必须避免两个极端虽然并不能在发现正确的“适中主义”模型过程中带领人们走多远,但不管怎样,它看来

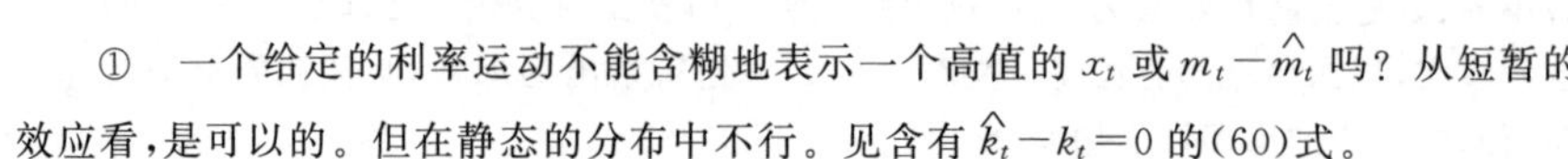

① 一个给定的利率运动不能含糊地表示一个高值的 x_t 或 $m_t-\hat{m}_t$ 吗?从短暂的效应看,是可以的。但在静态的分布中不行。见含有 $\hat{k}_t-k_t=0$ 的(60)式。

是一个重要的出发点。

14 关于可检验性的说明

第 12 节中所描述的模型以及其变型模型对总量矩予以赋值：可观察到变量之向量的完整协方差函数。由于这种样本矩比系统中的自由参量多得多，因此，很显然这种模型含有经检的成份。

在缺乏有关震动行为的经济理论的情况下，人们在实践中可能会用某些特殊方法随机地描述这些震动，他们可能用序列本身的过去值，也可能将其与其他状态变量的运动联系起来。基于这些发现，假设交易者也知道扰动中的同一形态，人们就需要重新修改上述理论（特别是第 6 节中的推断问题）。而如果需要用相当复杂的形态（比方说 3 个或 4 个参数）来描述震动，这看来是可能的，其结果将导致对解参数更多的、而不是更少的可检验性限制。[①] 简言之，看来出现真空带的危险，以至于严重毁坏滞后分布的经济计量学的危险性很小。

除了总量预测外，这一理论还预测到个别产品需求对平均量的差异将与产品本身及时间无关。人们可以（像我所做的那样[卢卡斯 1927 年]）含蓄地（当人们采用那种所有个体是无差别的、并且永远存在的预测时）采用这些预测。[②] 然而，研究哪些个体需求

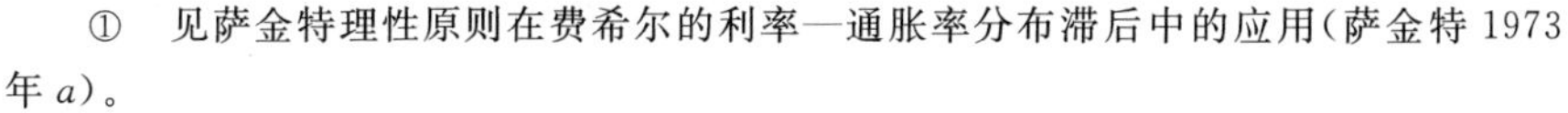

① 见萨金特理性原则在费希尔的利率—通胀率分布滞后中的应用（萨金特 1973 年 a）。

② 在对卢卡斯（1973 年 a）进行的有说服力的评论中，瓦伊宁（1974 年）把该假定用文字表达出来，取得了有建设意义的经验性尝试。

震动的协方差结构会导致上面所描述的总体行为,哪些不能却是一类很有意义的问题。要得到这一问题的答案似乎需要把每一单个市场震动都表示成许多大致相同的独立震动(以便大数定律像上面使用过的那样能够加以运用)及某一适用于所有市场的震动的线性组合,也就是说这种存在某些可被视为总需求的随机变量的假设是可检验的,而且当然值得系统探讨。

15 有关政策含义的说明

单一货币—财政震动引起的总需求运动导致上述模型中所有总产出的运动。很明显,这类模型中任何稳定性政策的关键都会涉及消除所有可以避免的货币—财政震动变化成份问题。当前的研究提供了能使货币政策保持平稳的合理规则,恰如卢卡斯(1972年)、萨金特和华莱士(1973年)以及巴罗(1975年)早期研究所做的那样。同样,当前的研究也使持续预算平衡的同类财政规则合理化,并使保持民间货币总量稳定的规则,诸如对银行较大的储备要求合理化。由于所有的震动都涉及货币和财政这两个因素,因此,当前的模型并不能说明货币—财政效应的重要作用,尽管通过适当扩展可以做到这一点。

事实上,如果总需求变化的某些成份不可避免,当前的模型看来很可能给出了通过影响私营部门反应特征来获得稳定的其他可能性。例如,减少参量 α_1 和 α_2(投资对预期税前回报率变化的弹性)的财政稳定政策可把第 12 节中的经济状态变成第 11 节中更稳定的经济状态。看来,稳定但起反应作用的稳定政策可在任何一个其中震动效应通过影响资本积累而持续的模型中获得。

我认为，理想的起反应作用的政策规则比其可行性更为重要。一项减少投资对总需求变化作出反应的税收政策将会减少总产出与就业的方差，这一点可以从前面诸节分析中看出。与此同时，该项政策一定会减少投资对相对需求变化的反应，阻止资源流动到社会最需要的活动中。由于这一模型所描述的经济系统偏好及生产可能性都不明确，因此，人们不可能得出由私营部门达到的平衡是有效的推测。另一方面，我们也没有必要为解释所观察周期的主要特征而引入任何标准形式的"市场失灵"

16 结论

本文给出了一个有关经济周期的理论范例。所建模型中，给出了一种实际产出以一个无法用已有生产要素变动加以解释的变动趋势作连续周期性运动的模型经济。产生这些运动的机制包括非系统性的货币—财政震动。其产生的效应通过信息滞后以及加速器效应等时效而加以分布。伴随着这些产出运动的有：(i)价格的准周期运动；(ii)用于投资部分产出的准周期运动；(iii)在某些有限情况下，名义利率的准周期运动。

这一看法是在看起来适合于重复性事件研究的有关预期形成假设下得出的：当事人完全知道整个经济是在一个会使预期收益率出现扭曲的重复性"周期"中进行。另一方面，投资机会瞬息万变的特征迫使当事人必须对可能由于对失真的价格信息作出不适当反应所带来的风险和可能由于失去对有意义信息作出反应机会造成的风险进行权衡。

附录 A

方程(14)和(17)为两个包括了未知参数 π_{11} 及 π_{21} 的两个方程。对它们进行求解意味着寻找两次根,而这一过程可通过多种方法来完成。其中一种特别方便的方法是用 β_2 乘以(14)加 α_2 乘以(17)得到:

$$\pi_{21}=\frac{\beta_2+(\beta_2\alpha_1-\beta_1\alpha_2)\delta_1}{\alpha_2}\pi_{11}-\frac{\alpha_3\beta_2+\alpha_2\beta_3}{\alpha_2}。\tag{A1}$$

对(14)式作变换后得到:

$$\pi_{21}=\frac{\alpha_3-(1+\alpha_1\delta_1)\pi_{11}}{\alpha_2(1-\pi_{11})}\tag{A2}$$

方程组(A1)和(A2)即(14)和(17)式的两个解的图解形式,由图 A1 给出。具有经济意义的根在东南象限上,它满足不等式(19)和(20)。

为了得到 $\pi_1=k_{11}+\pi_{13}$ 和 $-\pi_2=\pi_{21}+\pi_{23}$(见第 9 节),我们使用同样的方法将(46)和(48)式相加得:

$$\pi_1=\alpha_3-\alpha_2(-\pi_2)(1-\pi_1)。\tag{A3}$$

将(51)与(53)式相加,得:

$$-\pi_2=-\beta_3-\beta_2(-\pi_2)(1-\pi_1)。\tag{A4}$$

当 $\delta_1=0$ 时,(A3)与(A4)等价于(14)和(17)式。由此在 $\delta_1=0$ 时,$(\pi_1,-\pi_2)$ 满足(A1)和(A2),而且在 $\delta_1=0$ 时,它们的解同时出现在图 A1 中。不等式(62)和(63)也很容易验证。

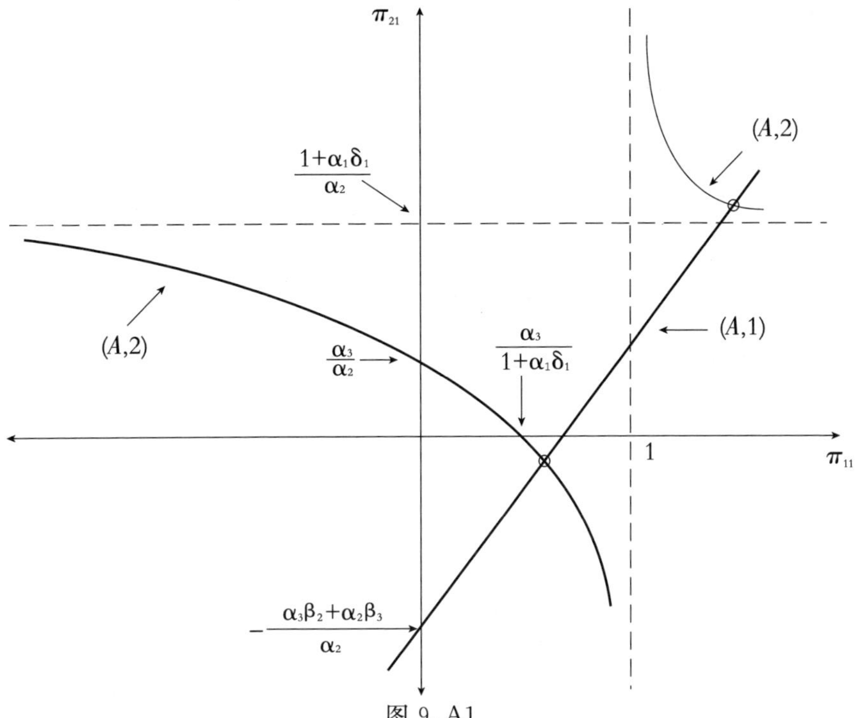

图 9. A1

附录 B

正文中的有关表述可记为：

$$B_1=\sigma_p^{-2}[\pi_{13}(\pi_{23}\sigma_k^2+\pi_{24}\sigma_{mk})+\pi_{14}(\pi_{23}\sigma_{mk}+\pi_{24}\sigma_m^2)+\pi_{15}\pi_{25}\sigma^2], \tag{B1}$$

$$B_2=\sigma_p^{-2}(\pi_{23}\sigma_{mk}+\pi_{24}\sigma_m^2+\pi_{25}\sigma^2), \tag{B2}$$

$$A_1=(\pi_{21}+\pi_{23})B_1+(\pi_{22}+\pi_{24})B_2, \tag{B3}$$

$$A_2=\sigma_p^{-2}[\pi_{13}\pi_{23}(\pi_{23}\sigma_m^2+\pi_{25}\sigma_{u\theta})+(\pi_{23}\pi_{15}+\rho\pi_{25})(\pi_{23}\sigma_{u\theta}+\pi_{25}\sigma_\theta^2)]。 \tag{B4}$$

定义 M、D_1，……，D_4 为：

$$M=\beta_3^2\sigma_k^2-2\beta_3\sigma_{mk}+\sigma_m^2+\sigma^2+\beta_3^2\sigma_u^2-2\beta_3\sigma_{u\theta}+\sigma_\theta^2, \tag{B5}$$

$$D_1=M^{-1}(\beta_3^2\sigma_k^2-\beta_3\sigma_{mk}), \tag{B6}$$

$$D_2=M^{-1}(-\beta_3\sigma_{mk}+\sigma_m^2+\sigma^2), \tag{B7}$$

$$D_3=M^{-1}(\beta_3^2\sigma_u^2-\beta_3\sigma_{u\theta}), \tag{B8}$$

$$D_4=M^{-1}(-\beta_3\sigma_{u\theta}+\sigma_\theta^2)。 \tag{B9}$$

这样，消掉第 9 节中所描述的参数以后，(B1)—(B4)可构成：

$$B_1=-\frac{\alpha_3}{\beta_3\pi_4}D_1+\frac{\pi_3}{\pi_4}(D_1+D_2), \tag{B10}$$

$$B_2=\frac{1}{\pi_4}D_2, \tag{B11}$$

$$A_1=\pi_2\,\frac{\alpha_3-\beta_3\pi_3}{\beta_3\pi_4}D_1+\frac{1-\pi_2\pi_3}{\pi_4}D_2, \tag{B12}$$

$$A_2=(\alpha_3-\beta_3\pi_3)D_3+(\rho-\beta_3\pi_3)D_4。 \tag{B13}$$

为了导出(61)式中的矩阵 K_1，首先用：

$$C_{11}=\pi_{13}-\pi_{23}B_1=\alpha_3-\beta_3\pi_3+\beta_3\pi_4B_1,$$

$$C_{12}=\pi_{14}-\pi_{24}B_1=\pi_{15}-\pi_{25}B_1=\pi_3-\pi_4B_1,$$

$$C_{21}=-\pi_{23}B_2=\beta_3\pi_4B_2,$$

$$C_{22}=1-\pi_{24}B_2=1-\pi_{25}B_2=1-\pi_4B_2。$$

对(59)和(60)式中的系数进行约分。

然后，得：

$$K_1=\begin{bmatrix}C_{11}^2 & 2C_{11}C_{12} & C_{12}^2\\ C_{11}C_{21} & C_{11}C_{22}+C_{12}C_{21} & C_{12}C_{22}\\ C_{21}^2 & 2C_{21}C_{22} & C_{22}^2\end{bmatrix}。 \tag{B14}$$

假设矩阵(C_{ij})稳定(如同这里对解定义所作要求的那样)，方程(59)—(60)式存在一个唯一的稳定协方差矩阵。由于这一协方差矩阵同时也是(61)式的一个解(反过来也成立),因此,(61)式存在一个唯一解,或者说矩阵 K_{1-I} 为一非奇异阵。

附录 C

对于 $\sigma_\epsilon^2=0$ 的情况,由(57)和(58)式有 $\sigma_u^2=\sigma_{u\theta}^2=\sigma_\theta^2=0$,则由(B8)-(B9)有 $D_3=D_4=0$,而由(B13)有 $A_2=0$,随之有 $C_{11}=(\alpha_3/\beta_3)\cdot C_{21}$ 和 $C_{12}=(\alpha_3/\beta_3)\cdot C_{22}$ 而直接由(59)和(60)式可知 $\sigma_k^2=\alpha_3^2\sigma_m^2$ 及 $\sigma_{km}=\alpha_3\sigma_m^2$。这些事实使得 M、D_1 和 D_2 的计算可通过求解包含变量 σ_m^2 和 σ^2 的方程来完成。将这些代入第 3 个方程(61)式中,我们可求出未知变量 σ_m^2 的一个立方根,其中零根出现两次,第 3 个根为一负数。因而,(61)式的唯一解为 $\sigma_k^2=\sigma_{km}=\sigma_m^2=0$。

对于这些方差,有 $D_1=0$ 及 $D_2=1$。将这些值代入有关 $A1$ 表述的 $B12$ 式中,我们发现 $\pi_3=0$,和 $\pi_4=1$ 为方程组(74)、(75)式的唯一解。

对于 $\alpha_1=\alpha_2=\alpha_3=0$ 情况,利用(61)式将 σ_k^2 和 σ_{km} 表述为 $\sigma_m^2+\sigma^2$ 的函数。由于在这种情况下,$D_1=0$,因此可以证明(0,0)是唯一解。如果 $D_1\neq0$,可以看到 $\sigma_k^2<0$,而这是不可能的。因此,正文所给出的解是唯一解。

附录 D

方程(57)、(58)、(61)、(72)及(73)式为包含了系数(π_3,π_4,

$\sigma_k^2, \sigma_{mk}, \sigma_m^2, \sigma_u^2, \sigma_{u\theta}$)的 5 个方程。在第 11 节中,我们知道当 $\alpha_1 = \alpha_2 = 0$ 时$(0, \bar{\pi}_4, 0, 0, \overline{\sigma_m^2}, 0, 0)$是唯一解,其中 $\bar{\pi}_4$ 由(76)式给出,$\overline{\sigma_m^2}$ 由(77)式给出。令 $\alpha_2 = \xi\alpha_1$,其中 $\xi \in (0,1)$且为一常数。则由隐函数存在定理,当 α_1 足够小时,存在一可微解。对于一小的 α_1 这一解通过在点$(0, \bar{\pi}_4, 0, 0, \overline{\sigma_m^2}, 0, 0)$上对$(\pi_3, \pi_4, \sigma_k^2, \sigma_{mk}, \sigma_m^2, \sigma_u^2, \sigma_{u\theta})$进行展开可近似得到。

基于上述展开,(85)式立刻可由(64)及(76)式得到,微分方程(70)和(71)式系数的近似值 C_{ij}(见附录 B)可通过同样的方法得到,而下面给出表达式则是通过在 α_1 上展开并舍弃了 γ 的二次及二次以上项得到的。完整的表达式并不难得到,尽管意义不大,这里还是将其重复如下:

$$C_{11} = \alpha_3 - \beta_3(1-\gamma)\pi_3 + \alpha_3 \frac{\gamma}{1-\pi_3}\alpha_1,$$

$$C_{12} = (1-\gamma)\pi_3 - \frac{\alpha_3\gamma}{1-\alpha_3}\alpha_1,$$

$$C_{21} = \beta_3\gamma\left(1 - \frac{\beta_3\alpha_1}{1-\alpha_3} - 2\frac{\beta_3\rho}{1-\alpha_3}\pi_3\right),$$

$$C_{22} = 1-\gamma+\beta_3\frac{\gamma\alpha_1}{1-\alpha_3} + 2\beta_3\frac{\rho\gamma}{1-\alpha_3}\pi_3。$$

对于小的 α_1(以及因此 π_3),可以看出 C_{ij} 的根近似等于 α_3 和 $1-\gamma$(两个对角元素)。正如正文中所断言的那样 C_{21} 将为正。C_{12} 在正文中视为正值,但事实上它可正可负,即使 α_1 很小时也是如此。对于小的 γ,它将为正。

参考文献

Barro, Robert J. "Rational Expectations and the Role of Monetary Policy."

Working paper, Univ. Chicago, 1975.

Brock, William A. "Money and Growth: The Case of Long-Run Perfect Foresight." Working paper, Univ. Chicago, 1975.

Friedman, Milton. "A Monetary Theory of Nominal Income." *J. P. E.* 79, no. 2(1971): 323 - 337.

Graybill, Franklin A, *An Introduction to Linear Statistical Models*. Vol. 1. New York: McGraw-Hill, 1961.

Haberler, Gottfried. *Prosperity and Depression*. Rev. ed. Cambridge, Mass.: Harvard Univ. Press, 1960.

Lucas, Robert E., Jr. "Expectations and the Neutrality of Money." *J. Econ. Theory* 4(April 1972): 103 - 124.

Lucas, Robert E., Jr. "Some International Evidence on Output-Inflation Tradeoffs." *A. E. R.* 63(1973): 326 - 334. (*a*)

Lucas, Robert E., Jr. *Econometric Policy Evaluation: A Critique*. Carnegie-Mellon University Working Paper. Pittsburgh: Garnegie-Mellon Univ., 1973. (*b*)

Lucas, Robert E., Jr., and Prescott, Edward C. "Equilibrium Search and Unemployment." *J. Econ. Theory* 7 (February 1974): 188 - 209.

Muth, John F. "Rational Expectations and the Theory of Price Movements." *Econometrica* 29 (July 1961): 315 - 335.

Phelps, Edmund S., et al. *Microeconomic Foundations of Employment and Inflation Theory*. New York: Norton, 1969.

Sargent, Thomas J. "Interest Rates and Prices in the Long Run." *J. Money, Credit, and Banking* 5 (February 1973): 385 - 449. (*a*)

Sargent, Thomas J. "Rational Expectations, the Real Rate of Interest, and the Natural Rate of Unemployment." *Brookings Papers Econ. Activity* 2 (1973): 429 - 472. (*b*)

Sargent, Thomas J., and Wallace, Neil. "'Rational' Expectations, the Optimal Monetary Instrument, and the Optimal Money Supply Rule." Working paper, Univ. Minnesota, 1973.

Tobin, James. "Money and Economic Growth." *Econometrica* 33 (October 1965):671 - 684.

Tobin, James. Discussion of Sargent (1973*b*). *Brookings Papers Econ. Activity* 2 (1973):447 - 478.

Vining, Daniel R., Jr. "The Relationship between Relative and General Prices." Working paper, Pittsburgh: Carnegie-Mellon Univ., 1974.

理解经济周期*

1

为什么在资本主义经济中，总体变量实质上都显示出一种趋势性的反复波动的相同特征？在凯恩斯《通论》之前，人们都把解决这一问题视为对经济学研究的主要挑战之一，迎接这一挑战的尝试被称为“经济周期理论”。战时经济周期理论家们都十分清楚解决这个问题将意味着什么。下面引用哈耶克的有关论述作为一个典型的例子。

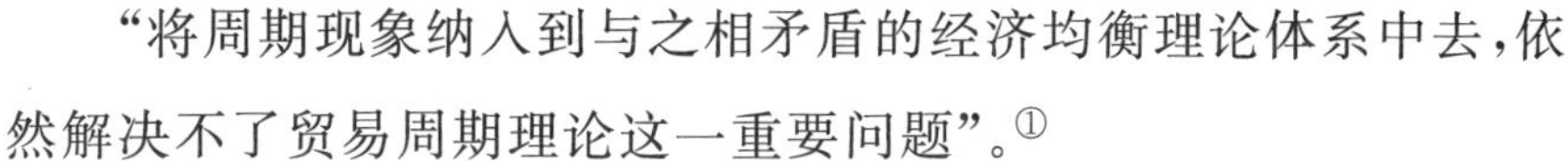

“将周期现象纳入到与之相矛盾的经济均衡理论体系中去，依然解决不了贸易周期理论这一重要问题”。①

由“均衡理论”，我们初步了解了有关经济数量之间总体依赖

---

* 经允许重印自《国内与国际经济的稳定》，载关于公共政策的卡内基—梅隆序列第5卷，卡尔·布伦纳与阿伦·梅尔策编，阿姆斯特丹，北荷兰出版公司，1977年，第7—29页。

为关于无通货膨胀增长的基尔讨论会而准备的论文，1976年6月22—23日；1976年8月修改。我要感谢加里·贝克尔，雅各布·弗伦克尔，唐·帕丁金，托马斯·萨金特以及乔斯·沙因克曼，感谢他们的评论与建议。

① 哈耶克(1933年)。

性的现代理论，而这早已由理论经济学洛桑学派表述得很清楚了。[①]

凯恩斯革命的主要影响是把研究的重点从这类问题上引开，而去研究明显简单的、根据已知情况决定一个时点的产出问题。[②]这一革命的第二轮后果是极大地提高了研究的准确性，使得总量经济学理论能准确地表达出来，这更多地得益于丁伯根而不是凯恩斯。结果，凯恩斯主义宏观经济学理论从几十年来的方法论改进中受了益，而从技术角度来看，经济周期理论家们的工作显得有些过时了。

然而从另一方面看，经济周期理论家的工作又是非常现代化的。宏观经济学需要微观经济基础的看法已经成为常识。尽管人们对这一需要的本质及满足这一需要意味着什么还认识不清，但众多的现代经济学家们还是很少能毫不费劲地去接受哈耶克对该问题的论述，并将其大致等同于自己的论述。不管其是否如此，我希望在本文论证其应该如此，或者说论证下列观点：严密而又实用的总量经济理论最迅速的发展将是接受经济周期理论家对问题陈述的结果，而不是进一步试图修补曾引导过我们的凯恩斯主义宏观经济学粗陋结构的结果。

纪念智慧的祖先本身是一个有意的目标，但是有直接的原因

① 哈耶克(1933 年)。

② 这一重新定位在凯恩斯方面是很清楚的。例如，参看凯恩斯著作中贸易周期那一章的第一句话。“由于我们宣称在以前的几章里已说明了在任一时间决定就业量的因素，所以如果立论成立，我们的理论就能解释贸易周期现象”(1936 年)。

把当代对于理论上健全的总量经济学的探索解释为对于前凯恩斯主义理论家理论的恢复。伴随因凯恩斯革命造成的科研兴趣转变的是对政策贡献的特征的巨大变化，经济学家希望提供这类政策，公众大都接受了这类政策。解释“经济周期”的努力曾被引导去识别不稳定的制度根源，希望一旦了解这些根源后，就能铲除这些根源或者通过合理的制度变化来减轻其影响。但所设想的这一过程是一个公众讨论及法律改革的缓慢过程；另一方面，存在着长期或“永久性”制度改进的希望。放弃解释经济周期的努力是与下列信念相伴随的：政策能够立即、或者在非常短期内对经济运动起作用，使之从现行不理想状态（不管是如何达到的）变为较理想状态。认为这后一目标可以达到，并认为努力接近这一目标才是从事总量经济研究正当任务的观点是如此盛行，以致反对意见被认为是“破坏性”的，是故意想给那些改善整个人类生活的人们制造障碍。但问题还存有另一面，如果经济周期理论家们是对的，总量经济学集中研究的短期调控问题只会使我们不再去注意对实际上可能有效的稳定政策的讨论；与这一缓慢进展相伴随的是非经济学家关于总量经济学毫无用途的信念被逐步瓦解。

下一节，我将考察我们称之为经济周期的事件的一些主要定性特征，然后看看凯恩斯主义对这些事实的反应，以及沿着凯恩斯和丁伯根所开创的路线所取得的进展，最后指出目前已变得很明显的、这一进展的严重局限。文章的其余部分将考察用“经济的”理论解释周期现象的前景，“经济的”一词是狭义的，这一概念哈耶克与其他经济周期理论家曾使用过。

2

让我们言归正传来审视一下称为“经济周期”的经济时间序列的重要定性特征。从技术上说，任何一个国家的国民生产总值的运动趋势都可以用一个非常低阶的随机扰动方程很好地描述出来。这些运动在时间或幅度上都不一样，也就是说，运动与自然科学中出现的定数波的运动不同。所观测的这些规律在不同的总体时间序列的协同运动中起作用。

运动的重要内容有：[①](1)产出在广泛定义的部门间一起运动(用米切尔的话说，它们表现出很高的一致性；用现代时间序列的话说，它们具有高度的相关性)；(2)生产性耐用品和消费性耐用品的生产比非耐用品的生产表现出更大的运动幅度；(3)农产品与自然资源的生产与价格运动的一致性低于平均水平；(4)商业利润的运动比其他序列显示出较高的一致性与较大的幅度；(5)价格总的来说是准周期的；(6)短期利率是准周期性的，而长期利率则稍有

① 在此列出的经济时间序列的特征是众所周知的，但如果要仔细清楚地加以证明则得花很大代价。米切尔(1951 年)曾作了一个有用的指导性说明，总结了战争中美国的经验。在伯恩斯和米切尔的著作(1946 年)中可以找到有关这些方法的主要技术参考文献。弗里德曼和施瓦茨(1963 年)很好地说明了美国的货币经历。盖尔、罗斯托和施瓦茨(1953 年)特别是在第 2 卷对英国早期的序列作了没有价值的解释。当然这些文献中所罗列的现象被广泛地加以论述。尽管有些困难，但现代计量经济学模型的许多估计方法可推断出其中的绝大部分论断。萨金特和西姆斯(1976 年)做了一项很重要的工作，他们用一些建设性方式总结了战后美国季节的时间序列，使得稳定性特色在本质上与米切尔给出的非常相近，但被置于明晰的随机框架内，所以萨金特和西姆斯的结论是可复制可评价的，而在同一水平上的米切尔的结论却不行。

准周期性;(7)货币总量及速度的测度是准周期的。

据我所知,以上观测并不局限于特定的国家和时期:这些规律几乎普遍适用于所有分权的市场经济。事实引导人们得出结论:就时间序列中的协同运动而言,“经济周期是相同的”,尽管还绝对没有理论上的理由来预期它,对于偏重理论研究的经济学家来说,该结论是很有吸引力和挑战性的,因为它表明有可能给经济周期作一个统一的解释,这一解释建立在主导市场经济的一般法则基础之上,而不是建立在适用于特定国家或特定时期的政治或制度基础之上的。

在上述被解释的现象中,我删除了对外贸易的统计行为,部分原因是,在像美国这样规模宏大的经济中,贸易统计并没显示出具有周期意义的高度一致性。对于一个小国而言,出口波动确实对“解释”周期起很大作用,但我想着眼于开放经济的解释,将带来更为困难与严峻的有关周期运动最终起源的问题。

在讨论中我省略的另一个引人注目的、应该在此一提的问题是,在二战后的25年中,所有时间序列的运动幅度都统统减小了。在这种纯粹描述性的层次上,不可能把好政策和运气区分开来,然而如此长期的相对稳定有力地表明,在市场经济运行中,不存在任何内在的东西去要求承受我们现在所经历的、或者在二战期间我们所承受的那种不稳定水平。也就是说,要试图证明和解释通常的周期运动,不需要以任何方式假设这样一种周期运动是资本主义经济的固有特征。

3

凯恩斯宏观经济模型的内涵与我们以上研究的时间序列的特征相一致。早期的描述(例如希克斯的描述,1937 年,莫迪利亚尼的描述,1944 年)从定性角度拟合得很好;从这一理论以及从丁伯根早期大量独立的研究而发展的经济计量模型从定量的角度看也很一致。[①] 这些模型将主要扰动因素放入投资行为中,通过滞后(丁伯根的美国模型中)模型与变化无常的利润序列联接起来,于是这些高幅度变动序列的运动就会引发产出和就业方面的总体运动。用希克斯的话说,由于这些扰动是“IS 位移”,所以它们与准周期运动的利率和货币流通速度都是一致的。对刚性工资和价格的假定是一个好的经验近似值。以后,工资—价格部门(更晚后称为菲利普斯曲线)被加入,以便拟合所观察的准周期工资和价格运动。[②]

在这一描述中,货币运动对周期的解释不起重要作用。这一特征肯定不是源于理论模型;凯恩斯、希克斯和莫迪利亚尼都充分强调过货币的力量。不强调货币的作用主要是凭经验出发的,从丁伯根开始,计量经济学家们发现,货币因素从经验上看并不重要。[③]

---

① 例如,参见丁伯根的著作(1939 年)。这部著作不是明确的凯恩斯主义著作,而且被看成是哈伯勒关于经济周期理论评论与综合工作(1936 年)的补充。凯恩斯本人对丁伯根著作非常有敌意,参看莫格里奇(1973 年)第 285—320 页。至于把丁伯根部分工作当作凯恩斯主义的东西,这种历史的不公正正在延续。

② 克莱因和戈德伯格(1955 年)。

③ 参见丁伯根(1939 年)第 183—185 页。丁伯根像以后绝大多数宏观计量经济学家一样,用利率的显著性去检验货币的重要性。

阿德尔曼(1959年)在他们模拟克莱因—戈德伯格美国经济模型过程中,以一种独创的、历史上最合适的方法测度了这些发展经验的成功。阿德尔曼直截了当地提出了这样一个问题:一个观测者能否用伯恩斯和米切尔(1946年)给出的方法严格地区分出经济序列中哪是用“计算机程序模拟克莱因—戈德伯格方程”得出的,哪些是从现实经济类似序列得出的。令他们吃惊的是(人们怀疑也令克莱因与戈德伯格吃惊,这两人决不会使自己的努力迎合这一标准),答案是否定的。①

这一成果表明,可用一个新的标准来理解经济周期。通过建立模型,从字面意义上将经济周期理解为,一个完全关联的虚拟经济可以通过时间序列近似模拟出现实经济的时间序列来。凯恩斯主义宏观经济模型是第一个达到明确且经验上精确这一水准的。正因为如此,他们完全改变了“理论”一词的含义,以至于过去的经济周期理论不能称之为理论了。

然而,这些模型并不是哈耶克意义上的“均衡理论”。的确,凯恩斯在《通论》一开始就断言(第2章就不再如此了),均衡理论是无法得到的:失业不能解释成个人选择的结果,以及工资不按照古典理论预计的方式去运动被看成是经济理论之外的因素造成的。

按凯恩斯所说,失业的非自愿本质似乎可以通过直接观察来检明,一个人似乎也可以去观察市场并直接判断其是否均衡。然而,在这个选择背后却存在很重要的经验上的原因,因为“周期现

① 那种寻找“拟合优度”也许会导致模型满足阿德尔曼标准的看法是不正确的;考虑拟合二项式以“解决”每一样本期时间序列的情况。

象"与"经济均衡"之间的突出矛盾在劳动力市场上表现得最尖锐。为什么在工资及价格波动平缓时,居民户应该以一个很不规则的变动率供给劳动?大多数经济周期理论家们都避开了这一严肃问题,而那些提到这一问题的人也没有解决它。凯恩斯看到,只要以名义价格刚性为前提,避开这一问题,就可以将一个古典经济模型转化为一个同样能较好地解释所观察的时间序列的模型。

作为一个时代最有权威的经济学家,凯恩斯使一代经济学家摆脱了均衡理论的条条框框,正如我所描述的,这一自由很快就被宏观计量经济学者卓有成效地利用了。现在由于可以详细而精确地模拟现实经济,经济学家们似乎掌握了一种不昂贵的工具来对各种假设的经济政策进行评估。这样就可以顺理成章地把评估中产生的政策性建议当成已经证明过的东西,即使这些政策从未在任何现实经济中加以实行。

然而一个模型能用阿德尔曼(1959年)证明过的方法模拟实际行为并不意味着它具有进行精确的条件预测并解答诸如以下问题的能力:如果某些政策以特定的方式发生变化,现实经济行为该如何变化?模拟现实经济的能力要求在所研究的那类政策变化时模型结构不发生改变。经济模型中参量的不变当然不是可预先确定的属性。但有理由去希望在反周期性的政策发生变化时,偏好和技术不发生系统的变化。相反,当事人的决策规则一般会随着环境的变化而变化。由定义我们可以建立一个均衡模型来预测在消费者偏好及技术不变时,当事人会如何选择对新情况进行反应。任何非均衡模型,只要其设立违反了当事人在先前样本期内行之有效的决策规则,而又不解释规则被使用的原因,它在预测重大政策变化的影响时就起不了任何作用。

这一问题在定量方面的重要性当然是一桩需要通过考察特定模型的特定关系来解决的事。我曾在其他地方谈到过,[①]由于错误地处理了宏观经济学模型中的预期问题,上述问题的解决对现代宏观经济模型的各个方面都至关重要。这里不再详细地回顾以前的那些讨论,让我引用最为图景化的描述:我们近期滞胀的经历。

近如 1970 年代,美国的主要计量经济模型表明扩张的货币及财政政策导致了平均 4 个百分点的持续通胀,也引起了不到 4 个百分点的持续失业,这比美国历史上任一时刻的平均失业率都要低一个百分点。[②] 这些预测赢得了许多不深入研究计量经济预测的经济学家们的广泛认可。早些时候,弗里德曼和费尔普斯于 1968 年都认为,持续的通货膨胀不会导致失业的持续减少,这纯粹是建立在持续通货膨胀单位变化情况下"均衡"行为不变这一观点基础之上。最不幸的是,在这种情况下,所讨论的政策就要被拿来检验,其结果则非常清楚,不需要详细回顾。

记住这一系列事件的教训是非常重要的。正如弗里德曼在其主席演说中所澄清的那样:该问题比在计量经济学的菲利普斯曲线中加入一些新变量要难得多(尽管这是对宏观经济模型的唯一修正)。弗里德曼的立论并没有以含有比标准模型更好的"工资—价格"部门的特定总量模型为基础。相反,他的立论建立在经济均

① 卢卡斯(1976 年)。

② 赫希(1972 年),梅尼和恩茨勒(1972 年)。

衡的一般特性，即供给与需求函数为零次齐次基础之上。所以不需要采用非常特殊的模型，不要求具有能详细预测经济对持续通胀最初反应的能力，人们就可以在持续通胀的情况下推导出：如果通胀之前的失业率就是均衡（或“自然”）失业率，那么，发生通胀时这同一失业率就是一种均衡。

持续通胀是个相对简单的问题（尽管显然并不太简单，因为它仍然很有争议）。对其他类型的政策问题，人们需要更明确的模型。如果采用4个百分点的货币增长政策，实际产出变化的方差以及其他矩会如何？在平衡预算规则的情况下如何？在浮动而不是固定汇率的情况下又如何？人们可以从当前宏观经济模型中得出解答这类问题的许多答案，但任何人都没有理由把这些数字看得太重。从另一方面说，纯粹的理论推导也不可能得出定量的答案。要获得这些数字，我们还得对经济周期作一个清楚而均衡全面的解释。

4

在第2节，我曾从数量和价格上总结出周期行为的主要特征。在第3节，我已经探讨了使用均衡理论的术语（不是凯恩斯的）来解释这些因素的客观必要性。人们喜欢这样一种理论，该理论把所观测到的数量运动（如失业、消费、投资等）解释为对所观察的价格运动的最优化反映。

在下一节里，我将阐述文章剩余部分涉及的有关个人决策的主要观点，并特别解释一下经济周期的周期性特征为什么至关重要。在这一指导思想下,在第 6、7 节,我将讨论相对价格运动引起就业和投资波动的方式。在第 8、9 和 10 节,我们将考察一般或名义价格运动所引发的这些相同数量反应的条件。第 11 节,我们将谈到总体价格运动的根源在于货币变化。

5

在现代资本理论中有关典型个人决策问题的观点是考察周期行为的出发点,尽管该观点在许多方面还相当令人误解。当事人在掌握了过去积累的不同类型的资本存量时开始一个时期的,他面对的是价格的时间路径,这些价格都是他现在和将来可以用来进行交易的。基于对劳动供给和商品消费时间路径的偏好,当事人制订了一个计划,在确定情况下,当事人会被视为简单地执行一个不用修正的单一计划;在不确定因素的情况下,他必须制订一个应变计划,说明他对不可预见事件如何反应。

即使在开始考虑这种一般形式的决策问题时,人们也需要设想一下当事人头脑中对未来的准确看法。但当事人从哪儿才能得到这一看法呢?一观测者怎样才能推断出它是什么呢?在传统的资本理论中,这一方面的问题处理得相当草率,而在传统的宏观经济学中这一问题根本没有涉及。由于这一问题对理解经济周期至关重要,这里我们必须进行比较详细的研究。

仅仅从形式上我们知道一个理性的当事人必须对影响其目前或将来市场机会的未知随机变量形成一个主观的联合概率分布,现实和未来主观想象之间的联系问题,是一个非常复杂的哲学问题。但这一问题的解决方式对单个当事人决策问题的结构影响甚微。特别是随机类型之间的任何区分(如奈特(1921年)对“风险”与“不确定性”的区分)在这一层次上毫无意义。

不幸的是,经济当事人是贝叶斯决策者这一一般假设在多数的应用中几乎不含经验成份:如果无法推测当事人对未来的主观看法,该假设对理解其行为毫无帮助。当给出的有关概率的看法特别独特时,甚至连心理行为都很可能(今天已经是)被理解为合理的。要实践经济学,我们还需要掌握某种方法(有人希望除去精神分析)去了解哪个决策问题是当事人正在解决的。

约翰·穆斯(1961年)可以通过把观测被预测事件的频率或“真实”概率与当事人的主观概率等同起来解决这一问题,称所假设的主观与“真实”概率的一致为理性预期。显然,这一假设在理解心理行为时没有价值。当无法判断哪些可观测的频率是相关的时,即奈特所说的情况“不确定”时,这一假设也无法运用。这一假设在下一情况下,即当利益可能涉及一个明确的周期性事件时,用奈特的话说,[①]在“风险”状况时,很可能是有用的。在风险状态下,有关当事人方面理性行为的假设将包含有用的内容,所以理性行为可用经济学理论来解释。在这种情况下,预期在穆斯的意义上是理性的。在不确定情况下,经济推论没有价值。

这些思考解释了为什么经济周期理论家会强调周期的反复性特征,也解释了为什么我们必须希望他们这样做是正确的。由于

① 奈特(1972年)。我把风险—不确定性的区别解释为与各种个人决策问题的分类无关,却与决策者与观测者之间的关系有关。

经济周期被视为实质上相同的事物反复发生，所以把当事人将周期性变化当作风险而作出反应是合理的，若假设当事人的期望是合理的，他们必然会相当稳定地进行信息的收集和加工工作，这样他们就可以用稳定的方法去利用这些信息预测未来，而不会产生系统偏差，并且容易纠正偏差。

6

当离开一般性思考去研究更特定的理论时，以一个具有代表性的当事人为例来进行研究是有益的。[①]设想一个单身工人——生产者，每一期他欲生产的产品都面临着给定的市价，于是他在每小时不变的产出率下生产这一产品。也就是说，他来到工作场所，观察其产品的现行卖价，决定这天干多长时间；再卖掉产品，然后回家休息。

他所得到的用以交换其劳动成果的物品是“货币”；我并不关心这样安排的历史原因，而只是简单把它作为给定。这一货币可以去购买很多东西，每天的购买都不一样。有些购买是在回家的路上发生的，或者是工作中间一小时的休息时间里发生的，或者是几天后发生的。我还假设该当事人生活在一个无经济周期的世界里，在这个世界里，价格总水平不变，尽管单个商品价格每天都在

① 本节和以后各节里的许多论点在其他地方说得非常清楚，最相近的论述见卢卡斯(1975 年)的著作，还可参见费尔普斯与其他人的著作(1970 年)，巴罗的著作(1976 年)，萨金特与华莱士的著作(1975 年)，萨金特的著作(1976 年)。下面，我不再去记载那些特殊的论点，也不想去分享所讨论观点的荣辱。

波动。

现假定今天的卖价与以前的平均价相比增长了10个百分点，那么这个假定的生产者会作何反应？由经济学理论给出的答案必定是：谁知道？关于这一点，我从未说过有什么可以使人们设想生产者所考虑的这一价格波动意味着什么。如果生产者确信价格变动意味着对他产品的卖价而言是持久的变化，那么从大量的证据可知这个生产者将不再努力工作，或者作较小的努力。也就是，我们知道长期劳动供给弹性为零或为负（用长期这个词很遗憾，因为对持久价格变化的"长期"反应是立即的）。

与此相反，若价格变化是暂时的（如果每一期的价格独立地取自一种固定的分布，则情况就是如此），情况将怎样呢？对该情况的答案等于去了解生产者愿以今天的劳动替代明天劳动的比率。若闲暇在时间上可高度替代，那么在价格高的日子里他的工作时间会长一点，而在价格低时他关门就会早一点。与长期反应相比，我们对实际劳动供给对临时价格运动的反应所知较少，我们所了解的情况表明，某一期的闲暇是另一较近时期闲暇很好的替代品。我和拉平都获得了总体水平上的一些系统证据（1970年），格茨和贝克尔（1975年）在非总体水平上也得出了相同的结论。一小笔奖金就可以诱使工人改变度假日（星期一休息而不是星期天休息；3月份休假两周而不是8月份休假两周）就说明了这同一结论。这一"因果性"证据由于其概率特性简单而使人印象更加深刻：众所周知，休假是临时性的。在这一证据的基础上，就可以推测出对临时的价格变动会有很高的弹性反应。

在处理该例的复杂问题之前，让我们注意一下它给经济周期理论带来的希望。我已经谈到过小的价格波动会引起生产者在产出及就业方面有较大的波动:这与我们在经济周期中观察到的相同。我们的描述是以经济上易懂的潜在效率为基础的,而不是以经济上不易懂的"非均衡"为基础的。然而让我们慢点来:我们的总体观察一般是对产出和价格共同运动的观察。而本例涉及的是稳定环境中的相对价格运动。

在讨论难题之前,我们还得考察一下上例中的某些变型。首先,从描述的角度看,考察需求信息更现实,而需求信息是通过诸如定单增加存货减少等数量变化传递给生产者的。不一定绝对以价格作为当前或将来需求的信号。从文字上来说,替换使用价格上涨和销售上涨这些词是无害且准确的。然而令人奇怪的是,当生产者定价时,对均衡决策进行严格分析是相当困难的,而且并不存在有关经济周期行为的例子。

第二种变型很容易做到。人们不用考虑工人—企业家就可以分离这些功能,引入企业并分别考虑劳动力和产品市场。这样就可以找到工资和价格的区别,并提出解决雇主和工人之间风险分担的问题。[①] 它还允许对工厂和工人之间可能不同的信息集进行研究。所有这些问题都非常有意思,但我认为对经济周期理论而言,它们只是次要的。所考察的实际工资在周期中不是固定不变的,但它并没有显示出支持周期或反周期的趋势,这就表明,任何把系统的实际工资运动当成在解释经济周期中起主要作用的企图都是注定要失败的。因此我在下文把实际工作当作似乎是不变

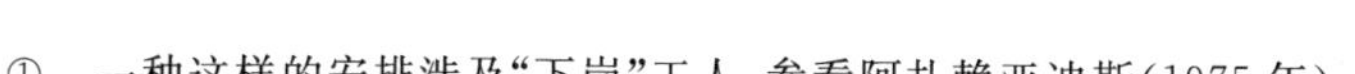

① 一种这样的安排涉及"下岗"工人,参看阿扎赖亚迪斯(1975 年)。

的，并交替使用“工资”和“价格”这些词。

通过区分工人—生产者在不工作时其时间的不同运用可以获得额外的变形。例如许多人都试图把测度的失业解释为找工作的时间，当然，如果一个人的工作被替代后，他就会从事其他替代性活动，经验表明，人们之所以相信这种替代的重要性，是因为存在着一些看似有理的解释。然而很难找到证据证明大量的时间都用于找工作了，或证明失业时找工作比就业时找工作代价更小，或者进一步说，证明测度的失业测度任何活动。从经济角度上说，重要的问题是就业对工资和价格瞬间运动的弹性量大小，而不是为什么会有这样的弹性。

确实，我怀疑不愿把经济萧条中的工人说成是喜欢“闲暇”更能证明是迫于凯恩斯所坚持的失业为“非自愿失业”之说，而不是对所观察到的现象的反应。没人想说人们“喜欢”萧条，当然，劳动力市场出清的假设本身并没有这种含义，正如说商品市场出清条件下人们挨饿并不意味着说人们喜欢挨饿一样。

7

当引入多种资本时，本例会有更复杂的变型。现在我们在价格总水平长期保持不变的假设下来看这些变形。

会出现三种有趣的可能性。第一，假设当前生产可作为产成品存货加以保存，这一可能性似乎与上述价格—产出共同运动的解释不同。生产者肯定会在低价时生产以便价格上涨时出售，使相对于无法存储情况下的劳动力供给平稳。不过在工业领域，这种行为也会减弱价格的运动。其结果是就业—生产对价格的弹性下降，而实际的销售—价格弹性增加。

第二种可能性是假设生产者能采用其当前部分产品生产去获得一部将提高其未来各期每小时产量的机器。第三种可能性是假使生产者在学校听了一门将具有同样作用的课。由于这两种可能性在经济上没有什么差别，我们将其视为一种可能性。在我们早先讨论过的价格只做短暂运动的例子中，如果生产者满足于保持资本的原始存量，显然，他是不会实施这两种选择方案的。直到新的资本可以用于生产，使生产显得有利可图的价格运动才会消失。

在极端相反的情况下，当价格运动被视为永久运动时，当前的相对价格运动对资本积累将产生最大的影响。这种情况下，正如我所提及的，就业对于价格的反应是不敏感的。所以要考察投资和就业沿着相对价格的运动方向所做的系统运动，价格运动就必须是短暂和永久这两种成份的混合体。在这种情况下，生产者就会发现自己不得不干一种工程师们称为是“信息加工”的工作：他观察了一个变量（价格）随时间而变化；这些运动是由更基本的不能被直接观察到的变量（暂时的与永久的价格组合）运动引起的；基于所观察到的价格运动及对价格运动两个不可观察原因相对重要性的了解，生产者不完全地推断出两个组成部分的运动。以这一条件概率的计算为基础，生产者作出了决策。毫不奇怪，这一决策是两个极端决策的折衷。

简言之，我们假设生产者要面对各种随机的价格变化，这种变化被描述为不可观察的短暂和永久两个部分的混合。生产者对价格运动的最优反应依赖于两个要素：他诠释这些变化中所含信息

的方式，以及他对可相互替代的休闲和消费的偏好。在与行为理性的假设一致和可获得证据的条件下，生产者对不可预见价格增长的反应是大量增加劳动供给，成品存货下降，各类生产资本积累的扩张。这一行为是系统性的；对价格下跌时的反应是相反的。[①]

8

现在是考虑将这一代表性的生产者所处的由相同的当事人构成的经济这种情形的时候了，尽管该经济相同的当事人生产不同的产品，并且遵从不同的个体价格运动。为此，人们必须深入到价格运动背后，探讨说明价格运动的技术与偏好的变化。这些变化会随时发生，而且其重要性对单个当事人而言，远远大于构成经济周期的那些相对次要的运动。然而这些运动应该引起相对的而不是总体的价格变动。一项能降低老产品生产成本或制造新产品的新技术，会为那些受益的产品带来资源，并带走其他产品的生产资源。选择购买某一商品的偏好的变化会减少其他商品的购买开支。进一步说，在复杂的现代经济中，任何一个时期都会有大量的此类变化，相对于总产量，每一种变化的重要性都小，在整个市场上这些变化所产生的效应有很多会相互抵消。

① 当就业和投资作出反应时，消费支出会有什么变化呢？格罗斯曼(1973 年)在其对均衡经济周期模型的解释中，谈到消费必然是朝着与带动供应相反的方向运动。由于这一点与实际观察周期时的不一样，而如果效用理论的结论是负相关的，那么它将是一个严重的自相矛盾的体系。人们可以从特殊的案例中得出这个结论(见卢卡斯，1972 年，图 1)，但对乐观的居民户来说，它的内涵不是一般意义的事实；例如，它不是从我与拉平 1970 年的理论以及格茨和贝克尔(1975 年)第 4 章的理论得出的。

我认为，抛弃这类因素是为什么人们找不到对总体运动解释的最主要原因，在仅仅出现个体市场条件不可预测情况下，我们称此总体运动为经济周期。然而这一论点并不完全正确。许多当事人确实有可能自然就感到增加时间和扩大投资的压力。更为严重的是已经出现过多起同时影响所有或者许多经济部门的供给震动情况。这类震动不能用我提到过的方法消除，它们会引发产出总量的波动。不过，它们不会引起第 2 节所述的那种运动：所有供给移动将导致与我们所观察到的顺周期相反的逆周期价格运动（其他条件不变）。

我们有可能将我们假设的生产者放到总量平衡的背景下去研究，在该背景下价格和产出波动，而总量水平不波动。生产者对这些相对价格的反应将模仿总量对构成经济周期的总体价格运动的反应，于是我们得到了一个连贯的模型，但该模型不能说明要加以解释的总体现象。可以毫不困难地修正这一模型，以便融入一般的、供给诱致的产出波动，然而这些波动与现代经济周期并不相同。

在我们结束讨论总量稳定之前，有必要强调指出，困扰和考验经济当事人的大部分危险都会在这一背景下出现。消费者会都接受一个新奇的汽车设计吗？这一设计会变成公众的笑柄吗？十几年的钢琴练习将进入举办音乐会的阶段，还仅仅是一种愉快的业余爱好？本星期的加班工资有助于筹措孩子的教育费用，还是有助于家庭度过下个月的罢工？等到一个人得到了一些必要的信息来解决诸如此类问题的时候已经太晚了；不管怎么样，人们已经付出了代价。

与这种质与量的风险相比，人们在来年实际工作的时间是否是现在计划时间的1.03倍或0.97倍，这一问题就显得微不足道了，它之所以显得不重要是因为它不重要。在总量经济学理论中，我们习惯于把经济周期当成一种强加在本是稳定环境上的风险，这种思维习惯表明用于某种目的的抽象方法发生了转变，已陷入到剧烈扭曲现实的境地。

9

现在让我们放弃平均价格稳定的假设。从单个生产者的角度看，这包括在必须解决的信号加工问题的性质方面只有微小的变化。以前，生产者“自己价格”的运动可能意味着一种持久的相对价格的变化或临时性的变化，现在这一运动也意味着所有的价格都在变动，该情形下，如果判断正确，生产者不会对此作出实际的反应。基于同样的原因，这时持久和临时性的相对价格运动不能够确切地区分开来，相对和总体价动也无法辨别清楚。同相对价格上升一样，总体价格上升会引起就业与投资的同方向运动。

与以前讨论过的对兴趣与技术变化的反应所不同的是，对于总体价格提高的这些反应将不会在各个市场间抵消。可以肯定的是，生产者在价格扩张时会观察到需求下降，但更多的人会观察到需求上升(这就是总体价格上升的含义)。所以扩张规模的人实际上比缩小规模的人多，结果是价格和产出及投资在总体水平上发生共同运动，这与在实际周期中所观察到的一样。

有必要说明的是，所觉察到的总体价格运动不会和实际发生的运动相同，在通常使用的总体模型中，这一假设看上去似乎不太合理：交易者怎能不知道商品的价格？在实际存在多种商品的市场上，没有人会愿意每天去观察所有的价格，多数交易者都不会觉得公布的价格指数非常有用。一个乐观的交易者将会在决策中非常频繁和认真地使用那些非常重要的价格，而那些不太重要的价格则较少使用，绝大多数价格根本没用。对多数当事人来说，在许多重要的风险原因中，经济周期和总体行为一般并不特别重要，而交易者也没有什么理由特别形成他们自己的信息系统，以正确判断总体运动。

由于相同原因，可以发现，持续的通胀不会像短暂价格运动那样影响当事人的实际决策。预测中没有什么比发现和修正系统偏差更容易的事了。这种修正不会引起当事人信息系统及处理信息使用成本的变化。当然在判断持续通胀时可能会有滞后存在。通常当事人会不正确地把临时性通货膨胀设想为持久性通货膨胀。

价格变化程度的改变对当事人的信息处理行为将起更为重要的作用，这是因为在预测未来价格时，它会影响价格信息的“权数”，通常认为人们不太相信“噪声”价格信号。

10

当考虑到投资与就业反应时，对总体价格运动的总体或平均反应会变得更加复杂，投资决策会受到总体价格运动的扭曲，就业也会因同样原因而扭曲，且扭曲状况同有关价格运动引起的反应是一样的。

当观察当前投资对未来能力和未来价格的影响时，会遇到更为复杂的问题，可以看到这一效应在时间上会延长，甚至增加总体价格运动的初始效应。

为更加详细地说明这一点，我们设想发生了一些因被所有人察觉、因而引起普遍价格上升的事件。迟早这一调整会发生。但更多的交易者最初觉察的是有利于自己的相对价格运动，可能是持久的运动。结果就业与投资上升。一段时间后，由于信息在经济中扩散，这些交易者会发现他们已被误解，不过与此同时，增加的生产能力却阻碍了价格的普遍上升，推迟了初始震动的实现。通过这种方式，价格的非均衡或短期震动能引起价格更长时间的波动。

此外，这一生产能力扩张中存在一种自动内在的逆转机制。当总体通胀确实发生时，投资会在生产能力向下调整时变得低于正常水平，没有理由指望重新调整会迅速到来或将之描述为“崩溃”或“失败”。

这一情景的产生，像我们以前描述过的就业反应一样，主要是由于当事人混淆了相对价格运动与总体价格运动。这一点在投资上尤其明显，因为最优投资政策具有很多内在的“平滑因素”：因为投资是一长期“承诺”，所以它只对持久的相关价格变化作出反应。

这一观点已经在根本上引起了对经济周期中加速器效应重要性的怀疑。适度的价格周期性运动是如何引起所观察的耐用品购买的大幅度运动的呢？这里又会有人一定坚持经济范围的风险对当事人面临的总体风险作用甚微。对每个投资项目而言，回报率变动很大，经常是负的，并经常以倍数衡量。对一个在其他人看来是弱的"信号"进行快速反应，常常是成功投资的关键。当事人若等到每个人都很了解情况时再投资就太迟了；别人已经增加了生产能力满足高需求了。看来在总体水平上，对低幅震动的高幅反应形态，在决策层次上是对个人投资回报更大幅度运动的大幅度反应。①

11

第 2 节中，我首先把经济周期定义为与某种类型的价格与其他变量协同运动相关联的就业、产出及产出组合的反复波动。由于竞争经济中就业和各种产出价格是当事人针对价格运动加以选择的，所以在开始时就合理地把所观测的数量运动视为对价格运动的最优或理性反应看来是合适的。在开始的五节中我就是这样做的。现在我转而研究价格运动的根源所在。

当前的货币数量运动最能从总体上解释当前的价格运动，这一事实已经为总量经济学所接受，并且对人们如何去测算价格或货币数量并不敏感。② 人们并不十分怀疑这一关系中作用的方向问题；没有人说由于预见到 16 世纪出现通胀，所以派哥伦布到新世界寻找金子来支持经济。这一证据与经济周期无直接关联，因

① "奥地利主义"或"货币过度投资"经济周期理论（见哈伯勒 1936 年或哈耶克 1933 年的著作）是建立在虚假的价格信息引发错误投资决策这同一思想基础之上。实际上该理论强调的价格是利率，而不是这里强调的产品价格，如果给定利率的周期性幅度，用以说明投资幅度的投资—利息弹性会很高，以至于与另一些事实不一致。

② 参见弗里德曼和施瓦茨（1963 年）。

为它涉及的是更长时期的平均情况,但间接联系却强到不容忽视的程度:我们已经将周期中实际变量间的协同运动模式解释为对总体价格运动的反应;我们知道:从“长期”看,总体价格运动最初是产生于货币量的变化,而且货币的周期运动规模巨大,在数量上令人感兴趣。所有这些观点都指出了引发现实经济周期的力量是金融震动。

很难看到关于价格、货币及产出三者之间短期关系的直接证据。某些极端情形似乎表明萧条与复苏是由货币引发的。[①] 总而言之,用弗里德曼的话来说,货币与这些变量之间的联系很容易成为“长期、可变的滞后”。

不可理喻的是,有关货币与经济活动特别是价格相联系的短期证据,从货币经济周期理论的观点看,其弱点被扩大了。要弄清原因,让我们回顾一下上面提出过的总体价格运动与经济活动的理论联系。这一关联基于下列假设,即依据对个别价格的观察来辨明总体价格运动,这一信号加工问题要由当事人妥善处理好是很困难的。假设人们能够用一个简单而固定的、已公布的货币总量滞后运动函数来表述短期价格的总体运动,那么,由当事人来处理的信号问题就变得普普通通而不那么困难了。他们可以简略地观察一下当前的货币总量,计算一下所关心的、已预测过的当前或将来的价格运动,修正其行为以很好地适应这些量的变化,这样一来,货币与价格之间就会有非常紧密的关系,即使在相当短的时期也是这样,而这些运动与实际变量的变化之间则毫无关系。

① 参见弗里德曼和施瓦茨(1963 年)。

当然这些说明不能解释货币效应为什么具有长期与变动滞后的作用。目前对这一问题我们知之甚少。很可能答案就存在于这一观点中，即金融扩张可以多种方式发生，扩张的方式取决于货币注入的方式，方式不同价格反应的内涵也不同。这就表明人们可以把经济中的货币“状况”解释为由不可观察的货币总量决定的，它与短期内所观察的总量没有太大关系，但与长期的货币总量关系密切。

12

现在再扼要地概述一下前几节叙述的经济周期理论的主要特征。我们首先假设了经济中偏好和技术是波动的，相对价格不断变化，研究了在当事人能按自己的意志行事，并能有效地利用其不完全的信息的条件下可能会出现的数量和价格的协同运动。接下来我们把大规模的不系统的货币总量运动置于经济中，并在个体价格运动中增加了额外的“噪音”因素。结果在总量序列中就产生了一种协同运动的模式，它似乎与第2节归纳出的观点相符。

回想起来，这一解释似乎太简单了点：人们会纳闷为获得该解释而破坏一场革命（意指凯恩斯革命——译者）是否有必要，但还得注意不要去夸大那些实际上已得到的解释说明。我认为很显然在我们所观测的经济时间序列行为中什么也没有，该时间序列中没有使用均衡的术语整理序列，有足够的理论范例给我们增添信心以便用简便而准确的方法来做此事。然而至今为止，还没有建立起满足这些标准并同时通过阿德尔曼（1959年）测试的均衡模型。我想这一模型可能在今后 5—25 年中建立起来。[①]

我认为这里所述的这类成功的经济周期理论的政策含义是容易推测的，即使该理论本身还处于初级阶段。的确，上面的诸多内容都是想把构成亨利·西蒙斯、米尔顿、弗里德曼以及其他激进的总量政策批评家政策建议基础的隐晦模型解释清楚。通过寻求经济周期的均衡解释，人们预先接受了对于由该理论加以整合的政府及周期政策相当严格的限制。如果波动是由货币不稳定所致，而且又不是服务于某一社会目标，那么增加货币稳定性就能保证减少总体的、实际的变化，并增加社会福利。毫无疑问，某些实际的变化可能存在于最平滑的货币与财政政策之中。没有明显的例证表明这一剩余的变化由集权的政府政策处理会比由个体、分权的反应处理得好。[②]

由于政策上缺乏新颖性，就有理由问为什么我们需要理论。我想通常的答案是，在民主社会中自以为是是不够的，你必须能说明为什么你是正确的。在我们生存的社会里，失业率总在 3% 到 10% 之间波动。这两种情形都可能出现，对大多数人来说，3% 肯定比 10% 更令人高兴。很清楚，政府的政策与某一特定时期的某一失业率密切相关。更加自然而然的是，把总量经济学的任务看成是发现好政策使失业率更令人满意，并促使该政策得以实施，这一点曾是凯恩斯经济学作出的承诺。但即使这一承诺在今天已显得缺乏科学性时，对所有那些希望社会科学不止是对现状加以精

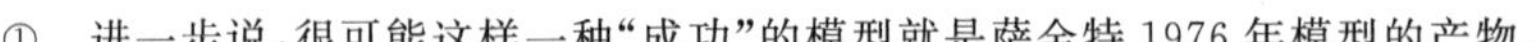

① 进一步说，很可能这样一种“成功”的模型就是萨金特 1976 年模型的产物。

② 那也就是说反周期政策需要与评价其他类型政府政策一样的成本—利益说辨解，见费尔普斯（1972 年）及普雷斯科特的评论（1975 年）。

确解释而应贡献更多的人来说，其感染力是可以理解的。

经济界在大约40年的时间里满足于下面两个相关的观点：市场经济本身很容易出现剧烈的波动，而波动只能通过政策强有力的快速反应来缓解；经济学家掌握了一门经过科学检验的知识，可以随时确定政府的反应应该是什么。但令人怀疑的是，是否有许多专业上似懂非懂的人持第二个观点。这一点在解决有关政府稳定性政策的作用是应该减少自身破坏性部分，还是积极地弥补私人部门不稳定性的争端方面起不了多少作用。只要经济周期与经济理论存在“明显的矛盾”，两种意见就都站得住脚。看来，在对经济周期是什么以及是如何发生缺乏理解的情况下，没有办法决定如何解决经济周期的问题。

参考文献

Adelman, I., and Adelman, F. L., “The Dynamic Propertis of the Klein-Goldberger Model,” *Econometrica*, 27, No. 4, (October 1959), 596 - 625.

Azariadis, C., “Implicit Contracts and Underemployment Equilibria,” *Journal of Political Economy*, 83, No. 6, (December 1975), 1183 - 1202.

Barro, R. J., “Rational Expectations and the Role of Monetary Policy,” *Journal of Monetary Economics*, 2, No. 1, (January 1976), 1 - 32.

Burns, A. F., and Mitchell, W. C. *Measuring Business Cycles*. New York: National Bureau of Economic Research, 1946.

Friedman, M., “The Role of Monetary Policy,” Presidential Address to the American Economic Association, *America Economic Review*, 58, No. 1, (March 1968), 1 - 17.

Friedman, M., and Schwartz, A. J. *A Monetary History of the United States, 1867 - 1960*. Princeton: Princeton University Press for the National

Bureau of Economic Research, 1963.

Cayer, A. D. , Rostow, W. W. , and Schwartz, A. J. *The Growth and Fluctuation of the British Economy, 1790 - 1850.* Oxford: The Clarendon Press, 1953.

Ghez, G. R. , and Becker, G. S. *The Allocation of Time and Goods Over the Life Cycle*. New York: National Bureau of Economic Research, 1975.

Grossman, H. I. , "Aggregate Demand, Job Search, and Employment," *Journal of Political Economy*, 81, No. 6, (November/December 1973), 1353 - 1369.

Haberler, G. *Prosperity and Depression*. Geneva: League of Nations, 1936.

Hayek, F. A. von. *Monetary Theory and the Trade Cycle*. London: Jonathan Cape, 1933.

Hicks, J. R. ,"Mr. Keynes and the 'Classics': A Suggested Interpretation," *Econometrica*. 5,(1937),147 - 159.

Hirsch, A. A. , "Price Simulations with the OBE Econometric Model," in *The Econometrics of Price Determination Conference*. (ed. O. Eckstein), Washington, D. C. : Board of Governors of the Federal Reserve System and Social Science Council, 1972.

Keynes, J. M. *The General Theory of Employment, Interest and Money*. London: Macmillan, 1936.

Klein, L. A. , and Goldberger, A. S. *An Econometric Model of the United States, 1929 - 1952.* Amsterdam: North Holland, 1955.

Knight, F. H. *Risk, Uncertainty and Profit*. Boston: Houghton Mifflin, 1921.

Lucas, R. E. , Jr. , "Expectations and the Neutrality of Money," *Journal of Economic Theory*, 4, No. 2, (April 1972), 103 - 123.

Lucas, R. E. , Jr. , "An Equilibrium Model of the Business Cycle," *Journal of Political Economy*, 83, No. 6, (December 1975), 1113 - 1144.

Lucas, R. E. , Jr. , "Econometric Policy Evaluations: A Critique," in *The Phillips Curve and Labor Markets*, (eds. K. Brunner and A. H. Meltzer),

Carnegie-Rochester Conference Series on Public Policy, 1, Amsterdam: North Holland, 1976, 19 – 46.

Lucas, R. E. , Jr. , and Rapping, L. A. , "Real Wages, Employment, and Inflation," in *Microeconomic Foundations of Employment and Inflation Theory*, (eds. E. S. Phelps, *et al.*), New York: Norton, 1970.

de Menil, G. , and Enzler, J. J. , "Price and Wages in the FR-MIT Econometric Model," in *The Econometrics of Price Determination Conference*, (ed. O. Eckstein), Washington, D. C. : Board of Governors of the Federal Reserve System and Social Science Council, 1972.

Mitchell, W. C. *What Happens During Business Cycles*. New York: National Bureau of Economic Research, 1951.

Modigliani, F. , "Liquidity Preference and the Theory of Interest and Money," *Econometrica*. 12, No. 1, (January 1944), 45 – 88.

Moggridge, D. (ed.) *The Collected Writings of John Maynard Keynes*, Vol. XIV. London: Macmillan, 1973.

Muth, J. , "Rational Expectations and the Theory of Price Movements," *Econometrica*, 29, No. 3, (July 1961), 315 – 335.

Phelps, E. S. , "Money Wage Dynamics and Labor Market Equilibrium," *Journal of Political Economy*, 76, No. 4, II, (July/August 1968), 687 – 711.

Phelps, E. S. , *Inflation Policy and Unemployment Theory: The Cost-Benefit Approach to Monetary Planning*. London: Macmillan, 1972.

Phelps, E. S. , *et al. Microeconomic Foundations of Employment and Inflation Theory*. New York: Norton, 1970.

Prescott, E. C. , "Efficiency of the Natural Rate," *Journal of Politicl Economy*, 83, No. 6, (December 1975), 1229 – 1236.

Sargent, T. J. , "A Classical Macroeconometric Model for the United States," *Journal of Political Economy*, 84, No. 2, (April 1976), 207 – 237.

Sargent, T. J. , and Sims, C. A. , "Business Cycle Modeling Without Preten-

ding to Have Too Much A Priori Economic Theory," University of Michigan working paper, March 1976.

Sargent, T. J. , and Wallace, N. , " 'Rational' Expectations, the Optimal Monetary Instrument, and the Optimal Money Supply Rule," *Journal of Political Economy*, 83, No. 2, (April 1975), 241 - 254.

Tinbergen, J. *Business Cycles in the United States of America, 1919 - 1932*. Geneva: League of Nations, 1939.

失业政策*

美国1975年的失业率肯定是过高了，且大多数经济学家也会同意当前的失业率仍然过高。人们还同样认为，失业率过高的看法引发了国家政策问题。（某种意义上讲，像芝加哥的冬天“太冷”这样的看法是不可能对国家政策提出问题的）但失业率“过高”的说法的确切含义是什么，以及它所提出的政策问题的性质又是什么呢？对这个问题的回答不止一种，而选择哪一种答案却事关重大。

通常对这个问题的回答是：一定的失业率——称其为“充分就业”——可以，也应当作为经济政策的“目标”，高出一定失业率的失业即可被认为有着与摩擦性失业所要求的使工人和工作更有效配合不同的特点，而且按照福利的观点，被认为是浪费或无谓的损失。消除这种浪费是货币、财政政策或许也是其他政策的目标。在本文的第一节我将论证，这种提出问题的方式对失业政策不可能有实际意义，主要是由于经济学家对充分就业意味着什么或怎样测度它还没有一致看法。

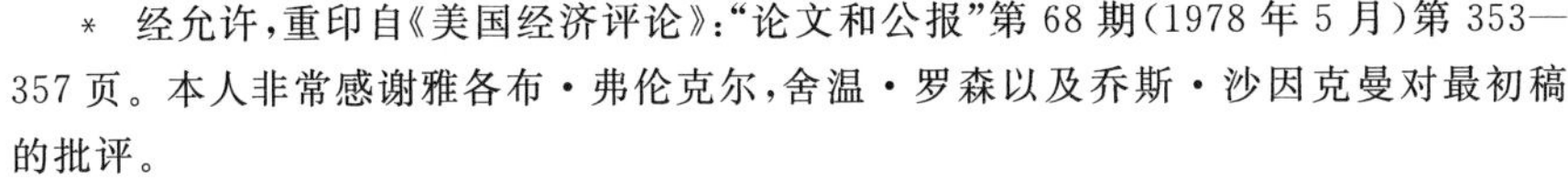

* 经允许，重印自《美国经济评论》：“论文和公报”第68期（1978年5月）第353—357页。本人非常感谢雅各布·弗伦克尔，舍温·罗森以及乔斯·沙因克曼对最初稿的批评。

另一种观点曾流行于大萧条前并在经济复苏的今天仍有一定的影响,它把失业和其他变量的波动作为政策问题。以这种观点看,只有当平均失业率(或自然失业率或均衡失业率)表明被税收、外部影响等以一种不受欢迎的方式“扭曲”时,它才被看作是政策问题。于是,9%的失业率就被认为太高,同样,2%的失业率就被认为“太低”:在一般经济活动中,这两种情况都是代价高昂和可预防的不稳定的征兆。在本文的结尾,我将略述制定失业政策的某些方法,其中一些是由这种观点引出的,其他一些则不是。

1 充分就业:定义与测度

普遍认为政策可以、也应当以达到特定的可测度的失业率水平(与降低失业率波动相对立)为导向。这个观点来自约翰·梅纳德·凯恩斯的《通论》。正是在《通论》中,基于前面的假设,稳定的失业率可分成两个不同的部分,即“自愿的”(或摩擦性)和“非自愿的”;而当非自愿失业率等于零时,就实现了充分就业水平。那么,首先从评论凯恩斯引入这个区分的理由开始,可能是合适的。

凯恩斯(第2章,第7页)用实际一般均衡理论来区分影响均衡失业的因素:工人找到合适工作的机制,居民户劳动—闲暇的偏好,技术及产品需求构成。他提出:这四种实际因素中任何一种的自发变动都可以解释我们观察到的就业波动程度吗?显然,答案是否定的。这样,在解释观察到的失业率变动时,就必须有至少两种理论需要考虑:假设实际一般均衡理论可以解释相对来说稳定不变的部分,但剩余部分还需要其他理论来解释。

承认对正常和周期性失业的解释有不同的必要并不意味着强求人们像凯恩斯那样，承认第一种失业是自愿的，第二种是非自愿的。这个术语表明区分的关键是在工人们看待两种不同失业形式的方式上存在某种差异。首先，我们所说的区分注重的是失业根源，而不是区分不同的形式。比如，人们可能对商品的平均价格和每日的波动寻求完全不同的理论解释，而毋需对同一种商品假定两种形式的价格；同样，人们可能会对持有货币的动机进行分类而不必想象现金持有者会再把现金分为“交易余额”，“预防性余额”等等。承认有必要区分失业来源，并不意味着人们需要区分形式。

人们为什么要进行区分也没有明显的理由。人们越考虑每个工人和公司所面临的决策问题，区分的意义就越小。在繁荣时期工人丢掉一个好的工作就不是自愿的，因为他蒙受了金钱的损失。[1] 同样，在萧条时期失去一个有经验的雇员，对公司来说也承受着不期望的资本损失。但不管怎样，失业工人在任何时候都可马上找到某种工作，而公司也可以马上填补空缺。不难理解，在企业极易找到雇员，工人也极易找到工作的情况下，由于选择的缘故，企业没有找到雇员，工人也没有找到工作。因此，在所有的失业中，都存在着非自愿的因素，这是由于人们不会放弃好的而去选择坏的；另外，在所有的失业中也存在着自愿因素，这是由于虽然人们目前的工作选择并不理想，但人们总可以选择接受它们。[2]

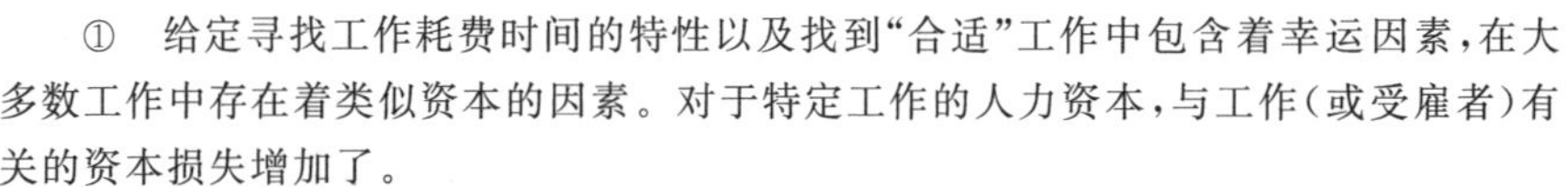

① 给定寻找工作耗费时间的特性以及找到“合适”工作中包含着幸运因素，在大多数工作中存在着类似资本的因素。对于特定工作的人力资本，与工作(或受雇者)有关的资本损失增加了。

② 这些看法指易证明的任何规模的劳动市场的特征。失业或所列空缺的总体统计与精确无关，因为把自己列入失业并不意味着他将接受任何雇用，同样广告上的空缺也不是对任何申请工作的人都适合。

凯恩斯在第 2 章涉及单个失业工人的情形时，只是采用逃避主义和文字游戏的做法。他反复使用这样的句子："作为一种规则，如果现行的工资还具吸引力的话，就不断地会有工人要求这个工作"，似乎从失业工人的观点看，"这种现行货币工资"的意思没有什么模糊不清的。然而什么是个人工资呢？仍不清楚，除非我们将个人工资定义为别人愿为他的劳动付出的价格（在这种情况下，凯恩斯上面给定的观点就是错误的）。为了现行工资他愿意工作更多的小时吗？那么按照定义这是正确的，但同样是没有意义的。事实上我认为凯恩斯是想中止第 2 章劳动市场的分析，以便继续研究他真正感兴趣的需求理论。这当然是可以理解的，但是什么原因导致他对自愿和非自愿失业随意区分从而控制了随后 40 年关于劳动市场的整体思考？

的确，可以做出这样的理论模型，其中居民户面临一种限制他们能为"现行工资付出时间的'时间限制'"，因此在一个人能够付出的和他愿意付出的时间之间有着明确的界线。这种方法经常用来解释非自愿（或凯恩斯的）失业。这没有切中要点：非自愿失业不是需要理论家去解释的一个事实或现象。相反，它是凯恩斯引入的一种理论结构，并寄希望它能帮助发现对真实现象的正确解释，即对总的，可测度的，大范围的失业波动的解释。但我们前辈的理论结构是否已证明富有成果，对我们前辈的理论构造，不管其已经证明是否富有成果，进行解释是现代理论经济学的任务吗？我希望不是，因为人们不会去走一条肯定是没有新意的路。

总而言之，按照失业者面临的决策选择特性，将单个失业者分成自愿或非自愿失业，即使从原则上讲，也是不可能的。甚至从概念上讲，如果将充分就业作为一种没有非自愿失业存在的状态的话，人们也得不到一个对充分就业合适的定义。

实际上，我认为这个事实业已为人们所认识。实际运用的对充分就业的估计是从总体信息中获得的，而不是从单个人的数据中获得。近在20世纪60年代，人们普遍相信有某种总体失业的水平，其特性是失业超过这个比率，扩张性货币和财政措施就是非通货膨胀性的，而低于这个临界水平的失业率这些措施将导致通货膨胀。于是人们可以把等于或低于充分就业水平的失业率定义为摩擦性失业或自愿失业，而将超出这个水平的失业定义为非自愿失业。据认为只有后一种形式的失业存在的问题可由货币政策和财政政策来解决。正如沃尔特·赫勒所言，“20世纪50年代的反周期综合征已经过去。现在的政策集中在缺口消除与增长上，在实现和扩大经济非通货膨胀潜力上。”（序言）之后，海勒在正文中提到：“‘生产缺口’，‘充分就业剩余’，‘财政拖曳’和‘财政债息’的可操作性概念”。（第18页）

要计算海勒所指的生产缺口，使用自愿—非自愿这样的术语，在精确地反映工人如何看待自己的情况方面不会产生什么差别。这里的主要问题是存不存在测量经济非通货膨胀潜力时所使用的总体失业率（按4%或5%的顺序）。如果存在，那么我上面提出的异议可以被认为仅仅是术语而不予考虑：如果人们不愿意称失业高于设定的充分就业水平为非自愿性的话，人们可以给它起别的名称，也许是多余或没必要。

过去的10年使我们了解了很多关于生产缺口的可操作性概念。1975年美国经济同时达到9%的通货膨胀和9%的失业率。

把生产缺口对应到这些数字上，人们是否可以得出美国经济非通货膨胀潜力与超过9%的失业率有联系呢？人们会把9%的通货膨胀再定义为非通货膨胀吗？或这一切在某种程度上是为石油价格所左右的吗？

我上面评述了两种人们希望对充分就业这个术语给出某种操作意义的可能途径。一个是从单个工人层次出发，把失业分为两种形式，自愿和非自愿，将自愿失业的数目算进来后，把其总量定义为与充分就业相应的失业水平。第二种是在不同的失业率情况下确定经济的操作特性，然后再将充分就业定义为其中通货膨胀率为可接受条件下的就业率。这两种方法都不可能得到充分就业的可操作性定义。二者也没有就为什么失业是个问题以及与影响失业率的经济政策相关的成本和利润给出一个明确的看法。困难并非来自应用经济学中必然产生的测度误差问题，而只是由于要测度的“内容”本身并不存在。

2 超越充分就业政策

抛开进行任何有关失业问题的讨论必须首先进行自愿和非自愿的划分，然后就这两种类型的失业以一种不同的方式来看待的约束，我认为将有益于实证与规范分析。不受教条主义的羁绊制约而进行社会科学的实践是相当艰难的。排除提出如下问题的术语完全排除了有关行为问题的认真思考，这些问题是：“为什么他们采取我们看到的这样的行动，而不是采取其他可能采取的行动呢？”

不论在起始于埃德蒙·费尔普斯的著述,以及乔治·施蒂格勒、约翰·麦考尔和其他人的早期工作中,是否已经有了决定就业和失业的全部正确的答案,但至少这些工作已经开始提出一些正确问题。由于把所有的失业者都看成是自愿的,这一工作已经导致对备择性安排的考察,企业与雇员或许会选择采用此种备择性安排以便处理产品需求中的波动问题,以及他们对该种波动采取我们所观察的行为方式的原因。探求这个问题已表明相当困难,更糟的是用不合格的拍卖者或是完全机械式工资以及价格方程式对"非自愿失业的解释"已相当严重地损坏了经济学的名声。

不构建充分就业而实践规范的宏观经济学确实容易使人们习惯些。人们发现自己不经意地陷入这样的字狱:"没有充分就业这样的事,然而我可以告诉你它是怎样获得的"。不过这有某种直接的好处:首先,人们省去了与充分就业有关的全部无意义的词汇,省去了诸如潜在产出,全部生产能力,萧条等等这样的短语,这些短语说明了我们为什么不能全部回到1890年的工作周且重新生产出我们今天一半的GND的技术原因;第二,人们发现使自己感到欣慰的是将失业视作对不如意处境的一种自愿的反应,不会使其陷入像把萧条归咎于懒惰工人一样的愚谈。

将失业视作自愿的对规范化讨论的影响是两方面的。首先,它讨论货币和财政政策集中在稳定性,在追求价格稳定和最大可能地减少不稳定政策变化的破坏效果方面。当然,某些平均失业率来自于这样的政策,但只是作为一个副产品,而不是预先选择好的目标。第二,把自然率作为在正常情况下由自愿交换而产生的均衡来考虑，人们将其视作对公共财政现代方法的探究。

举一个例子，由于失业补偿的水平是变化的，平均失业率的所有范围——全部都是“自然的”——对社会而言是可能的。在一种极端情形下，给宣称自己失业的人以严厉的处罚可将失业率降到任意水平。随着工人在不好的工作上待的时间过长并心安理得地接受它，这样的政策就会导致严重的真实产出损失。最大产出的失业补偿方案包括对不喜欢冒险的失业工人的津贴，对其他工人保留较差同时优于冒险者的相对稳定的现行工资；但平均来说，寻找新的工作会得到更好的报偿。由于私人市场不能对失业风险提供足够的保险，通过更高的失业补偿可以获得更多的期望效用，这样会导致想象到的实际产出的牺牲，但会得到满意的对风险的配置。[①] 注意，当人们追逐这样一种权衡时，不出现萧条或浪费的问题。不同的政策会导致不同的实际产出水平，但产出的增加必定会付出其他代价。任何特定水平的失业补偿是否太高或太低，在实际操作中是个难题，这个问题不能简单地靠观察能使失业率下降的其他补偿水平是否可行来解决。

减少经济周期风险的政策问题是一个非常实际和重要的问题，是一个我认为稳定物价的货币和财政政策需很长时间才能实现的目标。满意地找到对个人失业风险的配置，这个问题也是重要的，可以按现代福利经济学方法来分析它。追求那种无人可以测度甚至无人可以从概念上定义的充分就业目标不可能有望解决两种问题中的任何一种。

① 参阅肯尼斯·阿罗对医疗保险分析。

参考文献

K. J. Arrow, "Welfare Analysis of Changes in Health Coinsurance Rates," in Richard N. Rosett, ed., *The Role of Health Insurance in the Health Services Sector*, New York 1976.

Walter W. Heller. *New Dimensions of Political Economy*, Cambridge, Mass. 1966.

John M. Keynes, *The General Theory of Employment, Interest, and Money*, London 1936.

J. McCall, "The Economics of Information and Optimal Stopping Rules," *J. Bus.*, July 1965, *38*, 300 - 317.

Edmund S. Phelps et al., *Microeconomic Foundations of Employment and Inflation Theory*, New York 1969.

G. J. Stigler, "The Economics of Information," *J. Polit. Econ.*, June 1961, *69*, 213 - 235.

规则、自由处置权和经济顾问的作用*

1 引言

我想借这个会议的主题阐述持有不同见解的经济学家对经济政策的看法。本会的专题“宏观经济政策，1974 年/75 年：本该做些什么?”在我看来无益于实现这一目的，对此，我将在下面进行解释，因此我将采用一种不太相同的方法。我将从与米尔顿·弗里德曼在他“为经济稳定所建的货币、财政框架”(1948 年)和《货币稳定方案》(1959 年)中提出的政策建议有所不同的阐述开始。在对为什么弗里德曼的方案影响如此有限这一原因进行推测后①，我将确证并讨论最近一些说明弗里德曼方案的重要性与影响在不久的将来有可扩大的新观点。在本文结束时，将对弗里德曼方案今天所处的状况进行评论，并对过渡问题简要地进行讨论，最后是结束语。

---

* 经芝加哥大学出版社的允许，重印自《理性预期与经济政策》，斯坦利·费希尔，芝加哥大学出版社，1980 年，第 199—210 页。芝加哥大学出版社 1980 年版权。

本文的修改得益于斯坦利·费希尔、米尔顿·弗里德曼，以及罗伯特·温特劳布。

① 当然，一般来讲，弗里德曼的工作在许多方面有巨大的影响。我这里提到的只是他对货币和财政政策按照固定规则执行的建议。

在对弗里德曼30年前提出的建议中最关键的部分进行集中讨论时,我冒了一个公认的风险,因为把自己和他人局限于多年前我们就可能已经接受了,而以后不再思考的观点。对弗里德曼的建议用较现代的语言重新包装是一种我发现令人讨厌的替换策略,不管怎么说人们都会很快识破这一点的。既然如此,我就在大家熟悉的基础上开始,并使绝大部分停留在这个基础上。

我相信一系列总政策能够且已经导致了如下所描述的满意的一般经济活动。

1. M1的年增长率为4%,并保持每个季度的增长率接近。

2. 关于政府的实际开支及转移支付的模式是持续变化的,但其不受经济周期变化的影响。

3. 使联邦预算平均保持平衡的税率模式也是持续变化的,但同样不受经济活动周期变化的影响。

4. 一种明确宣布的、工资与价格私下达成协议的政策将不会引发政府任何方式的反应(除了一些标准的反托拉斯政策以及那些政府偏好出低价而不是高价的一般性政策)。

前三条政策直接源于弗里德曼的著述[①],第四条不过是承认这样一种事实:从弗里德曼最初的建议形成起,干预私人价格和工资谈判细节已不再被看作是紧急措施,因此通常接受的总政策方面的观点就不能漏提这个事实。

① 第2规则和第3规则是从弗里德曼1948年的那些规则中释义出来的(1953年,第136—137页)。规则1来自弗里德曼1959年,第87—92页,这代表着对弗里德曼1948年提倡的100%储备银行业务要求的一种令人满意的、但只是次优的选择。

为了进一步说明这些建议，我将尽力保持弗里德曼在提出政策时的具体及可操作性。基于现实不会跳跃的原则，这些特定的政策必定有与其有相类似效果的相近政策，人们期望有这样一种分析框架，在其中，可评估政策的变化所产生的后果；但提供这样一个框架远远超出了本文的范围，在此我将从一个完全不同的角度来进行讨论：首先通过回顾引入弗里德曼框架、包括我们专业内与专业外两个方面的学术环境的某些主要特征，然后追踪以后这个环境中的一些变化。

2 1946 年的《就业法》

影响那些有意了解弗里德曼“框架”的人的思想之最主要的事件是 20 世纪 30 年代的经济大萧条和二战后的经济“繁荣”(以失业率来衡量)。很难想象其他一系列事件能更有力地说明高失业的代价和政府政策影响失业的能力。在所有的资本主义国家，这个“教训”深刻地影响了它们的政策。在美国，这一点写进了 1946 年颁布的《就业法》。

对同时代的人来说，《就业法》是“一个虚弱而且毫无意义的虚幻内容”(贝利，1950 年第 253 页)，从某些方面可以很容易地看出为何会作出这样的评价。该法没有赋予行政管理人员在新政时期所设想的各种权力，同时也没有详细说明所要达到的经济目标以及各种可使用的政策手段。不过该法确实明确地要求行政管理人员预测在未来一年中的经济状态并设计政策处方，以便按照令人满意的方向能改变这种状态。而且该法还很清楚地说明在何处能找到需要执行这项任务的专业知识：经济顾问委员会作为一种可使这种专业知识形成实际政策的渠道依照此法成立。

追踪调查《就业法》在战后这些年中对美国政府的政策产生的影响，将是一项困难而又棘手的工作，然而，该法（或者就在此法制定前的一些事件）在战后对货币经济学在实际应用上的影响并没有什么难以捉摸之处。重新命名的“宏观经济学”这门子学科将自身定义成专业知识的主体，而专业知识主体的存在，在《就业法》中就预想到了，它的实践者投身于对预测的发展和完善以及该法要求的每年经济诊治中有望使用的政策评估方法上。

在许多方面，这种相当具体并具有实际意义的假定对货币经济学有着很有益的影响。一些共同和一致的主要目标有助于统一该领域并使其量化，且具有操作特性，这与战前货币和经济周期理论所注重的书面、教条特征形成鲜明对比。许多有天赋的科学家都觉得这种新特点令人满意。

1948 年，当弗里德曼的“框架”发表时，为使《就业法》实施而做的高度有效的、共同的努力才刚刚开始。这是一个提议“关于……结构的改革，除非这种改革经受了专业的评判，否则不应公开实行”（弗里德曼 1948 年[1953 年第 156 页]）。也许这番描述可被视作对凯恩斯理论草率地写入联邦立法中的一个评论，在当时，凯恩斯理论被认为是难以理解并易引起争议的，同时只被极少数的美国经济学家所理解。无论如何，这是对下列建议所作的精确描述：该建议是在给定当时对货币动态学科学理解水平状况下，由就业法所要求的诊治过程不可能起作用这样一种预言。此建议的提出是折中的产物，它预示着经济运行状态优于历史上所观察到的状态，但不及《就业法》中所隐约暗含的运行目标。弗里德曼希望它们构成“最小的方案，以此方案，意见分歧不大的经济学家们可以建立共同的事业”（弗里德曼 1948 年[1953 年，第 135 页]）。

让我们回顾一下，很显然弗里德曼极大地低估了他的同事们由于对“就业法”及因 20 世纪 30 年代的变化而增补的、可作为制定政策工具的《联邦储备法》的信任而团结一致的程度。二战以后，宏观经济学对政策在其中运作的制度结构的改革表现漠然，对立法准则或限制对货币、财政以及现在的“收入”政策的制定实际上也漠不关心。弗里德曼在选择货币制度进行辩论的专业论坛上提出他的建议，但此论坛并未对这些建议进行分析、考虑，并且也没有因为赞同他人的意见而表现出对弗里德曼建议的异议。论坛只是简单地将其略过去，就如同它们不存在一样。相反，在已存的体制框架中，经济专家的作用就像日常的经理一样迅速地扩展，而且理论宏观经济学家的任务已变成用思想、原则、方法武装那些专家，并且至少表面上以此为那些经济管理者们随时碰到的问题提供可操作性的指导。

从总量经济学新任务的角度看，弗里德曼建议的难处不在于其明显地比其他建议差多少，而在于其离题太远。这些建议针对这种问题：在何种博弈规则下，我们能够期望令人满意的经济运行在可预见的长期内仍然有效？负责对未来财政年度赤字规模这样一类事务进行咨询的经济管理者对于这一问题不感兴趣：对管理者来说，那仅仅是个理论上的研究，与他自己要完成的任务毫不相干。

对弗里德曼建议的这种反应在一定程度上是可以理解的。《就业法》颁布后的20年内，总体经济的运行，用任何历史标准看，都是相当成功的。因此，毫不奇怪在这段时期内，很少有人对制度变革进行一般性讨论，这种消极的态度反映在经济学家所选择的研究课题上。然而在美国以及其他地方，货币和财政体制的历史，是无数例重复失败中的一例，且这种失败使社会付出了昂贵的代价。人们不会奇怪，大多数专业人士发现努力提供以现存制度为条件的专业知识是值得的。同样，人们也不会对另外一些人继续质疑这些制度的有效性，并且将他们的工作集中于设计最终可能替代这些制度的结构框架感到惊奇。

3 某些变化迹象

最近10年间发生的许多事情，给公众和专业人员带来了信心，认为经济学专业知识可在"就业和联邦储备法"的框架下产生出令人满意的业绩。他们同时提供了有关机制的例子，这些机制不同于那些建立在立法之上的机制，通过它们可能将公众的意见反映到经济政策中去。在本节，我将简要地对此进行评论，从肯定为最重要的部分，即有关滞胀的经验开始。

上经济计量学的第一堂课时，学生们发现向上倾斜的需求曲线以及资本生产力为负值的生产函数。学生们发现这些其理论课从未为他们提供准备的令人震惊的经历。这是一种标准的发展危机，就像人们发现自己的家长并非十全十美一样，经验表明如果这种发展危机发生在一个被合理保护和维护的环境中，那么这种危机就能度过而不会对学生产生伤害。

许多致力于凯恩斯宏观经济计量学模型的经济学家有一种倾向,即以同样的方式看待20世纪70年代通货膨胀和失业率的预测错误。那就是错误本身没有被否定(这几乎不可能),而是把错误解释为不过是对其他因素调控的疏忽,对这些因素认真考虑就会发现它们能揭示原来的基本结构是合理的。这样,我们向学习经济计量学的学生表明,通过控制收入和其他变量,减少由于供给的副作用带来的不良影响,数据中需求法则就如同他们教科书中的理论章节一样能明确地揭示出来。

我在其他地方曾论述过此问题,最近,又同托马斯·萨金特(卢卡斯,1975年,卢卡斯和萨金特1978年)进行了广泛的合作,我认为这两种情况科学地讲,并不太类似,事实上,对滞胀阶段的错误预测是存在更严重问题的一种征兆。但是这两种情况的第二种,甚至更明显的差别在于错误发生的来龙去脉。滞胀错误不仅仅是私下发生在研讨会房间里,只让专业人员感兴趣的问题。稳定的通胀—失业率权衡的想法被公众作为讨论宏观经济政策的中心概念得到普遍地接受后,以及沿着菲利普斯曲线的运动在技术上受经济管理者控制的想法得到公众广泛接受后,这种滞胀错误才能发生。即使那种认为这种错误的根源能很容易得到矫正,并且不会再出现的看法是真的(我相信它不是真的),深刻的变化已经在经济问题得到讨论的政治环境中发生了。

表明这种变化的两种早期征兆是阿瑟·拉弗有影响的"拉弗曲线"和阿瑟·奥肯关于通过对个体生产者实施一种税收和补贴的复杂制度而控制通货膨胀的建议。尽管上述这两种征兆可从多种理论得到支持，假定人们对“理论”这个词的使用是相当灵活的话，这些理论不遵循被广泛接受的那些理论框架，也没有经过支持者或反对者的严格分析，甚至在差不多去年前的学术文献上也都没有提到过。

这是滞胀的一种后遗症：不论是否得到科学上的证实，人们对曾经接受的指导相机抉择经济管理的框架已普遍失去了信心。不过既然对相机抉择政策的需要仍很强烈，我们就会看到对“短期”政策问题提出的新的“解决方法”也将激增，这些新的方法虽然得到特定结果的支持，但他们既没有理论也没有历史经验的基础。假设进行这种方式的经济咨询要付出代价的话，那么经济管理学家如果继续把他们的工作仅仅看成是日常性的管理任务，人们对未来是什么样的问题会存在真正的怀疑吗？

于是滞胀的经历在战后对话方式的性质方面带来了重要的变化，政策取向的经济学家利用这种变化试图提出他们的观点，并以此满足经济管理者的直接需要。最近专家和经济管理者在现代—传统问题的对话之外有了一系列重要的发展，其中最有影响的是限制财产税的加利福尼亚第 13 号提案的通过。其他州也在考虑采取类似的措施，并且通过宪法来影响联邦预算的类似尝试正在进行之中。

“改革税收”的主要动力是对税收一般水平和政府开支的不满，而不是对稳定性政策本质的不满，但从政治方面看，这两者又有明确和有益的联系。每一种政策显然都不可能在立法、经济管理者及其顾问讨论的细节上让大多数人发表观点，施加影响。相比之下，对这些技术的讨论加以限制，限定经济总量的水平和变动率显然是可能的。公众的观点一般很难左右相机抉择经济权的行使，但却具有限制其权力范围的巨大潜力。

至此，我已强调了相对于经济学界内部的、科学的发展而言在影响经济学家和非经济学家看待我们能够影响经济政策的可能性方面经济学界外部的发展。这种侧重点的选择反映了公众的观点(曾被称为“政治可行性”)在影响专业人员对弗里德曼“框架”的反应上比科学的考虑更重要，而且这种情况极普遍(这个看法并不令人悲哀：就把经济学从现代一般的社会思潮中分离出来而言没有什么可说的，但试图这样做的结果趋于导致在指导理论工作时对于空洞的美学标准的依赖)。

尽管如此，基于理性预期观点的研究在支持如弗里德曼要求我们的那样，将政策视为选择稳定、可预测的政策规则的问题上起了作用。其主要的论点表明是实证的(相对于规范的而言)：在对未来预期是有关紧要的情况下，作为预测当事人反应的经济学家，我们的能力依赖于我们对当事人自认为要在其中进行操作的随机环境的了解。实际上，这限制了政策的种类，在由固定的、得到充分了解并且相对长久的规则(或者将所采取的政策行为与经济状态相联系的功能)所产生的政策之前，我们就可望评估这些政策种类的结果。

我已在其他文章中建立了构成这个要点基础的推理(卢卡斯，1975 年)(的确，它产生于几乎独立于人们对于预期形成观点的有关政策评估的现代控制论观点)。给我留下的印象是，在一般层次上它是如此毫无争议，而在某些人认为是“实践”的层次上它却如此继续被广泛忽视。人们提不出比促成这次会议更好的会议来描述这一点:“宏观经济政策,1974/75 年:本应做些什么?”这个问题预先假定两种情况的一种。第一种是:1974/75 年的居民户和公司可由一系列固定的决策规则来描述,因此给定任意假设的 1974/75 年政策选择,人们只要从这些固定的曲线中了解私人部门的反应就可以决定整体经济的反应。使上面问题有意义的第二种情况是:想象公司和居民户试图解决不只包括当前政策行为,而且也包括期望的或未来的政策行为的最大化问题。在这种情况下,评估 1974/75 年政策的经济学家需要了解对未来的预期是什么,以及 1974/75 年采取的政策行动将怎样影响这些预期。

有人认真地讨论过上述两种情况事实上普遍存在的问题吗?如果讨论过,是基于什么样的科学基础?如果没有讨论过,那么我们又为什么要讨论这个假定真实的问题呢?

这对我来说似乎是目前最具有基本意义的,这种意义在于强化了弗里德曼在其 1948 年的文章中所支持的有关政策的这种观点强调这样的事实,以科学的方式运用经济学进行政策分析必定包括对各种稳定和预测性政策规则的选择,这些规则不常变化并且只有在广泛的专业性和一般性的讨论后,才可能减少相机抉择经济管理的作用(当然不会全部消除)。

我的观点是:虽然在注重选择性政策规则方面的一致是向着恢复总政策讨论中的某种程度的理性迈进,但接下来没有必要让由弗里德曼提出的特定规则来控制其他规则。一方面,一些研究者已经给出了这样一些特例:如 4%的货币增长规则不由受经济状况影响的货币政策控制(萨金特和华莱士,1975 年,巴罗,1976 年,卢卡斯,1972 年)。而且,萨金特(1976 年)已向人们表明可以找到能充分解释战后美国时间序列的这类模型。另一方面，约翰·泰勒(1979年)逐渐给出了一个经验中实施的例证，在此例中，受体制状况影响的货币政策支配着(在特定的意义上)一个不变的货币增长规则，尽管在本文中已证明后者控制着实际的战后政策。这一点看起来很清楚，即对一系列政策规则的选择将必然依赖于对包含经济周期根源以及经济周期动态学的性质这类实质性难题进行的回答。虽然似乎有充分的理由期望理性预期的原则将证明在解决这些问题时是一个强有力的工具，然而显然理性预期本身也不足以描述理想的反周期政策的本质。

4 有关弗里德曼方案的情况

我这篇文章开始对米尔顿·弗里德曼著名的稳定政策方案的一种不同形式进行了简要的总结，然后就社会学的本质方面作了一些推测：为什么过去这个方案的专业讨论是如此令人不满；而且还找到了某种理由认为讨论的内容现在可能正转向弗里德曼1948年在他论文里预先假设的东西。然而，我难以对这个方案做不负责任的支持，如果采纳了这个方案，我就不可能留有余地，对它进行辩论或对它可能的结果进行评估。

在某种程度上我已经忘记，直到最近我重读弗里德曼文章才想起，在某种程度上这种缺乏清晰的辩护和评估也是弗里德曼"框架"的特征。弗里德曼在概括他的策略时说，"我有意对长期目标予以主要的考虑。这就是：我试图设计适合于某个社会的框架，在这个社会中，周期运动本身，而不是由'糟糕'的货币和财政安排引入的周期运动是无关紧要的。接着，我又检验了所获得的建议来了解它在周期波动中是如何起作用的。结果它表现得出奇地好。……”(弗里德曼 1948 年[1953 年，第 133 页]；表示强调的黑体字是我加的)。好到什么程度呢？“这个建议在把周期波动减少到能够容忍的程度时可能不会成功……。我看不出来现在怎么能知道是否是这种情况”(弗里德曼 1948 年[1953 年，第 156 页])。

该策略当时是要设计一个可行的稳定政策，它不以任何方式依赖于经济周期动态学的详尽知识。这个方案将(我认为在这点上没有太大的专业上的反对意见)对避免经济中出现持续性的通货膨胀有着全面的保护作用；同时此方案还将全面确保避免货币体制出现崩溃的情况，而这是导致 20 世纪 30 年代早期大萧条的一个相当重要的因素。该方案同时可望能完全消除作为独立的不稳定根源的变化无常的货币和财政震动。通过与对全面描述经济周期动态学的虚拟经济采取最理想的控制而加以实施的要求相比，上述宣称当然是对这个方案合理的要求；然而同过去以及不久前的实际业绩相比较时，这些要求显然就是乞求了。

在我看来，除了那些可被称作否定的方面外，近来的研究几乎没有对弗里德曼所提的建议有所支持。弗里德曼的建议主要建立在人们对经济周期本质无知的假设上。我们中的许多人曾把 20 世纪 50、60 年代出现在经济动态学的方法论上的进展混同于上述无知的大量减少，因而最终混同于复杂的、有作用的反周期波动政策日益增强的可行性。我相信我已经搞清楚了，一系列充分建立在对总政策形成方面有用的理论及事实根据基础之上的经济提案，现在已不如 1948 年那时有效了。这种状况令人沮丧，不过我认为这也是可以改进的;但同时我们应感到欣慰的是,面对我们的无知,我们仍然可以做得“相当地好”。

5 过渡的问题

从参与经济管理者的角度看,那种认为应当由一系列固定规则支配的政策的立场其最佳的作用看来不过是对问题给予部分的回答:现在该做些什么呢?对于参与过1974年货币政策制定的人来讲,主张货币供给的增长在前25年里“应当”保持在4%的比率并没有太多的好处;而且即使朝着固定规则的政策方向发展是人们希望的,也可以通过无数种方法进行,也许会有不同的结果。另外建立在长期平均业绩上的标准,对于如何选择这些不同的规则也没有提供任何帮助。那么对我们现在所面临的政策决策,规则主张者们得提供什么样的建议呢?

这个问题确实有实际的和重大的意义,但就我而言,这个意义完全不存在。这个问题就像是虚假的国王一样,在解决经济咨询者实际面对的决策问题时与现实世界没有联系。在目前相机抉择的经济管理体系中,就有关主要的总决策变量方面的问题,没有人,也没有一个小的团体有权决定现在做什么,以及接下来该做什么。管理者中没有人出于对经济产生重要影响,使之朝着固定的、不起反应作用的政策规则的政体方向发展这样的地位。他们只是简单地对当前存在的困难时好时坏地起些作用,在其中他们影响政策的能力五年后并不比五年前更强。

提出“今天要做什么?”这个问题,仿佛该问题在某种程度上是对经济能力严峻考验的经济学家是受文化束缚的(或受制度束缚的),在一定程度上他们还没有意识到这一点。他们把下列完全未加以证明的假设视为给定而加以接受:该假设是,"就业法"要求的微调行动是理想的和可行的。从这一观点上批评弗里德曼1948年的建议,他们绝对漏掉了要点。因为弗里德曼的提议不是使"就业法""执行"的秘方,而是对"就业法"不能生效的预测和对一组备择性政策安排的概括。

如果某人的确试图以政治上严肃的方式来考虑能导致固定规则的政体的可能性方案,他就成为给中央银行经济管理系统行政人员之外的行动者分配重要任务的人。一个令人鼓舞的例子是国会两院通过的133号决议案。此决议案要求联邦储备委员会预先声明货币的增长目标,并且解释以后的偏差。人们可以想象这个决议案强化了对货币增长率依法约束的限度。第二个例子从政治的角度讲不够深刻:即宪法对联邦预算赤字的限制运动。[①]

像这种情况,现有的经济管理者将不以任何正式合法的方式制订过渡方案,尽管他们肯定可能帮助减少分裂。但是立宪和宪法固有的渐进主义将意味着在政府和私人部门方面,要提前发出充分的警告并预先进行大量的调整,这样朝着固定规则方向的实际发展才肯定会实现。显然,分析的明快、简洁不是这种过渡的美德之一,但我认为至少按照过去10年不当的标准也没有理由预期大的经济争端将成为不可避免的或甚至是可能的结果。

---

① 对这一效应所建议的修正,以及经济和政治上的分析,见布坎南和瓦格纳,1977年。

6 结束语

作为提供咨询的职业,我们正在超出自己的能力范围。1946年的"就业法"对经济学家指导有广泛权力的行政当局的能力作出很高的要求。在战后初期的那些年,甚至整个60年代,似乎凯恩斯的工资决定论提供的框架能被灵活地运用就可达到这些要求。由于我们已丧失了运用一般货币和财政政策执行"就业法"目标的信心,因此专业人士和非专业人士业已转向对单个市场大量综合性的或有选择性的干预上。甚至要以任何可算作科学的方法评估这些政策可能的影响,也完全超出了我们目前学科的能力范围。

解决上述情况的一种方法是努力解决已扩大了范围的管理问题。人们为此而努力,并希望足够大的戏剧性进展,以便恢复我们认为在60年代就有的精英控制。假如正像我所相信的那样,这要求对根本的或基本的本质进行科学的改进,那么这种努力就不可能成功。要想成功,基础研究对要提出的问题和能够产生的结果在某种程度上要进行控制。虽然这是实际需求刺激的,可在实际的管理任务中,管理者几乎没有、甚至根本没有执行过。

一种备择的方法,对我们的同行来说是努力搞清楚现有专业知识有望成功回答的那些问题,把政策建议建立在充分了解以及凭经验证实的货币经济学的主张上,尽管这些主张令人失望地少,并且还要尽可能地搞清楚货币和财政的主要任务是为经济的私人部门提供一个稳定的,可预测的环境。

参考文献

Bailey, S. K., 1950. *Congress Makes a Law*. New York: Columbia University Press.

Barro, R. J., 1976. "Rational Expectations and the Role of Monetary Policy." *Journal of Monetary Economics* 2:1 - 32.

Buchanan, J. M., and Wagner, R. E. 1977. *Democracy in Deficit*. New York: Academic Press.

Friedman, M. 1948. "A Monetary and Fiscal Framework for Economic Stability," *American Economic Review* 38: 245 - 264. Reprinted in *Essays in Positive Economics*. Chicago: University of Chicago Press, 1953.

Friedman, M. 1959. *A Program for Monetary Stability*. New York: Fordham University Press.

Lucas, R. E., Jr. 1972. "Expectations and the Neutrality of Money." *Journal of Economic Theory* 4:103 - 124.

Lucas, R. E., Jr. 1975. "Econometric Policy Evaluation: A Critique." In *The Phillips Curve and Labor Markets*, edited by K. Brunner and A. H. Meltzer, pp. 19 - 46. Carnegie-Rochester Conference Series No. 1. New York: North-Holland.

Lucas, R. E., Jr., and Sargent, T. J. 1987. "After Keynesian Macroeconomics." In *After the Phillips Curve: Persistence of High Inflation and High Unemployment*, pp. 49 - 72. Conference Series No. 19. Boston: Federal Reserve Bank of Boston.

Sargent, T. J. 1976. "A Classical Macroeconomic Model for the United States." *Journal of Political Economy* 84:207 - 254.

Sargent, T. J., and Wallace, N. 1975. "'Rational' Expectations, the Optimal Monetary Instrument, and the Optimal Money Supply Rule." *Journal of Political Economy* 83:241 - 254.

Taylor, J. B. 1979. "Estimation and Control of a Macroeconomic Model with Rational Expectations." Econometrica, forthcoming.

Weintraub, R. E. 1978. "Congressional Supervision of Monetary Policy." *Journal of Monetary Economics* 4:341 - 362.

评保罗·麦克拉肯等人的《迈向充分就业与价格稳定》

一个独立的专家组向 OECD 提交的报告，
OECD,1977 年 6 月*

《迈向充分就业与价格稳定》是提交经济合作与发展组织(OECD)的一份报告,该报告是由 P.麦克拉肯为主席的八位经济学家组成的委员会撰写的。委员会曾开过九次会,OECD 的秘书处也做了大量工作。这份报告包含了有关 OECD 1965 年以来经济状况的详细说明,它可作为经合组织国家下一个 10 年一系列经济政策建议或指南的背景材料。

这份 OECD 报告的结构使得读者将其视为从专业与科学的观念到“政策制定者”的转换。报告以一个自成体系的、长达 33 页的概要开始,对大多数读者来讲可能也就看到此为止。概要的每一段顺序来自概要之后共 207 页的各段文章,显然是要给人一种后者为前者的结论提供了理论分析基础的印象。接下来是 9 页的不同意见,它是由八位作者中的三位完成的。最后是 75 页的注

---

* 经允许重印自《就业、价格与汇率政策》,卡内基公共政策研究序列第 11 卷,卡尔·布伦纳与阿伦·梅尔策,阿姆斯特丹,北荷兰出版公司,1976 年,第 161—168 页。

释，主要是对专门文献的注释。报告给人的总体感觉是它已从大量的科学、技术研究中提炼出精华，这使得那些不能掌握推理所必须的复杂技巧的读者至少也能知其结论，并可依此付诸行动。

该研究中所体现的政策目标是非常规范的，尽管它存在一些含混的地方，如“恢复合理的经济增长率”（第 17 页）；“总体上降低[5 年]经济复苏阶段的平均失业率”（第 18 页），同时避免“带来高通货膨胀的政策”（第 18 页）。从该研究而产生的政策目标是如何实现这点呢？“保持在正确的复苏轨道上”（第 18 页）“需要一种相对活跃的需求管理政策”（第 19 页）。这项政策包含“公开的货币流通总量增长目标”（第 18 页），“与旨在避免中期通货刺激预算方案相应的财政政策”（第 18 页）及“价格和收入政策”（第 18 页）。很可能这些手段并不足以使我们保持在正确的复苏轨道上，在此种情况下，也许不存在其中包括更具体干预措施的备选政策，诸如“影响商业投资、建筑、存货、消费等多种需求的拟选择性行动”（第 23 页），“公共部门追加的就业”（第 23 页），“为弥补雇用新雇员成本的临时补贴”（第 29 页），“采取强有力的步骤推进部门调整”（第 29 页）或“更严格的能源政策”（第 30 页）。作者同时“同意有必要建立谷物的安全贮备”（第 30 页）。“汇率政策也会发挥重要作用”（第 18 页）。这可用来取得“理想的柔性和黏性的混合”（第 32 页）；尽管作者“反对回到刻板的固定汇率”（第 31 页），但“只有时间才能告诉我们究竟多大程度上统一管理是必要的”（第 32 页）。

不幸的是并不存在一个“简单方案”（第 32 页）去帮助那些企图驾驭成百上千个隐含在这些建议中之控制变量的政府。“各种

政策的恰当组合因国家而异”(第 18 页),“政策实施要谨慎”(第 19 页),应该“追求一种实用的,灵活多变的方式”(第 20 页);因为时机很重要,所以“政府应当有做快速行动的准备”(第 19 页)。人们毫不奇怪“决策者”总是“为了自私的目的而彼此通气”(第 30 页),奇怪的是他们哪儿来的时间。

报告的一个很怪异的、没有在这些引文中反映出来的特征表现为建议是用一种悲观无奈的口吻来表述的,这点在概要中并未流露出来。“市场”这个词被频繁使用,仿佛作者对自由市场怀有极大的热情或怀恋,但这点并未直说。这表明他们已意识到“更多地介入价格和收入的确定过程”(第 27 页)会带来“诸多困难和危险”(第 19 页)。哎,“也许别无选择”。他们认为“必须完全运用市场机制”(第 30 页)(同时“强有力的政策是所必需的”[!])。他们偏爱以“政府不懈的努力”促进“市场的良性运作”(第 28 页)。“这要求在一些方面要去除障碍让市场更多地发挥作用,在其他一些方面借助政府行动弥补市场作用”(第 28 页)。“资本市场总是具有创新和竞争性”但“必须有一定的规则对借贷双方进行保护”(第 29 页)。显然,“良好的市场运作”也是“通过一种实用灵活的方式来实现的”。

我知道断章取义地引用有其局限性,但我又找不到其他方式来说明报告中随意使用的折衷主义手段。报告针对一系列有很大争议并被称为所谓“政策问题”的事件提出了含糊和毫无根据的看法,把所有这些事件视为需要政府同等对待并符合经济学道理的。报告在每个选出来的问题和建议的政策立场后面均没有一个一贯的经济学原理。

作为一名经济学家,我感到很不安。但这种不安并非源于我会认为报告将使经合组织国家的经济政策变糟。恰恰相反,由于报告的空洞根本谈不上什么国家会或什么国家不会按其行事。令人担心的是报告为我们及大众所展示的经济学是一个局限于写些模棱两可的句子,间或插入一些财政及中央银行官员话的经济学,是一种装作实用主义的机会主义。

对此如何解释?这对我来说是一个难题,因为委员会中除主席之外还包括了一些优秀的经济学家。事实上委员会中吉尔施和科米亚教授二人就曾私下对报告的含糊不清表示过不满。在寻找答案的过程中我发现有必要重新审视早期向普通人灌输凯恩斯宏观经济政策的做法:沃特·赫勒 1966 年的戈德金讲稿以《政治经济学中的新范围》的书名出版。

赫勒所写出于一典,其与 OECD 报告有极大的差别。把其中任何一段插入报告的话都会有印成红字那么突出的感觉。他的讲稿对于使非经济学家所考虑的经济政策发生根本性变化的经济思想的影响力传播了一种不良的观念。此外,赫勒对他所援之典讲的很明确:他的讲稿,如他本人所言,是建立在凯恩斯宏观经济理论的"基石"之上。由于凯恩斯的理论被广泛接受,赫勒写到"经济学家引入经济学之诸手段日益有力而又可靠;对经济学分析的核心不断认同;操作实践已很好地完成了,不完成是不可能的"(第 14 页)。OECD 报告中第一部分的标题是:"何处出错了?",这很不幸,但却准确反映了此后 10 年的状况。

出错的地方简单地说就是凯恩斯经济理论的失败。只有在你读了解释这种失败的 OECD 报告后,才能明白它不足的原因,同时你还会知道其他对凯恩斯理论失败的解释。在开始这个主题之前，我想先澄清我声称的“凯恩斯宏观经济理论失败了”是什么意思。

通常认为修饰词“凯恩斯主义”用来指“与观察到的经济时间序列行为的一致”。除了简洁外，很难看到这种用法的优越性，但如果这确实为凯恩斯理论所指，我们并不能说它已经“失败”。同样凯恩斯的思想无疑在可以预见到的将来会以各种，甚至不可知的方式不断激发起更多的经济理论家，这么多人当中将会有许多自称为是“凯恩斯主义者”。预见到这种发展，你并不能武断地说他们失败了。我在此所用的“凯恩斯主义”非常狭义，指我们大家都明白，赫勒所讨论的和应用的乘数计算，以及其所基于但并未说明的理论。这种理论对使计算有准确结果的事件的范围提供指导。

简言之，这种想法始于确定来年失业率目标（在美国，失业率为 4%），并且利用奥肯定理发现与这一目标相一致的实际的国民生产总值水平。标准乘数和对个人消费行为的短期预测可对能达到目标的财政政策有一个估计。如今很可能会把这些仅作为“简便的公式”，但实际上，把他们说成是有意义的和可操作的却更为贴切。它们比“正确的复苏路线”这样的概念优越在于提供了定量指向，并且当请两个经济学家探究其细节时，它们具有能得出同样结论的特征。

在运用这些公式时，需要弄清几个重要的条件。首先，特定财政政策的刺激和抑制作用可能会被利率的变化所抵消。一个稳定利率的货币政策需要有相应的财政政策出台，在不清楚其他对利率有影响的因素前，财政政策可以先不必太具体。其次，应当清楚，假如促成这些计算的失业率目标太低的话，刺激会导致通货膨胀，从而导致或者甚至不会导致实际产出的反应。所有这些在赫勒的书中，当然还有其他许多地方，都有更为详细的讨论。

我只想狭义地使用“凯恩斯主义理论”这个词，局限于有助政策建议出台的那些量化公式。这样能更清楚我所说失败的含义。凯恩斯理论的失败在于它给出的定量结果是错误的。它的主要前提是货币政策可以稳定利率，而且在高失业率情况下可以不必考虑通货膨胀。但这个前提与实际情况相去甚远。实际情况是，明显地建立在此基础上的乘数作用毫无意义。我想这个结论并不会引起特别的争议，当然它也算不上什么特别的创见。但我们还是需要强调它，因为对我们这些宏观经济学家来讲，不把我所希望的可操作理论与已有的理论混淆是既重要而又困难的事。在1966年在许多人看来我们已经有了一种能精确定量地将财政政策与经济运行相联系的理论了，并且可以放心地应用到决策中去。而到了1977年我们知道我们什么理论也没有。

然而在读OECD的报告时，没有受过训练的读者可能会得到完全相反的印象。尽管沃特·赫勒宣称只需要有一个能对充分就业的财政政策有粗略指导意义的理论，但OECD的作者们却似乎找到了一个更为有效的理论。它不仅能解决充分就业与价格稳定的问题，而且还能解决诸如能源、农业存货、汇率、证券管理等一系列他们认为相互有关的“问题”。作为60年代经济行动主义基础的该模型的失败是如何引起宏观经济学家对如此广泛的问题发表意见的呢？我想答案需要对凯恩斯行动主义的“保守”作用有一个认识。

不论公众认可广泛的政府经济干预或所谓"行动主义"具有的思想基础是什么，显然它们先于我在上文所描述的那种意义的凯恩斯主义经济学的出现。凯恩斯主义理论的任务是使这一行动主义合理化。我所说的合理化不是牵强的意义，而是"带来秩序"或"带来合理控制"的意思。在美国实用凯恩斯主义教义的政敌们，60 年代并不赞同固定的货币增长法则和自由放任；他们是关心"自动化"的"结构主义者"，他们带着一系列对特殊产品和劳动力市场的干预计划加入了论战。凯恩斯主义理论原本并非是为行动主义者提供政策，而只是对各种不相干和无效果的干预提供一种选择。赫勒期待着有一天"假如我们能设法恰当地解决使经济沿着没有通货膨胀的路线发展的宏观经济问题，那么总统和普通老百姓也就只有学有关微观经济学的份了。"(第 49 页)

要是我们没有把这个问题解决好呢？赫勒没有讲，但 OECD 的报告中明确无误地讲了：那样我们将只能推迟学习微观经济学，接受总统及大众对我们提出的问题，同时尽量劝慰他们，使他们相信他们对我们的信任没有错。OECD 报告并不是对凯恩斯主义理论中可操作的"简易公式"的一个扩展与改进，而是向着凯恩斯主义理论所默许的、无原则的、短期内会带来一定社会效应的行动主义的回归。

OECD 的报告对那些认为凯恩斯主义遇到挫折时会一定程度上影响到"货币主义"的经济学家是一个好教材。的确，报告中一些最为怪异的特征就来源于作者试图接受最近货币主义者的批评，并用来作为对新的更为复杂的行动主义的支持。报告中充斥着货币主义者的夸张言词，许多“预期”的引文，并坚持(不可思议地，给定其“忠告”)反对“微调政策”以期使政府政策更具预见性。这种想法似乎表明可以在一定程度上将凯恩斯主义者和货币主义者的观点归纳到一个新的框架内，在这个框架中可以同海勒所做的一样可操作。然而事实是并没有人完成这样的综合。这个事实表明“政府应该、也能够帮助发展健康合理的预期”(第19页)。现代行动主义的需求管理人员所处的情形恰如一个在伊利诺斯州迷路但却只有宾夕法尼亚州地图的车手一样，说“我们必须调整我们的地图以适合伊利诺斯州”是无益的。这种观点是迷人的、乐观的和“富有建设性”的，但却毫无意义。

我认为这种尝试产生协调政策方案的失败并不反映麦克拉肯委员会的分析能力，而是反映问题本身就难以把握。科米亚教授对此(还有许多其他方面)明确评论到：“一个不确定性世界的动态最优化需要对运行轨迹做不断的调整，如同火箭和卫星一样”(第250、251页)。“例如，像‘谨慎地摸着石头过河这样的普遍情形是颇具吸引力的’这样的话对我来讲是无法接受的。我确信，由于考虑到最近的发展在一定程度上与原先设想的有所不同，中期目标的不断修改是极端重要的”(第251页)。

由“公布的货币供应增长目标”(第20页)所得到的可预测性从货币主义的观点看是合意的，但从凯恩斯主义者的观点来看既不重要也不合意。但从现代凯恩斯主义的观点来看，失业率指标，利率，通货膨胀率可以通过对新震动不断调整政策的手段来维持(因此是可以预见的)。当然这意味着政策本身将是不可预见的。但这又有何妨呢？科米亚评述的明晰源于这样的事实：他是在一个内在一致的(凯恩斯主义的)理论框架中进行讨论的,并且主动接受由此理论框架产生的政策含义。

按货币主义者的观点,价格稳定和可预测性是重要的,而且这点在适当的和可预测的货币增长规则下是差不多可实现的。按这种观点,失业率和利率是不可预测的,除非花很大的代价,这已被当作经济生活中的一个事实了。当今世界上这两种观点彼此不相容,因此导致对政策相当不同的政策建议。麦克拉肯委员会曾试图制定一个方案,这个方案中包含若干按凯恩斯主义的观点看,是可实现的和有意义的目标,并主张通过凯恩斯主义的政策来实现它们。委员会也制定了其他一些货币主义者声称知道如何实现的方案,并主张用货币主义的政策来完成。我想这种希望不过是用来安慰大家,但不可避免地使报告充满了自相矛盾,尽管这点部分为其含糊的言词所掩盖。

可以肯定未来 10 年在 OECD 的国家,经济政策会涉及一系列对特殊部门和产业的干预。肯定具体的干预会表现为一些特定形式(对于社会学家,这一切只是一个信条)。可以断言这种特定形式是使这些政策相协调的经济理论的可能性为零。在这种情况下,麦克拉肯委员会试图造成一种经济顾问从技术上讲控制着并以一种灵活和实用的态度指引着发展的印象,这些经济顾问得到全行业技术研究成果的支持。

然而把这些政治的发展当作受到专家意见的支持是否是为了经济学本身的利益呢?如本文所强调的,得出否定答案的主要原因是相当清楚的:它不正确。还有另外一个理由,那就是它太具“实用性了”。有充分的理由相信在下一个 10 年,由于没有经济学原理指导,经济政策将带来严重的后果。既然指责一系列政策没有源于经济理论,要经济理论能有什么益处呢?

参考文献

McCracken, P. et al. (1977). *Towards full employment and price stability: a report to the OECD by a group of independent experts*. Paris: Organization for Economic Cooperation and Development.

Heller, W. (1966). *New dimensions in political economy* (Godkin Lectures). Cambridge: Harvard University Press.

经济周期理论中的方法与问题*

1 引言

理论经济学的主要作用之一是提供明确的人工经济体系，这个体系可作为政策检验的场所，并且所付代价甚微，而同样的政策检验若在实际经济中由于代价巨大而不可能进行。为更好地发挥理论经济学的这种功用，有必要在论述中尽可能地区分人工“模型”经济与实际经济的差别。由于我们在表述客观经济对特定政策反应方式的看法和说明模型如何反应的可核实事实上存在含混，理论将不被用于帮助我们甄别对客观经济行为的看法正确与否。这正是保持一个经济模型的“实在性”却破坏了它对现实潜在的实用性的含义。任何对我们提出的问题能给出足够明确答复的模型都一定是人工的、抽象的并且是“虚构的”。

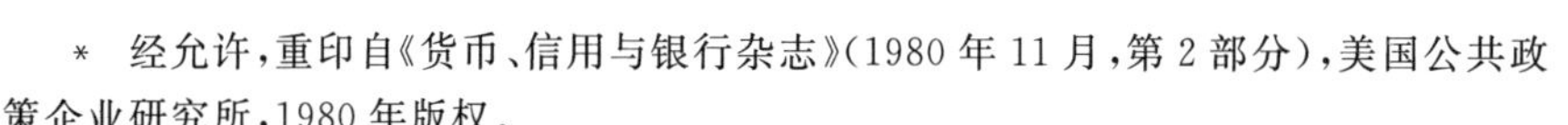

* 经允许，重印自《货币、信用与银行杂志》(1980 年 11 月，第 2 部分)，美国公共政策企业研究所，1980 年版权。

该文是为美国企业所于 1980 年 2 月 1 日在华盛顿特区召开的关于理性预期研讨会而准备的论文。文中许多观点受唐·帕廷金 1979 年冬在芝加哥大学开设的“货币思想史”课程的启发而形成。阿伦·德拉泽恩，舍温·罗森与纳什·赛地对初稿提出了非常有益的批评。本文的另一版本以“经济政策与经济周期”的题目于 1980 年 5 月 8 日在俄亥俄州立大学举办的“货币、信用与银行”讲座上宣读。

同时,并非所有表述清晰的模型都一样有用。尽管我们因相信模型会有助于我们理解目前尚不知晓的事情而偏爱各种模型,但是在我们知道客观经济或其中的某些部分对外界刺激的反应时,我们需要通过刺激来检验模型是对现实的有效模拟。模型越能在更多的方面模拟客观经济对简单问题的回答,我们就越相信模型对困难问题所作出的回答,这正是模型中较多的"实在性"优于较少的"实在性"的意义所在。

基于这种对经济理论性质的一般看法,因"理论"并不只是对客观经济行为的一系列断言,而是对构筑平行或类似的系统,即机械的和模拟的经济系统的一些明确的指南。按这种观点,一个"好的"模型并不会比一个较差的模型更"真实",而只是更逼真。当然,所谓"更逼真"有赖于人们希冀得到答复的特定问题。①

在本文我们打算以上面提及的观点就经济周期理论的一些最新发展进行评述。以这种观点,人们可能会认为这些发展来自于两种货币经济学或经济周期分支学科以外的作用。我认为在这个领域和一般的经济学中,这些作用中的最主要的部分包含了能增强我们构造类比经济能力的纯粹技术发展。这里我要包括两个方面的改进:数学方法和计算能力方面。对这股改变我们思维的势力之信条的传统历史的忽视是一个严重的遗漏,它造成了通常具有的、但是错误的观念,这就是一切都在以前说过或者"一切都包括在马歇尔的理论中了"。马歇尔的世界和我们的世界是十分相

① 我不知道这种将理论视为物理学的类似物这种观点的背景,我也不清楚有多少经济学家持这一观点。我简要论述的直接起源见[43]。

像的，马歇尔对他的世界来说是一个很敏锐的观察家；但他对我们的经济作出一般性的观察是很难的，因为我们的经济在马歇尔对他的世界的某些观察中没有相近的先例。然而我们构建类似经济的能力更强，这样我们有能力详细研究那种马歇尔只能进行推测的市场相互作用。

理论发展的第二个来源是：我们要求用模型来回答问题的改变，或者是我们希望了解或解释现象的改变。对于记者来说，每年都带来前所未有的新气象，需要前所未有的新理论（这里“理论”就代表着对新气象以及它们是新的这种断言的描述）。既然这个理论有明确的意义，而且在这个意义上，这个观点带有某些真实性，我就不试图反驳它了。我在其他地方[23]已主张过，在研究经济周期时，采取完全相反的观点，或者采取我们能够达到的最相反的观点，是我们的兴趣所在。而且下面我们还将保持这种态度。然而经济大萧条对经济周期都是相似的这种观点不折不扣的运用还存在着难以克服的障碍。

当然，在我们理解经济周期时还有第三个发展来源：经济学家的活动被限定在专业领域里。由我们的同事发现的技术创新和由真实世界抛给我们的难题，在这两者之间建立联系绝非易事。我并不希望降低这些努力的重要性，然而我确实认为从子学科内在本质角度看，业余和专业的历史学家在试图了解货币经济学的发展上已走得太远，其实对其他方向的倾注反而可能是有用的。

下一节，我将以上文表明的观点来评论就我看来什么是凯恩斯革命的主要特征。我知道，有一种情绪在增长，即对这个框架的喋喋不休变得使人厌烦，而且已成为老一套了。从这个时代起，虽然理论构建似乎是能被解释的事实，可是理论构建的发展继续是宏观经济学中标准的争论方式，这表明仍然深埋着的骨架还存在。文章的其余部分将试图诊断最近的发展，甚至可能对将来也进行一些推断。

2 凯恩斯的周期理论

经济周期理论（有别于货币经济学）主要是20世纪的产物。19世纪主要的经济学家就大部分而言，为了把注意力集中在其他问题上，而将短期波动置于一边。一般的基本观念（人们可以称之为"自然率假设"）肯定是人们无需理解波动就能够理解经济活动的平均水平和增长率。

威斯利·米切尔在本世纪初承担了一项任务：即精确地界定出19世纪富有成果的策略曾忽视了经济生活中的哪些方面。米切尔通过系统性地排除经济时间序列中那些似乎有可能被当时理论所解释的经济运动：即经济活动的总体水平和增长模式，以及那些看起来由单个市场所特有的供需条件所致的单个序列的波动，从而试图建立经济周期的经验性定义。这两种排除原则都不是没有含混之处的，因而米切尔的研究非常谨慎，以实验的方法，在尽可能获得的最广泛的时间序列资料上尝试了各种数据汇总技术。

由于两个原因，人们很容易忘掉米切尔在研究中发现并记录下来的经济周期规律的显著特征。一方面，我们对之已习以为常，以至于他们看起来并不像是富有想象和具有抽象方式地研究经济时间序列的成果，而只是每个人都知道的事实。另一方面，按照从

20 世纪 30 年代以来就被广泛采纳的观点看，这些规律并不是特别值得注意或富有启发性的。当然，主要的发现在于：一旦控制了持续期间的变动，则所有和平时期的经济周期都具有相似性，也就是说，每一周期都和其他周期一样，在各种变量中表现出协同运动的一致模式。

毫不奇怪，这些经验性发现（在理论上受到前面我所提到的原则的指导），被其他证据以及各种不太系统性的印象所证实，并激发了大量的研究工作。人们可以在经验的基础上，将一个所谓“典型的经济周期”分解为在本质上一致的若干阶段（如果不是从持续期间来看的话），这一观点意味着：许多已被观察到的经济波动也许可以抽象地或“简单”地用（全部）经济周期的单一理论阐述加以解释。这便是戈特弗里德·哈伯勒在他的《繁荣与萧条》[11]一书中的主导原则。我认为，本书中讨论的如此繁多的理论均符合这一严密的逻辑形式，这便是有关单一或典型的经济周期理论中抽象化力量的一个最有力的例证。

对我的其中两个意图有用的另外一个前凯恩斯主义经济周期理论的例子（在这里请恕我冒昧地滥用语言）是约翰·梅纳德·凯恩斯的《货币论》[16]。将这本著作与《通论》[17]相比较，既有助于阐明我们在创建明晰的理论时，技术能力的限制是如何妨碍了我们对现象进行有效思考的能力，而且也有助于揭示货币经济学的思想在何种程度上受到外部或“真实世界”冲击的约束。

《货币论》有时被人们描述为（甚至凯恩斯自己也这样认为①）

① 见《通论》序言，第 6—7 页。

对《通论》中所阐述思想的一种开创性的粗陋探索。我认为这一观点在心理学上确实有某些正确性，然而过分强调《货币论》的这一方面将使人们狭隘地认为这本书是 1929 年大危机之前的经济周期理论的一个很简单的代表。这本书的主要目的，在于试图弄清经济活动中的长期波动趋势，在这一趋势中，真实变量由新古典价值理论所决定，而名义价格根据货币数量论来确定。我想，凯恩斯确信，试图用货币流通速度的波动来讨论波动本身将是徒劳无功的，而应当强调各周期之间支出构成的变动。于是，他证明这一观点可以与长期变动的数量理论观点相协调。

在他的基本方程式中所包含的会计体系，或传统符号集，便是为便利上述两种观点的协调所设计的，而且对这一函数很适用。然而，除此之外，凯恩斯那套就不灵了。他提出一个恒等式并加以讨论；然后他将其中一项从等式左边移到右边，并对这一运算的结果加以讨论；他以前面所定义的变量再定义一个新变量，再次加以讨论；然后他对以新变量表示的恒等式再进行分析；如此循环下去。当然代数本身是琐碎的，然而问题是其基本思想并非如此，相反，这本书以一种聪明的方式研究了经济周期所导致的基本问题。困难在于凯恩斯并没有条件解决这些问题。虽然他与同时代的经济学家一样，从字面上很好地讨论了这些问题，但无论是他还是其他人，都没能够具备足够的技术能力，从而将这一讨论提高到更为深刻、更富有成果的水平之上。

大危机的爆发并没有增进凯恩斯对于经济周期理论技术上的理解。即把这场大危机看作是无数次繁荣与萧条中复现的一个环节。相反，他将这些问题重新表述为用以说明某一特定时点的产出与就业水平；而不是说明在时间序列中不断重复出现的一个特定模式。在这样重新表述之后，这些问题只需简单地抛弃以前的静态均衡理论的恒等式（劳动力供给曲线）便可进行富有成果的研究，而无需像在《货币论》中一样，采用相当艰难的方法，将这一静态理论用适当的短期动态理论加以补充。对于这一较简单的问题，只需在马歇尔的分析水平上便可取得进展，在这方面，凯恩斯是个大师①。

用这种方法来阅读《通论》，当然，我只不过是遵从了约翰·希克斯[14]的古典诠释（以及希克斯在早期将《通论》视为"萧条经济学"的观点），以及佛朗哥·莫迪利亚尼对"新古典综合理论"的开创性研究。显然，《通论》中还有许多令人感兴趣的内容，这无论是在希克斯的图解亦或莫迪利亚尼的恒等式体系中均未涉及，"凯恩斯主义经济学"后来主要是建立在早期的解释上，这一事实导致阿克塞尔·莱荣霍夫德（以及其他一些经济学家，甚至可能也包括希克斯和莫迪利亚尼）将其视为《通论》的庸俗化。在莱荣霍夫德的论文[18]中进行了有力论述的这一观点，尽管确实有些道理，但是，它却忽略了我认为更实质性的东西——这我已在导言中强调过了——那就是，经济思想的进步意味着越来越好的、抽象的、类比的经济模型，而不是对世界好的书面的描述。

在不确定的世界中，《通论》的确是关于指导人们行为试验的一个深刻和精辟评论的宝藏。虽然我不愿承担对此提供材料证明

① 见《通论》序言，第 8 页："困难并不在于新的观念，而在于逃离旧的观念"。但我知道，要使一个怀疑者确信这一点，比仅仅引用一段原文还要做更多的工作。

的任务，但是可能有些材料一方面对经济周期行为是至关重要的，另一方面，连米切尔也没预想过，或者甚至在一个世纪前的亨利·索顿在他的文章中也没有预想过。对经济周期进行钻研的几乎每一位经济学家都强调了利润预期和投资行为的中心作用。那些认为凯恩斯的风格与自己甚为相投的经济学家将继续研究他的论文，就像丹尼斯·罗伯逊研究刘易斯·卡洛尔一样。然而，经济学的不断积累与演进的天性将不仅局限于此！

我相信，从《通论》中提取一种简单鲜明的方法来思考国民收入的决定，并不是将《通论》对经济学的贡献庸俗化。对于庸俗经济学，更适当的定义是，它是对一种抽象(因而也是潜在的非常有用的)模型的批评或拙劣的模仿，因为它漏掉了其中的某些东西。

3　新古典综合

如果前面章节中的论述准确的话，那么，《通论》比《货币论》更为成功之处，并不仅仅在于凯恩斯在货币经济学领域内的理论进展，而在于 1929 年大危机的爆发使得凯恩斯能够将经济周期所提出的问题进行重新表述，这样他所掌握的理论方法就可以包容这一实质上的进步。值得庆幸的是，几乎与此同时，由于与当时经济事件不相关的原因，在统计学和经济学理论方面取得了技术上的进展，从而将“凯恩斯经济学”转化为另外一种与凯恩斯本人所预见的截然不同、且富有成效的经济理论。

这些进展之一，便是这样一种观点：即经济可以描述为一个随机分布的差分方程的体系，其中的参数变量可以从实际的时间序列中加以估计。这一观点可以参见丁伯根[47]或许还有斯拉茨基[44]的文章。事实上，我将“经济周期理论”称为“对经济的完全的、表达清楚的模拟”，也就是假定这些早期经济计量学家们的目标现在已成为共性。经济计量模型迅速发展，似乎越来越逼近对客观世界的精确的模拟，这其实不过是一个幻觉而已，这一点我在其他地方已经提到过[22]。萨金特和我[26]曾先后详细地论述过，在这些早期开创性的经济计量模型中，将不可能找到有用的、与客观经济相类似的系统。这些早期论文中所涉及的问题，在我看来，仍然是有关“我们希望能从经济周期理论中得到什么”这一问题的核心，但没有理由在此对这一问题再进行详细论述。

这些进展之二，和第一个一样，对其探根求源将向一位持客观态度学者的事业提出挑战。但在这里，我将采用一种主观的方法，认为这一发展与保罗·萨缪尔森的《经济分析基础》[36]有关并建议更为严谨的历史学家去认真研究该书中所列出的大量的参考书目。为此，我将效仿唐·帕廷金在他的《货币、利息与价格》[32]一书中的作法，也许这本书可以算是我所称的“新古典综合理论”的最精炼、最富影响力的一个版本。萨缪尔森首先提出了在数学上明确的一般均衡理论所需要的主要要素：假定价格为给定的参数，家庭与企业共同解决明显“静态的”最大化问题的这样一个人造体系。他假定这样一种均衡在数学意义上看来决不是虚无的，这一假定在以后更为宽泛的条件下被证实。这一均衡可被视为与帕累托最优资源配置相等的状态。

仿效萨缪尔森，我将这一理论看作是“静态”的，尽管在提出这一理论的经验例证方面，仍然模棱两可。当将一个系统视为处于

“静止状态”时，其基本思想看来来自物理学。在经济学中，我假定该种静态一般均衡符合这样一种预测：如果外部冲击在长期内固定不变，则一种经济将如何采取行动，以便家庭与企业将不断调整到面对相同的价格集合，并能相应地协调自己的行为。至于将这种“静止”的观点进行修正，以符合现实经济中缓慢而可预测的长期变动，这并不是一件困难的事，而且这种修正在以后的研究中被认为是理所当然的，就像人们在货币经济学文献中所看到的那样。

现在，经济所经历的循环往复的经济周期，显然并非是“静止的”，因此就理解现实经济活动而言，这一静态一般均衡理论并非是对现实的较好模拟，尽管从明确和完整的意义上来讲，这一理论仍是一个开创性的模型。为解决这一与现实之间存在的迥然差异，《经济分析基础》中也提出了解决办法（尽管这一办法在我看来是对完全不同的问题的一个答案①）。萨缪尔森提出了一个价格调整的动态模型，在这一模型中，每一市场中的价格变动率与所有市场的“超额需求”水平相关。无论这一价格动态模型（以及隐含的数量动态模型）的历史或基本目标是什么，这一理论向均衡体系引入了足够多的额外（相对于描述爱好与技术的需要而言）参数，这样，给定一个对体系的初始震动，将存在多种路径，使体系最终恢复均衡。

① 萨缪尔森的一致性原则提出，将他的稳定性理论作为确定哪些静态均衡点将被实际观察到以及哪些不能的标准：“读者曾经多少次看见过一枚鸡蛋能立起来？”显然，这里的意思是要确定哪些静态的鸡蛋均衡在经验上是有意义的，而不是提出一个在经验上是有用的滚动或摇晃鸡蛋的动态模型。确实，戈登和海茵茨[10]曾对萨缪尔森将非均衡价格动态学用于描述所观察到的价格路途的批评在[37]中得到了大力支持。

这一额外(相对于描述爱好与技术的需要而言)自由参数的引入,表明可以建立一个理论体系,这一体系的平稳点从新古典意义上讲是一个一般均衡,然而均衡一旦被打破,体系的运动将复制出经济计量模型中所描述的“凯恩斯式”行为。如何清楚地阐述其中的联系成为20世纪40年代到60年代中宏观经济学理论研究的主要工作。这一工作似乎对将“货币”和其他金融要素引入“真实的”一般均衡理论起到了促进作用,因而将纯理论体系向着应用经济计量理论的方向改进,同时也修正了经济计量模型中的结构性方程式,以澄清其理论基础。经济学的目标是将20世纪30年代和40年代由凯恩斯理论转化来的这两类理论“联合”起来,这一目标获得了广泛的认同。

要回顾因这种“联合”的尝试而发展出来的大量有用的经济学,这对于本篇论文来说将是一项过于雄心勃勃的工作,我只是想对于由新古典综合理论所支持的稳定性政策,发表一些一般性的评论。首先,由于新古典综合理论是向静态一般均衡体系引入附加的自由变量而形成的,这一理论所隐含的一般性模型将能包容经济周期行为的各种可能性。因此,它看起来是一个开放性的框架,几乎足以包含任一特定的政策观点,这一特性对于非教条主义者来说是很具有吸引力的。我怀疑这也许是为什么那些没有运用这一框架的经济学家,如米尔顿·弗里德曼受到这一理论的拥护者们不耐烦对待的一个原因。为什么他不能简单地确定哪种特定参数与他所认为的跟事实相拟合(假定其他人也这样认为)的情况相适应,然后这一问题便可交由经济计量学家们,从而获得一个确定的解呢?

第二，由于这一体系均衡的波动代表非均衡行为，则标准的福利命题将只能应用于体系的平均行为，而不能应用于平均行为的波动。这使得人们可以在评论稳定性政策时任意地运用其他标准：正如詹姆斯·托宾[50]所说，是“缺口”而不是“三角形”。一般的观点是运用政策工具保证体系的实际途径在某种意义上“接近于”其均衡途径。各种稳定性政策的支持者们因而得以从普通福利经济学家们所担负的重任——运用某一特定的“市场失灵”来“评判”政府的干预手段，并使干预的性质符合市场失灵的性质——下解脱出来。在新古典综合理论中，经济周期被定义为“市场失灵”，任何允诺将体系推向“充分就业均衡”的政策均被视为一种改进。

以上所述的新古典综合理论的一般观点受到了如此广泛的赞同，以至于其主要要素已成为描述“事实”时常用的简略表达方式。今天，当这一新古典综合理论的实际与潜在的成功性再一次成为人们谈论的话题时，这些主要要素不再是有助于问题的讨论，而是有碍于对问题的讨论。下面的两个例子将阐明我的观点。

第一个例子来自詹姆斯·托宾[50]。他在总结他所称之“《通论》的中心命题”时，是这样开始的：“在现代工业化资本主义社会中，价格和工资对于超额供给或需求的反应是缓慢的，尤其是对于超额供给反应缓慢。在较长的一个短期内，以产出表示的需求升降变动，远远不能被价格完全吸收”。接下来，他以 20 世纪 20 年代的英国经济以及美国 1929 年的大危机为例来论证这一命题。

在这里之所以提到托宾和他的这一复杂命题，我的观点是：如果我们试图以静态一般均衡（考虑长期趋势）以及萨缪尔森所描述的动态价格调整对20世纪20年代的英国经济进行解释,对30年代的美国经济和一般意义上的经济周期进行解释,那么我们必须先假定用“慢速”(比如,许多季度的半反应期)系数来描述价格和工资对超额供给的反应。以这种方式加以限定,则这一理论在我看来,是正确的。但如果这样,托宾的论述,相对于运用其他理论框架而言,并不能阐明运用新古典综合理论所提供的框架可以对经济周期提供令人满意的解释,而这正是托宾的论文所力图探讨的主题所在。

几乎是以同样的风格,佛朗哥·莫迪利亚尼[30]在描述托马斯·萨金特[38]所建立的有关美国经济计量模型的特性时,认为在这一模型中,就业率的下降只能以“对传染性懒惰的猛烈攻击”来解释。接着他说:“同样严厉的反对意见还指向弗里德曼的完全竞争的商品市场模型,以及他将劳动视为在拍卖市场上交易的同质商品,这样,在现行工资下,将永远不会存在企业的过度需求或出现工人的过度供给。”

正如托宾在其论文中[50]所阐述的一样,这里莫迪利亚尼从新古典综合理论的静态意义上来考虑竞争性均衡,这样,就业率下降的新均衡将必然源于不是自发的技术转换,就是由于人们爱好的变动(“懒惰的攻击”)所导致,而如果这样,劳动力市场不断出清的模型显然与所观察到的就业与失业的波动相矛盾。后来,他提到“人们对于这样一种观点的广泛赞同:即在美国,希克斯机制(也就是他对我所称之为新古典综合理论的一种过于朴素的称法)对于限制冲击的作用是非常有效的;而且,价格和工资对于超额供给和需求的反应即使不是全部,也将是大部分消除对于就业的影

响。”“诸如 MPS 的经济计量模型的模拟将支持这些推断。”

现在，在我所引述的文章中，莫迪利亚尼和托宾都明确地（以由来已久的反攻战术）为他们在研究经济周期所偏爱的框架辩护，从而反对“货币论”或“理性预期”等替代物。而他们两人都将其捍卫框架的正确性视为给定的，并将其作为批评替代物的出发点。萨金特的经济计量模型没能够复制出 MPS 模型模拟所得的结果，这一失败被认为是萨金特的模型没有“与事实相拟合”的例证。看来，这种水平的论战显然无法促进问题的进展。

4 重述与评价

现在尝试对以上章节中论及的文章进行一下总结，会是有帮助的。开始，我粗略地描绘了一种作为机械的、类比经济的经济理论观点（这里我所指的是一种旨在说明特定的已观察到及尚未观察到的行为理论）。从这一观点，我们得出这样一个结论：在一个特定的实质性领域的发展，例如对经济周期理论的研究，将受到我们创建模型经济能力的技术进步的影响，同时也受到真实世界发展的强烈影响，其发展改变了我们对我们认为这些模型能够、而且也应该能够帮助我们回答这些问题的看法。

从这一角度出发，凯恩斯革命及其在美国所演变成的新古典综合理论的主要特征看来是这样的：他们最初考虑了 1929 年大危机的爆发，以及随之人们焦点的转移：从解释经济盛衰的循环模式转而解释为什么经济会突然陷入无休止的低谷。因此，凯恩斯的《通论》在人们看来，第一，是对这一环境变动重要性的意识；第二，是对在某一经济时点上产出与就业的决定进行一种简单总体描述的建议，至少在希克斯，莫迪利亚尼及其他经济学家看来是这样的。我认为自 20 世纪 30 年代以来，英国凯恩斯宏观经济学的发展提供了一个合理而又准确的观点：如果仅仅是涉及这些因素而没有其他因素，凯恩斯革命将发展成什么样子。

在美国和欧洲大陆，其他两个被涉及的因素都具有技术性特征。其中一个是关于经济体系明确的随机分布描述的发展，另一个则是静态一般均衡理论及与之相关的非均衡价格动态理论的发展。这些因素迅速融合起来，为凯恩斯对短期均衡决定的阐述提供了严密性和明晰性，并为这一理论增添了明确的动态因素，这使得理论能够更好地拟合实际中的时间序列；而且，它们为额外的“统一”作出了明确的承诺，这一“统一”的工作在随后 30 年的时间里吸引了经济学领域内最优秀的一部分天才。

临近 60 年代末，这一走向“统一”的循序性进展被两个理论上的发展所打乱。其中一个是米尔顿·弗里德曼在美国经济学会年会上所作的主席演讲[8]。他从“货币主义者”的观点出发，沿着米切尔所开创的道路继续对经济周期理论进行研究。另一个则是爱德蒙·费尔普斯的论文[33]及随后的“费尔普斯量”，起初它们似乎是试图通过发现劳动市场以及标准模型中的产品定价方的微观基础而完成新古典综合所承诺的统一。弗里德曼和费尔普斯的论文尽管从动机来看相距甚远，但二者均清楚地表明：“超额需求对于价格或工资的通货膨胀来说，既非必要，也非充分，而且任一平均通货膨胀率在理论上是与任一失业率水平相对应的”。这一通过完美无缺的新古典式推理所获得的结

论,与真实产出和通货膨胀之间权衡的预报是相矛盾的,而对这种权衡的预报正是所有以新古典综合理论为基础的经济模型的核心所在。

在对弗里德曼—费尔普斯的自然率假说进行正规化的尝试中,人们很快发现,当时关于预期形成的模型化的传统方法,对于有关问题是极为关键的,但从根本上来说又是有缺陷的。约翰·穆斯[31]有关理性预期的假说,起初是为了解决一组完全不同的实质性问题,后来则成为将弗里德曼—费尔普斯的论点正规化的一个很自然的方法。随后的宏观经济学的研究揭示了理性预期假说的总的影响及其所证实的作为新古典综合基础的主要实证性与政策性假定的破坏性程度。

目前,这些理论发展仍保留了较多的新颖性,以至于难以用超然的态度对它们进行评价。然而,我相信,力图以与我曾经努力理解货币经济学和经济周期理论的早期发展所类似的方法去理解这些理论发展,是有可能的,确实也是必要的。如果事实上正是对真实世界变化中人们想要获得答案的问题的推测与经济理论技术上的改进一道导致经济周期理论的重新思考——这里我一直称之为新古典综合,那么,近来的发展同样可以归之于这两者的作用,这不是没有可能的。

近来最先映入人们脑海的真实经济事件,便是贯穿于70年代的通货膨胀率与高于平均水平的失业率的混合。虽然这一现象与弗里德曼—费尔普斯逻辑相吻合,但却没有被60年代的典型经济计量模型预测出来。这一预测失误究竟在何种程度上应视为以新古典综合理论为基础的模型的“致命性”错误,或者仅仅意味着需要一些修正，并非很容易加以确定。[①] 几乎所有这种时期都是以“超额供给”为特征，因此几乎所有的通货膨胀都应被归之于“供给震动”，这样一种观点似乎并不值得认真对待，而且我也得看看这一观点的定量性个案(当然，这并不是说在70年代不存在重要的供给震动)。另一方面，近来一些强调契约性固定名义价格作用的模型，允许价格对长期的或“被预期到的”需求作出反应，这并不必然引起“超额需求”，同时保留“超额需求”和供给的“短期”作用。[②]也许这些将被解释为协调70年代的经验与新古典综合理论的一些关键特性的一种尝试。简而言之，70年代的经验是引起争论的，但也许并非是决定性的。

二次大战以后的时间序列的特征不那么惊人，但也许最终将更具影响力，这便是向一种周期性、近似于米切尔所称的“循环”这样的模式的复归。如果1929年大危机的爆发是对于那种将经济周期视为“相同”事件重复发生的观点的致命一击，那么，战后的经济在某种程度上恢复了人们对这种观点的尊重。如果大危机在某些方面继续向现有的经济分析所提出的解释发起挑衅(如同我相信它是这样做的)，也许危机将逐渐屈从于大数定律。

这些新的见解很具有影响力(对于经验研究者来说应是这样的)，但在我看来，最主要的外部影响是并将继续是现成理论方法

① 关于致命性的辩论见[26]。

② 见[7,35,45]。解释这些模型的一种方法，是将其视为力图修正新古典综合理论的价格动态机制，使货币扩张能够为OPEC分担至少是一部分导致70年代通货膨胀(以及在阿根廷、智利及其他不胜枚举的例子中发生的通货膨胀，在这里，高通胀与真实产出和就业联系起来)的罪名。

的变化。在经济周期理论中，似乎发生变化的并非是问题本身，而是我们看待问题的方式。在这些方法的变化之中，最主要的当然要算是一般均衡理论在二次大战以后的发展。

5　二战以后的一般均衡理论

莫迪利亚尼、帕廷金等经济学家所希望的能够与一种运作型经济周期理论相融合的一般均衡理论并没有停留在三四十年代它所具有的僵化形式中。事实上，约翰·希克斯在《价值与资本》一书中[15]，对这一理论自三四十年代以后的发展进行了较为详尽的刻画。希克斯提出将企业和家庭所解决的最大化问题，重新阐述为关于对已有商品序列的选择问题，对特定的未来商品的选择解释为计划，对未来商品的价格解释为价格预期的选择。希克斯指出，如果未来商品被视为预先就定好的契约，那么未来商品的价格就是已知数，在动态经济中这样建立起的一般均衡模型将在形式上等同于“静态”模型中的均衡。希克斯相信，在实际状况中不确定性的出现使得强调远期合同的模型在大多数真实利率的动态状况中并不适用；因此他将主要的侧重点放在对一系列“即期”均衡的讨论上。

肯尼思·阿罗[2]和杰拉德·德布鲁[5]指出，将不确定性体现在“静态”一般均衡理论中，可采用与希克斯提议的体现时间演进法完全一样的方法：也就是说，用两种方式标明商品，即标明商品要交易的日期和标明当交易发生时商品所具有的“自然状态”（也许这一“状态”是随机选择的）。与希克斯的方法一样，这一创

新最初并不是在数学意义上对一般均衡理论进行扩展，而应该说是这样一种看法：即通过对商品的涵义进行某些独创性的说明，则可以将这一理论的适用范围大大加以扩展。

一种解释“未定债权”的均衡方法是描述这样一种经济：在这种经济中，所有处于随机状态的价格均通过一个单一的大型期货市场的出清而预先确定。在这种解释中，单个交易者可以评价未来自然状态发生的概率，但由于价格是预先确定的，价格预期的问题将不会出现。或者有时可以（当然尽管不总是如此）将未定一债权均衡看作是通过一系列“即期”市场而决定的，这时当前价格是在给定对未来价格的预期情况下设定的。对于第二种解释，需要有一种原则来使市场均衡所隐含的价格分布与经纪人用以形成自己对未来看法的价格分布这二者协调一致。约翰·穆斯指出[31]在竞争性均衡中，缺乏租金的原则，包含了这样一个特定的含义，即这两种价格分布不可能发生系统性的偏差。他关于这后一假说的说法便是理性预期。①

正如最初阿罗和德布鲁所指出的那样，竞争性均衡模型的这种未定债权的解释将所有信息视为由所有交易者同时、并且是免费获得的，而且许多重要结果（例如，将福利经济学的重要原理扩展至不确定环境）都是建立在这一假定基础之上的。许多研究者很快意识到，将商品看成是随机决定的震动的函数，这种思想在交

① 穆斯运用了西蒙[42]—泰尔[46]的“确定—等值”思想而提出理性预期假说，尽管他在介绍性论说中清楚地表明，他的假说可以运用于“确定—等值”思想可能不适用的情况。在阿罗—德布鲁的未定债权框架之中重新表述其假说的基本逻辑并不困难：见[24]中一例。

易者所拥有的信息各不相同的情形下也是非常宝贵的。确实，正是这种思想允许人们运用经济理论使信息的含义明确化，并确定如何赋予其经济上的价值。

在最初提出未定债权均衡这一设计时，人们倾向于将其视为非常深奥、远离现实的一种理论。由于它是从经济学最抽象的一部分发展而来的，这很自然。然而，这种设计迅速而容易地吸收、并且澄清了不确定性经济学中的许多特殊结果，并为其融合与扩展提供了便利。现在，几乎每一个经济学的应用领域内都标准化地运用了这一设计。虽然我还不能说这是标准化的运用，但它已运用于经济周期理论之中。

如果不是这样的话，难道不令人惊奇吗？投机因素在经济周期中扮演了一个重要角色，而且这些事件似乎包含当事人以一种事后看来不恰当的方式对不完全的信号作出反应，这样一种观点至少自米切尔以来[28]在经济周期理论的传统中已是老生常谈（正如我在第 3 节中所评论的那样）。今天，我们第一次运用自己随意的方法来创建人工模型的经济体系，在这一体系中，这些因素起着明确的作用。现在，将价格和追随复杂随机过程的数量路径视为处于被恰当指定的位置的“均衡点”，这是完全现实可行的。这是一种将造成我们思维方式变化的发展。

如果要问 40 年代的货币学家为什么没有运用均衡的未定债权这种设计，在我看来就像是问：为什么汉尼拔人（Hannibal）不用坦克而是用大象来抗击罗马人一样。没有理由认为我们思考的能力比我们行动的能力更少受我们拥有的技术的限制（如果二者之间确实存在某种差异的话）。建立价格对静态超额需求进行动态反应的模型，其历史原因也仅限于我们观察到当时的理论家们并不知道有什么其他的方法来建立模型。当然，这是可以想象的，完全掌握更新方法的理论家无论怎样都将得出这样的结论：由于某些目的，仍然有正当理由继续使用旧的技术（正如出于某些目的，我们仍偏向于使用大象而不是坦克）。如果目的是理解经济周期，那么在我看来这是最不可能的。一种特意为帮助我们解决不确定性下的选择问题而设计出来的强有力的建模方法竟会被忽略，而没有将这些问题考虑进去的旧的建模方法竟会受到青睐①——如果这种事情发生的话，显然是对我在本文中所提出的有关经济思想发展的观点的决定性的反驳。

6　未来的发展

即使能说服某人（就像我被人说服一样），使其相信在上一节中简单刻画的理论进展将对我们经济周期的思想产生重大影响，但要准确地预测这种影响的形式，显而易见仍然是不可能的。然而，已经明确的是，最初出于便利考虑而采纳（这一点我已经论证过）的早期理论，其确定的特征从推理上来说已不再是必要的了。特别是有可能在未定债权的意义上创建一种竞争性均衡的体系，其中将包含极为广泛的动态行为。那种认为处于均衡状态的经济

① 我无意暗示在新古典综合理论中不确定状态下对选择的考虑没有作用。例如，投资组合理论和存货理论都曾被用于激发有关货币及其他资产需求的特定假说[4,48,49]。然而，关于“市场均衡”的概念，指的是静态、决定论的一般均衡理论中的市场均衡。

体系无论从何种意义上来说都是“静止的”观点，早已成为落伍之辞。

对于一位现代理论经济学家而言，最自然地阅读弗里德曼和费尔普斯原著的方法，当然是努力去推测一个成功的经济周期一般均衡模型最有可能具备的特质。事实上，弗里德曼把提到的自然失业率看作一种“水平，假设劳动和商品市场的真正结构特性包含在瓦尔拉斯的一般均衡方程式中，那么这种水平就会在其系统中体现出来”，尽管他不可能在论文中写下这个系统。费尔普斯在其导言中[34]，较为详尽地概述了一个特定的一般均衡体系。从那以后，大部分的研究工作可以看作是将这些思想更明确地纳入未定债权的框架之中的努力。

近年来，许多经济学家致力于建立有关经济周期的模型，而我更愿称之为“均衡”模型。① 这些模型本质上运用了上节中提到的未定债权的思想，其中，价格和数量被认为是经常处于均衡状态，在这些模型中，超额供给和超额需求的概念不具有观察方面的作用，而且被确认为不具有被观察的量。与40年代流行的静态均衡模型相对，这类新的均衡模型在与时间序列的拟合上，似乎做得与以新古典综合理论为基础的模型一样好。

现在，很明显，这类新的均衡模型从原则上讲，与旧的均衡模

① 一些较早的例子，见[20,21,41,38,3]。其中，只有[20]从头至尾地运用了正规的未定债权一般均衡。其他则运用了线性近似，只是不太正式地参考了未定债权模式。看起来很显然，经济计量的运行模型将十分有必要依赖于近似线性模型的宽泛运用。

型一样，可以与萨缪尔森式的非均衡价格调整模型相"综合"。①这必定适用于任意均衡模型。而且，由于这种综合涉及对自由参数模型的添加，则综合而成的模型在拟合事实方面，将不会比以它为基础的旧的均衡模型更糟。人们将看到的不是均衡模型的这种类别，而是更广泛、更大一类的综合性非均衡模型。现在有一种观点深深地吸引了我：即从一般意义上说，对那些支持自由参数的理论学家持敌对的态度，将是很有用的。因此我对那种简单地利用这一见解，并称之为"原理"的观点，颇为同情。然而，在评价那些声称对以我在引言中描述的方式指导政策制定很有用的经济理论时，有着许多重要的实质性考虑支持这种敌视态度，这在我看来是将这种敌视的态度建立在一种牢固的基础之上，而无需费什么笔墨就可以提供这一基础。下面我试图详尽地阐明这些实质性考虑。

在我看来（这里将我在导言中的观点更直接、更具操作性地重新表述一下），我们的任务在于编写一个 FORTRAN 程序，把特定的经济政策规则作为"输入"，把将要生成的用以描述我们关心的时间序列的操作特性、且预计产生于这些政策的统计作为"输出"。举个例子，有人想知道，如果二战后美国的 M1 以 4%的年率增长，而其他政策不变，该期的平均失业率会是多少（有人也许还想

---

① 我记起了马林沃德在[27]中所描述的研究的发展轨迹以及最近德拉泽恩在[6]中所作的综述。

两个模型在符合同一数据方面可能做得同样好，非常"相近"，然而却有着极端不同的政策含义，这个教训在[41]中被有力地提出，并在[39]中得到了更为一般性的详尽阐述。

知道其他许多问题的答案,但这个问题最先进入我的脑海,并且就这一论证的归宿提供了具体的思想)。很显然,必须承认,试图将各种不同的政策作用于实际经济,然后观察其结果,这不能被视为是解决问题的一个严肃办法:大规模的社会实验也许是富于启发性的,并且令人钦佩的,但人们最多只能远距离地钦佩他们。如果经济学的边际社会产出为正值,那么就一定可以确信,该方案的组成部分在以损害友邦利益情况而付诸实施以前,在某种意义上它们就是值得信赖的。

那么,怎样才能获得这种确信呢?对于这一问题的答案,经济学家们大多有着一致的意见,但我却不能回想起这种一致意见的本质所在。最主要的思想在于,个人的反应有时可以通过较直接的实验方式以较低的成本记录下来,但更普遍地是采用这种方式:将个人对这种相当特定的环境变化的反应案例大量、详尽地记录下来,而这种特定的环境是通过舆论、讨论、其他综合调查以及使人眼界开阔的(这被不恰当地、恶意地称之为"随意的经验主义")方式自然地发生变化的。如果没有这些记录人们行为方式的手段,似乎很明显前面提出的 FORTRAN 程序就无法编写出来。相反,假设我们可以运用这些手段,或者我们具有某种能力来预测个人行为将如何对特定的变化作出反应;如果真是如此,那么如何能将这种个体反应转化为整个社会对于其所处环境变化的反应呢?

更具体地讲,考虑这样一个问题:一只一整天都没有喂过食的猴子,对扔进笼子里的一只香蕉会作出什么反应呢?我们具备以往所获得的关于猴子行为的足够知识,可以相当确信地作出这一预测。现在,我们把这一问题改为:五只一整天都没有喂过食的猴

子，会对扔进笼子里的一只香蕉作出什么样的反应呢？这是一个截然不同的问题了，在这个问题上，关于偏好的知识（每只猴子都希望尽可能得到更多的香蕉）和技术的知识（香蕉的总体消费不能超过1）几乎使我们无从着手。为了在这个复杂的问题上有希望取得进展，我们显然必须在了解猴子的个体优先权之外，知道某些关于一群猴子之间如何相互作用的知识。

对于多组猴子如何解决稀有资源分配问题感兴趣的人们，通过把各组猴子集合在一起，然后将稀有资源扔给它们，而使自己的好奇心得到满足。我已经假定我们不能以这种方式进行，然而，稀缺资源的有效配置是我们被尊为专家之专长所在。经济学家有时被描述为致力于找出个人追求自身利益这一观点的含义，然而刚才我们已经看到，如果将其孤立地运用于哪怕是最无关紧要的动物实验上，这种观点仍是非常空洞的。我们能够想象如果将其运用到有着数以百万计个体的人类社会，这种观点还能以某种神秘的方式而获得影响力吗？

当然，迄今为止，我们忽略了竞争这一因素。让我们把那只香蕉切成5片，分给每只猴子1片，并规定他们之间所允许的相互行为只能是用香蕉片来换取以某种固定的费率搔几分钟后背的服务（坦白地说，我也不知道这一规则在实际中将如何施行）。那么，在这种情况下，同时给定单个猴子将如何在搔后背与吃香蕉二者之间权衡取舍的充分信息，我们就可以预测出这一相互作用的结果（均衡价格和交易数量），至少当我们假定具有足够的计算能力时，是可以这样做的。请注意，由于详细规定了相互作用发生的规则，而且没有引入自由参数，预测个体行为的能力以非实验的方式转化成了预测群体行为的能力。①

我已经强调过，正是有关竞争性均衡的假说允许由个体偏好和技术而预测出群体行为，同时无需加入任何自由参数。这一假说需要放在比动物实验更接近我们感兴趣的环境内，从而作进一步的阐述。从直接意义上来说，就业与名义工资是由涉及雇主和雇员的较为复杂的劳动力市场的相互作用而决定的。我们知道，有可能以竞争性均衡的方式较好地模拟这一相互作用的总体结果，其中，工资与劳动时间是由“代表性”居民户和企业的相互作用确定的。② 这一模型中的参数描述了居民户同时期和跨时期地替代商品与闲暇的意愿，或是企业所拥有的技术。

运用新古典综合理论的方式，以另外一个完全不同的模型——菲利普斯曲线——拟合这些相同的总量结果也是有可能的。在这里，也可以运用参数（当然，在这个例子中是另外的参数）来描述偏好和技术，再加上一个描述“拍卖者”以超额需求和供给来调整其

① 这个例子是有关一般性地运用博弈论，而不是有关特别运用的竞争性理论。如果让我在这里举出一个在建立经济周期模型对运用竞争性理论的例子，那么这个例子是完全基于便利，或为搞清其他均衡定义的含义而基于可用的技术施加给我们的限制上的。

对文章的这一限定也必须用来限定这样一个说法：即除了那些描述个体偏好和技术参数之外，均衡理论不需要引入任何自由参数。也就是说，由于运用“哪一个”均衡有着很大的选择幅度，人们可以选择其一做一个“自由参数”的确定。在我看来，目前在实际中并不是一个严重的问题，但是，可以想象随着非竞争性博弈论的进一步发展，这一问题将日益重要。

非竞争性博弈也许有一天在经济周期理论中将被证明是有用的，看来我们很难与之争辩，这一观点有时用来理性化所有与任何相当确定的博弈都无关的任意模型。我希望人们能够清楚地意识到，这一注释无意为这种实际做法进行辩护。

② 见[25]，虽然部分的研究结果需要更新，这一研究结果的现代版将运用[40，12]中的思想。

名义工资的速度的参数。相对于前一个模型来说，这里引入一个虚拟的拍卖者，但这并不是第二种观察问题方式的缺陷。就我的观点来看，所有的模型都是虚拟的，而且在第一个模型中，实际上也假设了一个拍卖者，只是因为他动作太快，结果人们没有注意到他。第二种决定工资和就业的建模方式不如第一个模型那样与数据相符，可这也没有什么损害：从这个意义上看，加入一个自由参数于事无损。

第二个模型的缺损在于：除了观察正在运行中的整个经济之外，无法获取关于工资调整速度这一新增参数的信息。如果这一参数是出于对系统中的其他变化进行反应而变化的，那么除非能对整个系统进行实验，否则无法预测这些反应的本质。然而，恰恰是为了试图避免出现这种情况，才使我们首先运用经济理论。

在决定工资与就业的均衡性模型中，描述跨时期替代性的参数起到了与菲利普斯曲线模型中描述拍卖者行为的参数相同的作用（在经验的意义上）。对于这种参数，我们有着大量来自人口调查的同源信息、来自描述单个家庭对变化多样的市场情况反应的典型调查等只需以较小的成本便可获得的数据。从原则上讲，（也许在不久的将来，在实践上也可以，因为关于这个问题目前正进行着许多很有前途的研究①），这些关键的参数可以独立地从个体和总体数据中估计出来。如果是这样的话，我们就将知道总体参数

① 例如，见[9,13,19,1]。我还要补充一下，这些及相关的研究无意支持或确证拉平和我的结果，而且在目前阶段，这些研究是否会带来与我们相一致的估计，也并不清楚。我的意思只是说，均衡总体模型对各种其他数据具有含义，同时增加了对来自总体时间序列的估计进行独立的确证（和反驳）的可能性。

意味着什么，就将在非均衡性调整参数永远也不可能被理解的意义上来理解这些参数。这恰恰是我们关注总体理论“微观经济学基础”的原因所在。[①]

对前一段文章涉及当前进展情况熟悉的研究者们将会赞赏前面所描述的对未来希望的程度，而不是过去的辉煌业绩。这种希望也许会毫不费力地被描述为对一种统一的希望，这在本质上与渗透在新古典综合中的对于统一的希望没有什么不同。以上我所努力做的，就是要强调这种希望的经验性（而不是美学）特征，就是要努力了解对行为的这些数量化证明——这种行为我们可以理性地预期从社会中获得，因为它现在就存在——是如何令人信服地转化成有关假想社会中行为的数量化信息，这种假想社会中的行为在许多重要的方面不同于任何以往曾存在的行为。要阐述一门不太令人尊敬的科学其某一应用性领域的发展目标，其勃勃雄心看起来似乎是令人生畏，但是，要描述经济周期理论的发展目标，存在不那么雄心勃勃的方式吗？

① 在第 339 页的注释 2 中引证的模型是否构成第三类，而处于刚讨论过的那些模型之间呢？我相信并非如此。如果这些论文中的契约期限仅仅被看作一个自由参数，（正如第 339 页的注释中所解释的一样），那么这一参数与描述拍卖商调整的迅速程度的参数一样，也是令人难以理解的（在本段的意义上说）。另一方面，如果契约期限被视为源于经纪人所解决的决策问题，那么这些详细阐述的模型将成为均衡模型（与以上所讨论的模型具有不同的商品空间），而且这些模型也并不是必然可用来加强新古典综合理论有关政策的看法。

当然，这一看法是否被视为对以契约为基础的模型的严厉批评，有赖于一个人对我们能够不运用自由调整参数便可解释经济周期的可能性的看法。显而易见，这一问题目前看来仍是悬而未决的，而且无论它将如何被解决，只有一两个自由调整参数的模型对于那些有成打或数以百计这类参数的模型而言，肯定是代表着分析上的进步。

7　结束语

本文试图理解和阐明有关经济周期理论一些近期发展的本质与起源。在采用历史的观点时，也许我在无意中采用了马克思主义策略，即将我所希望发生的事情说成是历史所注定的。当然，我已经强调了，对我来讲，在我们所掌握的分析仪器上取得的进展，什么具有决定的重要性，但目的是为了强调这些进展扩大了我们面临的机会，而并非它们所指示的特定方向。出于这一原因，我尽力避免对目前存在的均衡模型的特定例子要求过高。让试探性、且但愿是有希望的第一步坚定地迈向那种必须不惜一切代价捍卫的目标是毫无道理的。

如果一种历史的方法不能保证预见未来的能力，那么，在我看来，这种方法确实有助于区分过去的思想中仍然有用和无用的因素。就像所有有用的经济学一样，新古典综合理论来自于我们已经知道的和我们所掌握的方法有可能让我们所知道的这二者间的一种折衷。对富有成效地运用新近发展的各种方法来说，将折衷方法形成的范畴和概念视为今天制约我们思考经济周期的方法更为有害。

参考文献

1. Altonji, Joseph G., and Orley C. Ashenfelter. "Wage Movements and the Labor Market Equilibrium Hypothesis." Princeton University, Industrial Relations Section, Working Paper No. 130, November 1979.

2. Arrow, Kenneth J. "The Role of Securities in the Optimal Allocation of Risk-Bearing." *Review of Economic Studies*, 31(April 1964), 91 - 96.

3. Barro, Robert J. "Rational Expectations and the Role of Monetary Policy." *Journal of Monetary Economics*, 2 (1976), 1 - 32.

4. Baumol, William. "The Transactions Demand for Money—An Inventory Theoretic Approach." *Quarterly Journal of Economics*, 66 (November 1952). 545 - 556.

5. Debreu, Gerard. *Theory of Value*. New Haven, Conn.: Yale University Press, 1959.

6. Drazen, Allan. "Recent Developments in Macroeconomic Disequilibrium Theory." *Econometrica*, 48 (March 1980), 283 - 306.

7. Fischer, Stanley. "Long-Term Contracts, Rational Expectations, and the Optimal Money Supply Rule." *Journal of Political Economy*, 85(February 1977), 191 - 206.

8. Friedman, Milton. "The Role of Monetary Policy." *American Economic Review*, 58(March 1968), 1 - 17.

9. Ghez, Gilbert R., and Gary S. Becker. "The Allocation of Time and Goods over the Life Cycle." *New York: National Bureau of Economic Research, 1975.*

10. Gordon, Donald F., and J. Allan Hynes. "On the Theory of Price Dynamics." In *Macroeconomic Foundations of Employment and Inflation Theory*, edited by Edmund S. Phelps, pp. 369 - 93, New York: Norton, 1970.

11. Haberler, Gottfried. *Prosperity and Depression*. Geneva: League of Nations, 1937.

12. Hansen, Lars P., and Thomas J. Sargent. "Formulating and Estimating Dynamic Linear Rational Expectations Models." *Journal of Economic Dynamics and Control*, 2 (1980), 7 - 46.

13. Heckman, James J. "Longitudinal Studies in Labor Economics: A Methodological Review." Working Paper, University of Chicago, September

1978.

14. Hicks, John R. "Mr. Keynes and the 'Classics': A Suggested Interpretation." *Econometrica*, 5(1937), 147 - 159.

15. Hicks, John R. *Value and Capital: An Inquiry Into Some Fundamental Principles of Economic Theory*. Oxford: Clarendon Press, 1939.

16. Keynes, John M. A. *Treatise on Money*. New York: Harcourt Brace and Co., 1930.

17. Keynes. John M. A. *The General Trheory of Employment, Interest and Money*. London: Macmillan, 1936.

18. Leijonhufvud, Axel. *On Keynesian Economics and the Economics of Keynes*. New York: Oxford, 1968.

19. Lillard, Lee A., and Robert J. Willis. "Dynamic Aspects of Earning Mobility." *Econometrica* (September 1978). 985 - 1012.

20. Lucas, Robert E., Jr. "Expectations and the Neutrality of Money." *Journal of Economic Theory*, 4(1972), 103 - 124.

21. Lucas, Robert E., Jr. "An Equilibrium Model of the Business Cycle." *Journal of Political Economy*, 83(1975), 1113 - 1144.

22. Lucas, Robert E., Jr. "Econometric Policy Evaluation: A Critique." *Journal of Monetary Economics*, 2, Supplement (1976), Carnegie-Rochester Conference Series, Vol. 1.

23. Lucas, Robert E., Jr. "Understanding Business Cycles." *Journal of Monetary Economics*, Supplement (1977), Carnegie-Rochester Conference Series, Vol. 5.

24. Lucas, Robert E., Jr., and Edward C. Prescott. "Investment Under Uncertainty," *Econometrica*, 39 (1971), 659 - 681.

25. Lucas, Robert E., Jr., and Leonard A. Rapping. "Real Wages, Employment, and the Price Level." *Journal of Political Economy*, 77 (1969), 721 - 754.

26. Lucas, Robert E., Jr., and Thomas J. Sargent. "After Keynesian Macroeconomics." In *After the Phiuips Curve: Persistence of High Infla-*

tion and High Unemployment, Conference Series No. 19, pp. 49 - 72. Boston, Mass. : Federal Reserve Bank of Boston.

27. Malinvaud, Edmund. *The Theory of Unemployment Reconsidered*, New York: Wiley, 1977.
28. Mitchell, Wesley C. *Business Cycles*, Berkeley, Calif. : University of California Press, 1913.
29. Modigliani, Franco. "Liquidity Preference and the Theory of Interest and Money." *Econometrica*, 12(1944).

人名译名对照表

A

阿迪　Adie
阿尔奇安，阿曼　Alchian, Armen
阿德尔曼　Adelman
阿扎赖亚迪斯　Azariadis
阿尔伯罗，乔斯　Alberro, Jose
艾斯纳　Eisner
艾伦　Allen
埃克斯坦　Eckstein
埃万斯　Evans
奥伊，W.　Oi, W.
奥肯　Okun
安多　Ando

B

布坎南　Buchanan
布朗　Brown
布莱克　Black
布伦伯格　Brumberg
布莱克，费希尔　Black, Fischer
布朗芬布伦纳　Bronfebrenner
布莱克韦尔　Blackwell
贝克尔　Becker
贝利　Bailey
伯恩斯　Burns
博德金　Bodkin
鲍恩　Bowen
巴罗，罗伯特　Barro, Robert

C

查巴拉，阿瑟娅　Chaballa, Altheia

D

德拉泽恩　Drazen
德门尼尔　de Menil
戴维　David
丁伯根　Tinbergen
丹尼森　Denison
道格拉斯　Douglas
杜布　Doob
多尔德　Dolde

E

恩茨勒　Enzler
恩格尔　Engel

F

费勒　Feller
费希尔，斯坦利　Fischer, Stanley
费特　Fetter
费尔普斯，埃德蒙　Phelps, Edmand
弗里德曼　Friedman
弗伦克尔，雅各布　Frenkel, Jacob
法恩根　Finegan

N

纳洛　Nerlove

P

普雷斯科特，爱德华　Prescott, Edward
费尔普斯，埃德蒙　Phelps, Edmund
佩里　Perry

Q

琼斯　Jones
邹　Chow
乔根森　Jorgerson

S

斯蒂格勒　Stigler
斯拉茨基　Slutsky
施拉姆　Schramm
施特里格尔　Strigl
萨金特，托马斯　Sargent, Thomas
索顿，亨利　Thornton, Henry
舍思费尔德　Schönfeld

T

泰勒，约翰　Taylor, John
陶布曼，保罗　Taubman, Paul
特拉　Tella

W

温克勒，温　Winkler, Wynn
温特劳布，罗伯特　Weintraub, Robert
瓦格纳　Wagner
瓦伊宁　Vining
威尔逊　Wilson
威尔金森，莫里斯　Wilkinson, Maurice
沃顿　Wharton

X

西蒙斯，亨利　Simons, Henry
西姆斯　Sims
西尔特，里查德　Cyert, Richard
希利，威海米娜　Healy, Wihemina

Y

亚里　Yaari
约翰森　Johansen
伊斯特林　Easterling
约瑟夫，迈伦　Joeseph, Myron

图书在版编目(CIP)数据

经济周期理论研究/(美)小罗伯特·E.卢卡斯著;朱善利等译.—北京:商务印书馆,2017
(汉译世界学术名著丛书:120年纪念版:珍藏本)
ISBN 978-7-100-14134-5

Ⅰ.①经… Ⅱ.①小… ②朱… Ⅲ.①经济周期理论—研究 Ⅳ.①F037

中国版本图书馆CIP数据核字(2017)第137917号

汉译世界学术名著丛书
(120年纪念版·珍藏本)

经济周期理论研究

〔美〕小罗伯特·E.卢卡斯 著
朱善利 雷 明 王异虹 温信祥 等译
朱善利 校

商务印书馆出版
(北京王府井大街36号 邮政编码100710)
商务印书馆发行
南京爱德印刷有限公司印刷
ISBN 978-7-100-14134-5

2017年12月第1版 开本710×1000 1/16
2017年12月第1次印刷 印张23

定价:110.00元